U0960355

交通强国试点工作系列丛书

雄安新区综合交通枢纽规划与建设

河北雄安新区规划研究中心
河北雄安新区自然资源和规划局
河北雄安新区建设和交通管理局　　著
雄安城市规划设计研究院有限公司
中交公路规划设计院有限公司

天津大学出版社
TIANJIN UNIVERSITY PRESS

图书在版编目(CIP)数据

雄安新区综合交通枢纽规划与建设 / 河北雄安新区规划研究中心等著. -- 天津 : 天津大学出版社, 2023.10
（交通强国试点工作系列丛书）
ISBN 978-7-5618-7462-2

Ⅰ. ①雄… Ⅱ. ①河… Ⅲ. ①城市交通－交通运输中心－建设规划－研究－雄安新区 Ⅳ. ①U491.1

中国国家版本馆CIP数据核字(2023)第075456号

XIONG'AN XINQU ZONGHE JIAOTONG SHUNIU GUIHUA YU JIANSHE

出版发行 天津大学出版社
地　　址 天津市卫津路92号天津大学内（邮编:300072）
电　　话 发行部:022-27403647
网　　址 www.tjupress.com.cn
印　　刷 北京华联印刷有限公司
经　　销 全国各地新华书店
开　　本 880mm×1230mm　1/16
印　　张 17.75
字　　数 377千
版　　次 2023年10月第1版
印　　次 2023年10月第1次
定　　价 198.00元

凡购本书，如有缺页、倒页、脱页等质量问题，烦请与我社发行部门联系调换
版权所有　　侵权必究

编委会

编委会主任

安庆杰

编委会副主任

王志刚　葛亮　侯斌超　杨松

编委会委员

王海乾　王哲　曹宇　蒋群峰　钱国华　邓立红
冯涛　黄庆彬　简正　罗婷文　李爽　李劲松
宋力勋

主编

冯小虎　姜超慧　王晓旭　张志学

副主编

王馨伟　袁野　王仕杰　徐汉清　户甲冀　申杰
侯向导

内容统筹（按拼音首字母排序）

曹佳　窦占续　付蜜桥　谷原野　黄哲　马学振
刘波涛　孟超　牛涵爽　宋欣　王祥臻　王雪冬
王一莹　徐学明　袁展　张程瀚　张为　张曦
周显庆

技术支撑（按拼音首字母排序）

曹猛　陈静　戴欣妤　邓辉　狄兆华　郭李恒
郭晓晨　韩晓雄　郝欣　何金玮　霍焰　黄黎晨
李明宇　刘丹　刘勇　刘占强　陆嘉恺　彭静怡
宋姗　唐天裔　田小敏　汪胜　王仲春　谢文涛
谢宇　严江　杨光　杨志成　伊然　俞跃平
袁冬　张俊涛　张全喜　张炜昊　郑涵頔　周游

著作权人

河北雄安新区规划研究中心

前言

2017 年 4 月 1 日，中共中央、国务院印发通知，决定设立河北雄安新区。雄安新区是继深圳经济特区和上海浦东新区之后又一具有全国意义的新区。这是以习近平同志为核心的党中央深入推进京津冀协同发展作出的一项重大决策部署，是重大的历史性战略选择，是千年大计、国家大事。雄安新区地处北京、天津、保定腹地，距北京、天津均为 105 千米，距石家庄 155 千米，距保定 30 千米，距北京新机场 55 千米，区位优势明显，交通便捷通畅，地质条件稳定，生态环境优良，资源环境承载能力较强，现有开发程度较低，发展空间充裕，具备高起点高标准开发建设的基本条件。

党的十九大作出了建设交通强国的重大战略部署，是建设现代化经济体系的先行领域，全面建成社会主义现代化强国的重要支撑，是新时代做好交通工作的总抓手。2019 年 9 月 14 日，党中央、国务院下发了《关于印发〈交通强国建设纲要〉的通知》。同年 10 月 9 日，交通运输部下发《关于公布第一批交通强国建设试点单位的通知》，将雄安新区等 13 个地区列为第一批交通强国建设试点。2020 年 6 月 17 日，交通运输部印发《关于河北雄安新区开展智能出行城市等交通强国建设试点工作的意见》，原则同意雄安新区在打造智能出行城市等 7 个方面开展试点。

雄安新区交通强国建设试点工作以交通运输供给侧结构性改革为主线，以打造“一流的标准、一流的设施、一流的技术、一流的管理、一流的服务”和建成“人民满意、保障有力、世界前列的交通强国”为目标，积极发挥雄安新区交通运输主管部门、企业、科研单位的主动性和创造性，力求在试点领域实现率先突破，形成一批可复制、可推广的典型经验，推动交通运输事业高质量发展。

在本书编制期间，雄安新区“拔节生长”，综合交通运输体系有了突飞猛进的发展，规模之大、速度之快，堪称奇迹。作为雄安新区交通强国建设试点工作的实践总结，在编制本书的过程中，作者团队得到了雄安新区建设和交通管理局原局长葛亮同志的指导与帮助，建设实践的相关内容是对葛亮同志牵头制定的政策文件和推动实施的百余项交通基础设施项目建设经验的汇总。同时，本书的成果是面向新时代交通领域的创新和探索，不少问题需要在实践中寻求更加科学、合理、有效的方案，亟待各位同人携手，共同推进交通强国建设，构建安全、便捷、高效、绿色、经济的现代化综合交通运输体系。

本书编委会

2023 年 8 月

目录

1

第 1 章

时代要求

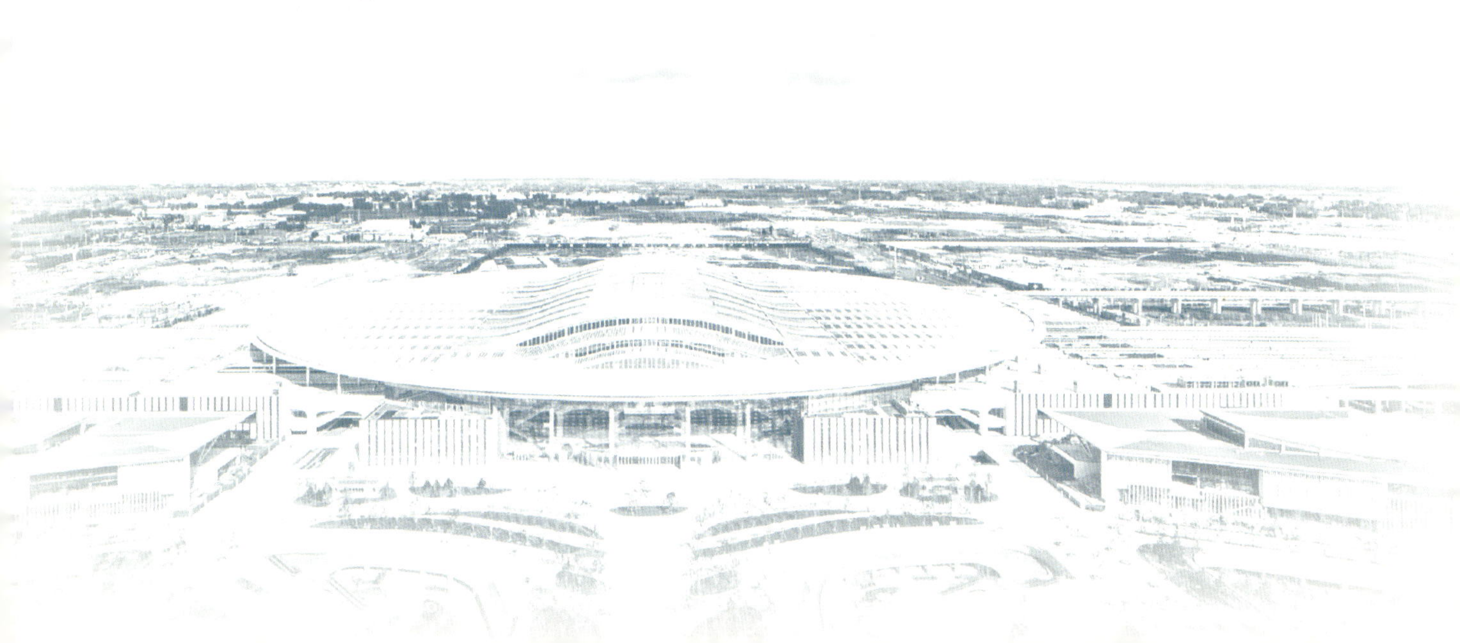

1.1 综合交通枢纽形成演进

1.1.1 综合交通枢纽形成和演变规律

1. 综合交通枢纽的概念及发展历程

枢纽是国家或区域交通运输系统的重要组成部分，是不同运输方式的交通网络运输线路的交会点，是由若干种运输方式所连接的固定设备和移动设备组成的整体，共同承担着枢纽所在区域及城市的对外交通等相关作业的功能。

《全国城镇体系规划（2006—2020 年）》提出在全国范围内建设一级综合交通枢纽城市和二级综合交通枢纽城市。一级综合交通枢纽城市指在交通分区内中起到支撑作用的城市，对区域经济发展的作用十分重要，并在人口和经济规模上具有足够的区域辐射能力；同时，其交通系统应同时具备中型枢纽机场（按照 2020 年机场布局规划）、铁路区域性客运中心（按照中长期铁路网规划）和公路主枢纽（按照国家高速公路网规划）3 个条件。其包括北京、天津、沈阳、上海、武汉、郑州、广州、深圳、重庆、成都、西安、兰州等。二级综合交通枢纽城市指在区域发展中起到辅助支撑作用的城市，其交通系统应同时具备中型枢纽机场（按照 2020 年机场布局规划）、铁路大型客运站（按照中长期铁路网规划）和公路主枢纽（按照国家高速公路网规划）中的 2 个以上条件。

2012 年，《国务院关于印发“十二五”综合交通运输体系规划的通知》（国发〔2012〕18 号）提出，按照零距离换乘和无缝化衔接的要求，全面推进综合交通枢纽建设，基本建成 42 个全国性综合交通枢纽。为转变交通运输发展方式，推进综合交通枢纽建设，实现各种运输方式的一体化发展，2013 年 3 月 7 日，国家发展改革委印发了《促进综合交通枢纽发展的指导意见》，确定了 42 个国家级综合交通枢纽，包括北京、天津、哈尔滨、长春、沈阳、大连、石家庄、秦皇岛、唐山、青岛、济南、上海、南京、连云港、徐州、合肥、杭州、宁波、福州、厦门、广州、深圳、湛江、海口、太原、大同、郑州、武汉、长沙、南昌、重庆、成都、昆明、贵阳、南宁、西安、兰州、乌鲁木齐、呼和浩特、银川、西宁、拉萨。

2017 年 2 月，《国务院关于印发“十三五”现代综合交通运输体系发展规划的通知》（国发〔2017〕11 号）提出，优化综合交通枢纽布局，着力打造北京、上海、广州等国际性综合交通枢纽，加快建设全国性综合交通枢纽，积极建设区域性综合交通枢纽，优化完善综合交通枢纽布局，完善集疏运条件，提升枢纽一体化服务功能。

2019 年 9 月，中共中央、国务院印发《交通强国建设纲要》，提出构筑多层级、一体化的综合交通枢纽体系；依托京津冀、长三角、粤港澳大湾区等世界级城市群，打造具有全球竞争力的国际海港枢纽、航空枢纽和邮政快递核心枢纽，建设一批全国性、区域性交通枢纽，推进综合交通枢纽一体化规划建设，提高换乘换装水平，完善集疏运体系，大力发展枢纽经济。

2021 年 2 月，中共中央、国务院印发《国家综合立体交通网规划纲要》，提出建设综合交通枢纽集群、枢纽城市及枢纽港站“三位一体”的国家综合交通枢纽系统；建设面向世界的京津冀、长三角、粤港澳大湾区、成渝地区双城经济圈四大国际性综合交通枢纽集群；加快建设 20 个左右国际性综合交通枢纽城市以及 80 个左右全国性综合交通枢纽城市；推进一批国际性枢纽港站、全国性枢纽港站建设；建设北京、天津、上海、南京、杭州、广州、深圳、成都、重庆、沈阳、大连、哈尔滨、青岛、厦门、郑州、武汉、海口、昆明、西安、乌鲁木齐等 20 个左右国际性综合交通枢纽城市。

2021 年 11 月，交通运输部、国家铁路局、中国民用航空局、国家邮政局、中国国家铁路集团有限公司联合印发《现代综合交通枢纽体系“十四五”发展规划》（以下简称《枢纽规划》）。这是落实《交通强国建设纲要》《国家综合立体交通网规划纲要》关于“构筑多层级、一体化的综合交通枢纽体系”任务的第一个 5 年专项规划。《枢纽规划》立足新发展阶段，完整、准确、全面贯彻新发展理念，服务构建新发展格局，以加快建设交通强国为总目标，着力推动综合交通枢纽发展实现新突破，为构建现代化高质量国家综合立体交通网、助力交通、当好中国现代化的开路先锋提供有力支撑；提出加快构筑多层级、一体化的综合交通枢纽体系，其中雄安新区是《枢纽规划》提出的 80 个全国性综合交通枢纽城市之一。

2. 京津冀综合交通枢纽演变规律

京津冀协同发展是重大国家战略，要求着力构建现代化交通网络系统，把交通一体化作为先行领域，加快构建快速、便捷、高效、安全、大容量、低成本的互联互通综合交通网络。

交通运输业和信息产业是促进区域经济发展的基本动力。一个区域城市群的铁路、公路、机场设施构成了城市群空间结构的骨架。理想的城市群是一个在人口、经济、社会、文化和整体结构上具有合理层级体系，在空间边界、资源配置、产业分工、人文交流等方面具有功能互补和良好协调机制的城市共同体。而城市群总有一条产业和城镇密集分布的互联互通走廊，各个组成部分通过发达的交通、通信网络相连。

一是建立立体的综合交通枢纽网，进行枢纽层级划分，合理分工，加强协作。按照国际和全国结合的功能、全国和京津冀区域结合的功能、京津冀区域和枢纽所在地结合的功能要求，建立立体的综合交通枢纽网络，京津冀综合交通枢纽可划分为 3 个层级，即首都国际机场（未来或调整为首都第二机场）、北京西站、北京站、北京南站为区域主要交通枢纽，天津滨海国际机场、天津站、石家庄正定国际机场、石家庄站为次要枢纽，其他机场和车站为三级枢纽，加强同层级不同类型交通枢纽的协作，加快建设同层级主要交通枢纽间的专用直达快速通道，减少换乘次数，加强区域客货运输能力，提高客货中转率；加强不同层级交通枢纽的协作，加快建设不同层级主要交通枢纽间的快速互联互通通道，提高不同层级交通枢纽的客货的内外输送效率；加快建设同城同层级交通枢纽间的专用闭环交通通道，提高同层级交通枢纽的客货流转能力；加强不同交通方式之间的互补和协调作用的发挥。

二是加强“互联网 + 智慧综合交通”顶层设计，加强智慧综合交通平台建设。智慧综合交通平台需具有以下功能：①接入区域公路网、铁路网、公交网、路况平台、机场和航班信息平台等各类交通平台，提供实时信息；②具有实时显示城市公交客运（含轨道交通）、出租车、停车场、公共自行车等的动态信息的功能；③有实时路线规划、导航、路线调整等功能；④接入铁路、公路、民航、城市公共交通等的票务信息，并有预订、购买、自助调换等票务互通功能。将来，智慧综合交通平台还可与物联网、物流网结合，与支付宝等互联网金融平台结合，使人们出行时可以“一网走天下”。另外，建设智慧综合交通平台不但方便人员出行，而且可实现自动疏导道路交通，其存储的海量交通大数据更是各级政府和相关企事业单位研究制定合理的政策措施、管理办法、企业战略的重要依据；同时，智慧综合交通平台还可以对道路、流动人群进行应急管理。智慧综合交通平台可以由政府主管部门进行顶层设计，由政府监督指导平台的建设和运营，以 PPP（政府和社会资本合作）方式融资建设，建成后由企业进行经营管理。

三是加快不同交通方式之间票务系统的互联互通。目前，铁路、民航、公路票务系统各自运行，互不通联。若一位旅客在旅途中需要临时改换另外一种交通方式，或者在全程旅行时需要其他交通方式给予补充时，没有一个完整统一的票务集合平台来提供一站式订票或退票服务。建立综合交通票务互联互通平台，有助于旅客随时随地了解各类交通票务信息，自助进行订、换、退票等，利于城市交通枢纽压力的缓解，还可有序分流因航班延误或火车晚点滞留的人群。

四是加快区域航空枢纽网建设，加强区域内不同层级的航空枢纽之间的 1 小时快速互联互通设施建设。京津冀区域的航空枢纽是该区域与国内、该区域与国际通联的重要交通节点，是商务人士的旅行首选。民航运输是点对点的运输，铁路、公路则是沿线运输。考虑目前北京的机场布局和设施能力，主航空枢纽位于北京，次航空枢纽位于天津、石家庄，其他地方机场应为三级航空枢纽。建议在不同层级航空枢纽之间建设一条可实现零换乘、快速直达的城际铁路层联络通道，以加强主、次航空枢纽的高效互联互通，促进京津冀区域航空资源的共享；在同城各类交通枢纽之间建立快速直达且闭环的地铁或城市轻轨，形成城市枢纽环流圈。城市枢纽环流圈与层联络通道结合，将会形成较顺畅的交通通道。如果京津冀三地不同层级航空枢纽能实现轮辐式的 1 小时内通达，则京津冀区域的潜在的航空运量可以大大释放，天津、石家庄的机场和其他机场的航空运量将会有质的飞跃，区域商贸、旅游、消费等市场将一并受惠。

3. 长三角地区综合交通枢纽演变规律

长江三角洲地区（以下简称“长三角地区”）是中国经济发展最活跃、开放程度最高、创新能力最强的区之一，在国家现代化建设大局和全方位开放格局中具有举足轻重的战略位置。推动长三角地区一体化发展，增强长三角地区的创新能力和竞争能力，提高经济集聚度、区域连接性和政策协同效率，对引领全国实现高质量发展、建设现代化经济体系意义重大。根据中共中央、国务院 2019 年印发的《长江三角洲区域一体化发展规划纲要》，长三角地区包括上海市及江苏省、浙江省、安徽省的 41 个城市。该地区位于中国长江的下游地区，濒临黄海与东海，地处江海交汇之地，沿江、沿海港口众多，是长江入海之前形成的冲积平原。2022 年，长三角地区生产总值达 29.03 万亿元，约占全国 GDP（国内生产总值）总值的 1/4，所有设区市的经济体量均达到了千亿元以上。

长三角地区交通干线密度较高，省际高速公路基本贯通，主要城市间由高速铁路有效连接，沿海、沿江联动协作的航运体系初步形成，区域机场群体系基本建立。

沪、苏、浙交界的长三角地区一体化示范区在原有交通合作机制基础上在内部运营跨省公交，规划建设示范区轨道交通 1 号线，实现跨省轨道交通互联互通；苏、浙交界的南京、安徽省马鞍山两市签订《江宁—博望跨界一体化发展示范区共建框架协议》；南京江北新区与滁州来安县共同启动了《顶山—汊河跨界一体化发展示范区国土空间规划发展策略研究》的编制。

2020 年，《长江三角洲地区交通运输更高质量一体化发展规划》正式印发。2021 年，《长江三角洲地区多层次轨道交通规划》正式印发。改革开放以来，特别是党的十八大以来，长三角地区交通网络进一步完善，运输服务水平显著提升，综合交通运输体系初步建成，交通一体化发展取得明显成效，总体适应长三角地区经济社会的发展需要。

长三角地区形成了以高速铁路、高速公路和长江黄金水道为主的多向联通的对外运输大通道和城际综合交通网络，高速铁路、高速公路和民用机场覆盖率显著高于全国平均水平。

上海、南京、杭州等城市间基本实现城际客运高频次 1~1.5 小时快速通达，江海水运、铁路等多方式联运积极推进，城际速递、同城物流等多样化、专业化物流模式快速发展。

新业态、新模式蓬勃发展，信息资源区域间共享共用稳步推进，交通与旅游深度融合，枢纽综合开发持续探索推进，枢纽经济发展效能初步显现。

江苏省、浙江省、安徽省、上海市（以下称三省一市）在推动长三角地区一体化发展领导小组统筹指导下，依托长三角区域合作办公室，协调推进交通一体化发展，港航资源整合持续推进，民航协同发展工作机制建立运行，一批跨区域的重大项目统筹衔接推进，货运车辆超限超载治理等交通联合执法行动机制加快完善。

1）重点强化上海国际性综合交通枢纽功能，联动苏州、南通、嘉兴等打造国际门户枢纽集群，提升南京、杭州、合肥、宁波一舟山等枢纽的国际服务水平。加快连云港、徐州、无锡、温州、金华一义乌、蚌埠、芜湖等全国性综合交通枢纽建设，强化淮安、湖州、阜阳等区域性综合交通枢纽衔接辐射带动作用，优化不同层次枢纽城市的分工协作。

2）优化城市内客运枢纽场站层次功能与空间布局，以重要枢纽场站为依托，推动支撑对外、城际、都市圈不同空间尺度轨道交通同站布置，实现同站高效便捷换乘，具备条件的实现同台或立体换乘。分类构建各层次场站集疏运网络，强化重要场站间快速直通。规划建设上海浦东、南京北站、杭州西站、合肥西站、合肥新桥机场站、宁波西站、苏州北站、温州东站等一批综合客运枢纽，推进上海浦东机场、南京禄口机场、杭州萧山机场、宁波栎社机场等既有枢纽的改造升级，实现对外运输通道和城际交通网有机衔接。规划建设上海松江南站、南京仙林站等综合客运枢纽，实现城际交通网与都市圈通勤交通网一体衔接。推进长三角地区内各层次轨道交通网络融合发展，推动实现多网合一。

3）统筹推动物流枢纽建设，发挥长三角地区产业基础优势和物流枢纽经济要素聚集优势，整合区域内干线运输、区域分拨、多式联运、仓储服务、跨境物流、城市配送等物流服务资源，促进物流与制造、商贸等产业融合创新发展，培育物流、信息、金融等高度融合的服务新业态；强化区域内物流枢纽功能错位与协同发展，推动枢纽间通过多种方式建立业务运营协作机制，加强标准协同和信息互联互通；加快推进长三角地区多式联运特别是铁水联运体系建设，推进重点港区进港铁路规划建设。

4）提升客运枢纽服务水平，简化枢纽内运行流程，规避重复环节，提升取购票、值机、安检、验票等环节的运行效率，推进铁路、城市轨道交通间的安检互认，推广智能化安检设备应用；按照全覆盖、无盲点、不间断、明晰化原则，科学布设枢纽标志标线；依托客运枢纽建设、完善旅游集散中心，拓展枢纽旅游集散功能，推出“高铁＋景区门票”“高铁＋酒店”等快捷旅游路线和产品。

5）完善客运枢纽建设运营机制；统筹客运枢纽规划、建设、运营全周期和运输服务全过程，同步做好工程预留；鼓励以城市为主体成立综合客运枢纽运营管理公司，由其统一负责日常运营；创新合作模式，建立健全枢纽与周边区域协同发展的体制机制，打造枢纽经济区。

4. 粤港澳大湾区综合交通枢纽演变规律

粤港澳大湾区包括香港特别行政区、澳门特别行政区和广东省的广州市、深圳市、珠海市、佛山市、惠州市、东莞市、中山市、江门市、肇庆市（以下称珠三角），“三面环山，三江汇聚”，具有漫长的海岸线、良好的港口群、广阔的海域面。其经济腹地广阔，泛珠三角区域拥有全国约 1/5 的国土面积、1/3 的人口和 1/3 的经济总量。

推进粤港澳大湾区建设，是以习近平同志为核心的党中央作出的重大决策和国家战略，也是推动“一国两制”事业发展的新实践。2019 年 2 月 18 日，中共中央、国务院印发《粤港澳大湾区发展规划纲要》。按照规划纲要，粤港澳大湾区不仅要建成充满活力的世界级城市群、国际科技创新中心、“一带一路”建设的重要支撑、内地与港澳深度合作示范区，还要打造成宜居宜业宜游的优质生活圈，成为高质量发展的典范。

粤港澳大湾区已形成通信电子信息产业、新能源汽车产业、无人机产业、机器人产业，以及石油化工、服装鞋帽、玩具加工、食品饮料等产业的集群，是中国建设世界级城市群和参与全球竞争的重要空间载体。截至 2022 年 2 月，粤港澳大湾区 11 个城市的总 GDP 达到 12.63 万亿元。

粤港澳大湾区交通条件便利，拥有香港国际航运中心和吞吐量位居世界前列的广州港、深圳港等重要港口，还拥有香港机场、广州机场、深圳机场等具有国际影响力的航空枢纽，有着便捷高效的现代综合交通运输体系。

截至 2017 年底，粤港澳大湾区高速公路里程已经超过 4 000 千米，是全国高速公路网密度最高的地区之一，核心区的路网密度已经超过纽约、东京、伦敦三大湾区。在水运方面，粤港澳大湾区基本形成了以西江干线和珠江三角洲“三纵三横三线”为骨架的江海直达、连通港澳的高等级航道网。

2017 年，粤港澳大湾区内河航道通航里程已经超过 6 000 千米，位居全国前列；同时，粤港澳大湾区是世界上沿海港口和机场分布最为密集的地区之一。

2017 年，粤港澳大湾区沿海港口集装箱吞吐量达 8 000 万 TEU（国际标准箱单位），民航旅客吞吐量超过 2 亿人次，均位居全球湾区之首。

2018 年 4 月，广东省发展改革委启动《粤港澳大湾区城际铁路建设规划（2020—2030 年）》编制工作，粤港澳大湾区有望建成“一小时城轨交通圈”。

截至 2018 年末，粤港澳大湾区有机场 7 个，旅客吞吐量达 2.15 亿人次。其中，珠三角 9 市通车里程达 62 670 千米，香港公共道路长 2 123 千米，澳门道路行车线长 449 千米。

“十四五”时期，粤港澳大湾区交通规划的重点在于加强深圳“全国性枢纽”的建设，并从“国际性交通枢纽”的高度定位出发，加速“湾区一小时”格局形成。在早前的规划中，广东突出广州的中心位置。广州是广东省、华南地区唯一的国际性综合交通枢纽。2021 年发布的《广东省综合交通运输体系“十四五”发展规划》将深圳与广州并列而提，肯定了深圳在建设粤港澳大湾区核心交通枢纽上的重要性，这有利于广深两座城市间的联动。在广深联动的整体布局中，交通基础设施互通是实现合作的助燃剂。《广东省综合交通运输体系“十四五”发展规划》对促进广深一体化的重要交通设施建设也给予了相应的倾斜：推动广深港高铁进入广州中心城区，开展广州至深圳高铁新通道、广深快捷走廊、广珠快捷走廊等多重交通基础研究。

在广东全省交通资源倾注之下，广州已实现“湾区一小时”交通网络的构建，“十四五”阶段的交通建设重心将落到深圳枢纽对湾区的交通辐射上。深圳“十四五”规划提出，未来将通过“3 个 1 000 千米”的交通网络计划，规划建设 1 000 千米地铁，1 000 千米高铁和城际铁路，1 000 千米高速路、快速路，打造“内湾半小时、湾区一小时”交通圈。赣深高铁已于 2021 年 12 月开通运营，深大城轨、深中通道在紧锣密鼓地建设。“十四五”阶段，深莞惠“半小时交通圈”将成型。

按照科学布局、统筹衔接、创新发展、支撑引领的原则，在继续实施并优化原珠江三角洲地区城际轨道交通网规划的基础上，粤港澳大湾区进一步加大城际铁路的建设力度，做好与区内高铁线路、普速铁路、市域（郊）铁路等轨道网络的融合衔接，形成“轴带支撑、极轴放射”的多层次铁路网络，构建主要城市间 1 小时通达、主要城市至广东省内地级城市 2 小时通达、主要城市至相邻省会城市 3 小时通达的交通圈，打造“轨道上的大湾区”，完善现代综合交通运输体系。

粤港澳大湾区城际铁路与高铁、干线铁路通过枢纽实现互联互通，与都市圈市域（郊）铁路、城市轨道交通在枢纽场站实现衔接。广州枢纽主要场站间通过城际铁路环线和城市轨道交通实现连通，其余枢纽内各场站间通过城市轨道交通等方式实现连通。

一是客运枢纽总体布局。粤港澳大湾区构建层次分明、分工合理、衔接高效的铁路客运枢纽体系，促进对外交通、城际交通和城市交通间的便捷衔接。广州构建以广州站、广州东站、广州南站、佛山西站、广州白云（棠溪）站为主的，以广州北站、南沙站、新塘站为辅的“五主三辅”枢纽。深圳构建以深圳北站、西丽站、深圳站为主的，以深圳东站、福田站、深圳机场、深圳坪山站为辅的“三主四辅”枢纽。珠西地区构建以江门站、珠海鹤洲站、中山北站为主的，以珠海站、中山站、蓬江站、横琴站为辅的“三主四辅”枢纽。此外，粤港澳大湾区规划布局鱼珠、东莞西、惠州、肇庆东、珠三角新机场站等枢纽场站。

二是重点枢纽衔接。按照城际铁路引入中心城区、干线铁路便捷衔接的思路，结合重点枢纽相关主辅枢纽场站的功能定位和能力，粤港澳大湾区确定重点枢纽场站线路衔接方案。其中，珠海鹤洲站、肇庆东站衔接近期实施的珠海至肇庆高铁，珠三角机场站衔接南宁至玉林铁路至广湛铁路的连接线。

三是与港澳口岸衔接。深圳市与香港特别行政区近期通过既有京九铁路、广深港高铁实现互联互通。珠海市与澳门特别行政区在珠海站、横琴站实现高铁、城际铁路与澳门轻轨的衔接；做好各口岸与城际铁路站点之间的连接规划，支持粤澳新通道（青茂口岸）连接通道与广珠城际铁路在珠海站内连接，促进澳门融入国家铁路网络。

5. 综合交通枢纽演变规律总结

近年来，我国都市圈建设呈现较快的发展态势。都市圈已成为支撑国民经济发展、促进区域协调、参与国际竞争合作的重要平台。综合交通枢纽是都市圈交通方式之间和区域之间大规模客流组织换乘的交通场站，作为综合交通运输体系的重要构成，是提高都市圈客运效率、提升客运服务质量的核心关键，是推进都市圈高质量发展的重要载体。

从当前发展实际看，都市圈已成为我国综合交通枢纽发展问题最集中的区域之一。首先，都市圈是综合交通枢纽发展新老问题交织的典型区域。都市圈是我国城镇化进程最快的地区，都市圈的综合交通枢纽发展既有传统的共性问题，也面临着不断涌现的新问题。其次，都市圈是综合交通枢纽发展矛盾最突出的区域。由于都市圈内受多种运输方式汇集、人口出行特征复杂、城市空间持续拓展、资源环境压力增大、体制机制约束增多等诸多因素的影响，综合交通枢纽布局与衔接问题变得愈发突出。再次，都市圈是综合交通枢纽发展质量要求最高的区域。综合交通枢纽是客流的主要集散和组织中心，而都市圈是客流出行需求最频繁和对出行质量要求最高的区域。

总体而言，都市圈是解决综合交通枢纽发展问题和引领综合交通枢纽高质量发展的“样板区域”。都市圈综合交通枢纽的高质量发展代表了未来我国综合交通枢纽的基本发展方向。推进我国都市圈综合交通枢纽高质量发展是建设高质量基础设施、满足人民日益增长美好生活需要的必然要求，是加快培育发展现代化都市圈、形成区域竞争新优势的重要支撑。

综合交通枢纽的核心组成已经逐步发生变化，由原来的解决集散功能需求的交通场站逐渐转变为以城市发展为导向的交通中心，成为城市综合体的一部分。枢纽地区的交通节点功能进而发展出经济节点功能，枢纽地区甚至可以发展成城市的副中心。

综合交通枢纽的演进大体上可以分为 4 个阶段，分别为基础交通阶段、周边开发阶段、区域提升阶段、城市中心阶段，详见图 1-1。综合交通枢纽具有交通功能，是城市交通空间的一部分，即交通节点；因其交通的便利性以及高度的可达性，吸引更多的城市功能（如工作、休闲娱乐、居住等）向其周边集聚，所以综合交通枢纽又是城市其他功能空间的一部分，即城市的空间场所。因此，综合交通枢纽围绕产业和各城市功能的开发，正成为现代城市发展新的增长点。

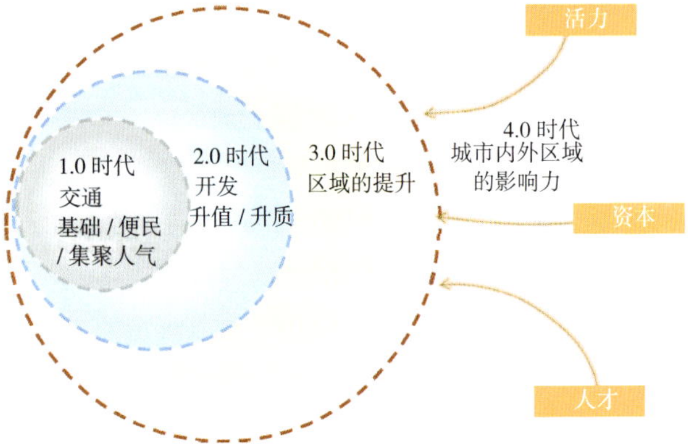

图1-1　综合交通枢纽演进阶段

（图片来源：张明子，冯西培.综合交通枢纽中城市轨道交通的模式演变与规划布局研究[J].都市快轨交通，2021(5):34.）

从综合交通枢纽的发展趋势可以看出，其相关问题存在的原因涉及时代背景、认知层面、利益博弈等多方面。在 1.0 时代，城市综合交通枢纽主要考虑旅客进出，并未过多考虑空间布局；随着城市规模的不断扩张，大量客流集中而不能及时疏散，旺盛的交通需求与交通枢纽接驳设施能力不足、布局不合理之间产生了一定矛盾。在 2.0 时代，城市综合交通枢纽朝着满足旅客多种需求的复合功能综合型建筑发展，但仍以车站的辅助性和支撑性功能为主，布局依然在平面方向上拓展。总体来说，3.0 时代之前，综合交通枢纽的功能定位仍以铁路客运的交通集散为主，并未太多考虑与城市的关系，因此综合交通枢纽周边乘客使用城轨的便捷性差，这也是早期综合交通枢纽的规划理念所限而导致的。

3.0 时代的综合交通枢纽开始注重客站与站外交通的有机衔接、内部便捷有效的换乘，着力实现人流的零换乘，减少与城市地面交通的矛盾和冲突。综合交通枢纽由铁路客运单一的交通方式转变为包含城际铁路、区域快线、城轨交通、常规公交、出租、慢行等多种交通方式，其功能也由单一的交通功能变成复合、叠加的城市功能。因此，在规划设计阶段，3.0 时代的综合交通枢纽统筹考虑城轨的一体化设计，并与其他交通方式形成多层次的立体化布局。从这个时代开始，这种布局成为综合交通枢纽普遍采用的形式。

如今，综合交通枢纽已演变成城市的交通中心，新城则是多中心共同发展的有机体。到了 4.0 时代，枢纽作为城市活力中心，对城市内外区域都有很大影响，源源不断的人才流、信息流、资金流汇聚于此。4.0 时代的综合交通枢纽是以高铁站为起点建设的，拥有功能高度集成、绿色交通先行的配套支撑；以公共交通设施布局为首，同时具有与城市轴线呼应、多核发展的规划理念；以 TOD（以公共交通为导向的开发模式，transit-oriented development）理念为引导，发展功能复合、空间整合的城市综合体，共同打造城市活力中心新地标，见图 1-2。在这个前提下，城轨作为综合交通枢纽的基础配套设施，已经不是传统的地铁站，而是具有更多无形价值和潜力的重点区域，因此其有更高的设计要求。

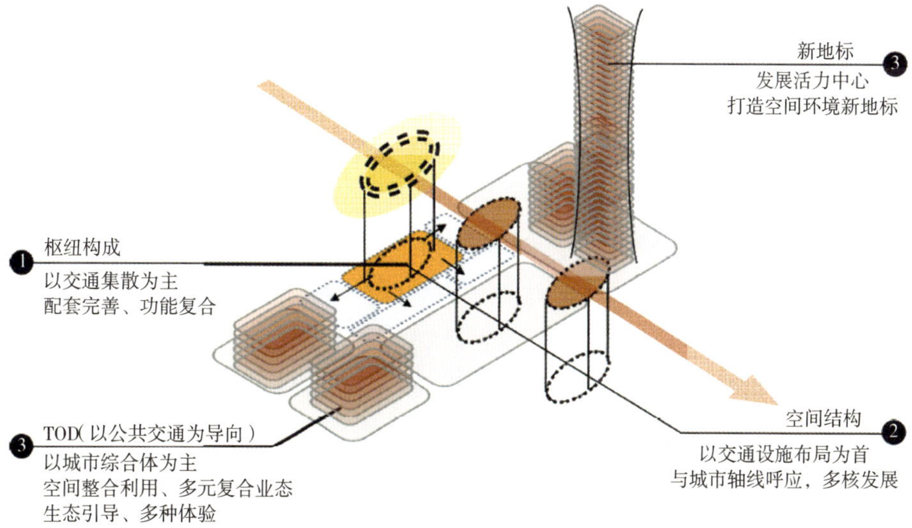

图1-2　以公共交通为导向的开发模式

（图片来源：张明子,冯西培.综合交通枢纽中城市轨道交通的模式演变与规划布局研究[J].都市快轨交通,2021(5):34.）

4.0 时代的综合交通枢纽突破了交通功能的范畴，实现了城市的综合功能。综合交通枢纽与城市关系更加密切，甚至改变了人们的出行方式和生活模式；基于客流资源优势进行整体策划，打造站城一体的综合体；把交通、商业、商务办公、文化展览、城市公园等功能统筹在一起，还能促进就业、降低居民的生活成本等。城轨成为城市综合体中的基本组成元素。这时的综合交通枢纽不仅仅是对外的交通枢纽，同时也是服务本区域的城市枢纽。综合交通枢纽和城轨共同形成新的 TOD 核心区。高铁面向铁路全网收集客流，捕捉客流的能力强；而城轨既可以疏散大量客流，同时也能带来大量客流。高铁和城轨的客流在综合交通枢纽处叠加，商业转化率相应提升，能为区域的发展创造虹吸效应。

1.1.2 新时代综合交通枢纽规划建设的新要求

1. 新形势下的新要求

“十四五”时期，交通运输部首次将《枢纽规划》作为与铁路、公路、水运、民航、邮政并列的重点专项规划，联合多部门共同印发方案实施，为推动综合交通枢纽发展实现统筹规划、系统推进、多方协同提供了指引。准确理解新时代综合交通枢纽发展的新定位，深刻认识综合交通枢纽在锚固和支撑国家综合立体交通网建设中的关键地位，有利于增强综合交通枢纽在国民经济发展中的战略牵引和要素集聚能力，加强综合交通枢纽与国土空间、城镇、产业发展的融合联动，开创综合交通枢纽高质量发展的新局面。

对照综合交通枢纽体系建设的战略任务要求，当前我国综合交通枢纽发展还存在功能布局系统性不强、设施建设一体化水平不高、网络化服务能力不够、创新驱动与融合发展不足等问题。新形势也对现代综合交通枢纽体系建设和发展提出了新的要求。

一是由加强“单体港站”衔接向“枢纽体系”优化转变。当前，我国综合交通枢纽发展已进入体系优化、互联成网、提档升级的历史机遇期，需要在着力推进不同运输方式一体衔接的基础上，提升综合交通枢纽的一体化、集约化、人文化、复合化水平，促进服务供给与需求实现更高水平的动态平衡；强调要从区域、城市整体视角及战略定位出发，统筹考虑设施布局、线网衔接、功能配套、运输组织、服务供给等，加快优化整个综合交通枢纽体系，提升综合交通枢纽体系的整体效能，提供更高品质的服务。

二是由加快“设施建设”向“建运管服”全面发展转变。经过 10 余年的快速建设，我国综合交通枢纽港站数量和服务效率明显提升，如交通运输部重点支持推进的综合客货枢纽项目数量已超过 450 个，80% 的新建综合客运枢纽基本实现了 200 米内乘客的便捷换乘，重点综合货运枢纽多式联运 1 小时换装完成率超过 87%。随着资金、土地、环境等要素约束的不断增强，综合交通枢纽的发展需要在继续补齐设施短板的同时，更加注重统筹好存量和增量、国内和国际等资源条件，加强对规划、建设、运行、管理、服务等全生命周期环节的关注，提高资源的利用效率。

三是由“部门助推”向“合力共推”转变。综合交通枢纽港站及其集疏运体系的建设和发展涉及城市规划、土地利用、环境保护、市政配套、交通管理等多领域、多部门，枢纽集群与枢纽城市的规划发展更需要从系统视角统筹好区域内的枢纽港站、线网、信息等各类要素。推动综合交通枢纽体系的建设发展应强化部门间、区域间、领域间以及中央和地方政府间、不同交通方式管理部门间的相互协作，在充分发挥市场在资源配置中起决定性作用的基础上，更加注重发挥地方政府在综合交通枢纽规划布局、综合协调、规范发展等方面的能动性，强化各部门的协调联动，形成工作合力，助推综合交通枢纽的健康可持续发展。

推动综合交通枢纽发展实现新突破，要坚持服务人民、系统观念、改革创新、多方协同的工作原则，着力提升枢纽体系的整体效能，打造高品质多元化的服务网络，加快综合交通枢纽高质量发展和创新驱动发展，开创经济发展的新局面。

2. 都市圈背景下的综合交通枢纽发展要求

都市圈背景下的综合交通枢纽发展要求如下。

一是都市圈的通勤化发展趋势要求综合交通枢纽发展导向由“大而全”向“专而精”方向转变。《国家发展改革委关于培育发展现代化都市圈的指导意见》（2019 年 2 月）明确指出，都市圈是城市群内部以超大、特大城市或辐射带动功能强的大城市为中心、以 1 小时通勤圈为基本范围的城镇化空间形态。1 小时通勤圈的主要服务对象是通勤客流，通勤客流具有客流强度大、集中度高、潮汐特征明显等特征，是都市圈的主要出行客流，也是影响都市圈交通网络布局、职住空间结构和产业联动发展效能的主要因素之一。

适应都市圈通勤化和多层次轨道交通网络的发展要求，促进都市圈各种运输方式的高效衔接，提高综合交通运输系统的整体运行效率和服务质量，需要打造与都市圈轨道交通网络布局相契合的综合交通枢纽体系，为实现都市圈 1 小时通勤提供重要保障。这就要求突破传统综合交通枢纽求大求全的发展导向，转向发展专业化、精细化的综合交通枢纽体系，在都市圈中心城、近郊圈层同步构筑面向都市圈一体化客运网络的分层次枢纽体系，促进分层次的空间和交通组织，以新枢纽体系构建分层次的 1 小时通勤圈。

二是都市圈的圈层化发展趋势要求综合交通枢纽发展模式由“点轴式”向“轴辐式”方向转变。围绕构建 1 小时通勤圈，都市圈将呈现明显的圈层化发展趋势。1 小时通勤圈作为都市圈的基本空间界定范围，体现了经济要素自主、有序、高效流转的空间尺度范围。轨道交通网络和综合交通枢纽是都市圈 1 小时通勤圈的重要载体，围绕二者的沿线开发和枢纽综合开发是城市经济发展的重要引擎和城市空间拓展的重要支撑，由此形成的“点轴式”发展格局是都市圈空间形态演进的重要基础，是都市圈圈层化发展的重要推动力。

圈层化的都市圈必将产生“轴辐式”的综合交通枢纽发展格局。“轴辐式”发展源于交通运输领域，其强调将运输对象由各节点输送至枢纽中心，再依据目的地进行集中运输，在网络干线上形成规模效应，降低单位运输成本，提高资源利用率，同时产生集群效应，带动所在区域及城市的经济发展。都市圈以 1 小时通勤圈为纽带。轨道交通和客运枢纽的“点轴式”发展格局促成都市圈典型的“轴辐式”空间形态及综合交通枢纽“轴辐式”发展格局。

三是都市圈的一体化发展趋势要求综合交通枢纽空间布局由“行政区”向“服务域”方向转变。都市圈内中心城市与周边地区的一体化发展是必然趋势。近年来，虽然我国都市圈建设呈现较快的发展态势，但城市间交通一体化水平不高、分工协作不够、低水平同质化竞争严重、协同发展体制机制不健全等问题依然突出。综合交通枢纽的分布过于受制于以行政区划为基础的规划与布局和与行政区划挂钩的分级配置方式，造成了枢纽配套不足及地域分布不均衡等问题。

要适应都市圈一体化发展趋势的要求，都市圈综合交通枢纽的布局应从传统的行政区独立配置向面向服务域的分层分类一体供给进行转变，打造“枢纽上的都市圈”；立足都市圈空间结构优化，结合都市圈客流特征变化，均衡枢纽对都市圈各重要区域的服务作用，加强近郊圈层区域性枢纽和功能的培育，发挥近郊新城面向外围地区空间与交通枢纽的组织功能。如北京市 2030 年铁路客运量（含市郊运量）将是现状的 6.13 倍左右，北京市铁路通道和枢纽需求增强，需要主动调整枢纽布局，打破北京“同心圆”的功能自组织结构；在北京都市圈范围内统筹布局承接城际、市郊铁路运输的客运枢纽，促成北京与雄安新区等周边区域的枢纽空间组织与区域交通组织的协同，实现高效的空间组织和交通运行，引导形成与首都都市圈联动发展的开放型、多中心综合交通枢纽空间结构。

四是都市圈品质化发展趋势要求综合交通枢纽的形态由“交通体”向“综合体”方向转变。在都市圈时代，城市发展品质和客流出行品质显著提升，都市圈的客流特征及城市功能组织发生显著变化，相应地推动综合交通枢纽与城市的关系发生变化。综合交通枢纽将成为城市功能组织的有机部分。尤其是高铁、城际铁路的发展会引发时空收缩效应，人们对出行时间和效率体现出更高的要求，倾向于在枢纽车站一站式完成各类活动，从而使综合交通枢纽与城市功能相互促进。由此，对外出行流与商务通勤流等将出现交织、重叠，客观上促进综合交通枢纽与城市功能中心的耦合布局。

当前，一些发达城市出现了枢纽经济区的形态。这些城市的综合交通发展路径逐步从依托网络打造枢纽的传统路径向围绕枢纽重塑网络的现代路径演变；枢纽功能逐步从运输枢纽向组织枢纽演变；枢纽发展模式逐步从单体枢纽向组合枢纽演变；枢纽发展空间逐步从中心枢纽向外围枢纽演变；相应地，枢纽形态也从传统“交通体”向现代“综合体”转变。

3. 信息化背景下的综合交通枢纽发展要求

当前，我国综合交通枢纽的信息化服务水平总体处于融合互通阶段，少数先进的枢纽具备一定的协同运行能力，智慧出行还处于探索阶段。从技术层面来讲，我国综合交通枢纽在交通信息共享与业务协同方面仍存在较大不足，信息的供求不平衡影响枢纽的运行效率与稳定性。先进的交通枢纽离不开信息平台的支撑，未来枢纽信息化的重点将在以下几个方面形成突破。

一是一体化信息服务平台。综合交通枢纽将向空间利用集约化、交通功能综合化、运行管理一体化方向发展，不仅要求基础设施一体化和运行管理一体化，而且要求信息服务一体化，通过一体化信息服务平台对城市道路网络、公共交通网络、城市对外交通及枢纽体运行信息进行整合，实现融合式运行的信息采集、传输、分析处理和发布。一体化信息服务平台可及时发现枢纽管理短板，改进管理水平，是提高枢纽协同运行效率的重要手段，是为旅客提供全面、完善、优质、人性化服务的保障。

二是大客流感知及态势推演技术。现有枢纽信息服务系统依赖人工视频轮询或客流监测系统实现实时报警，对大客流事件的预见性差，准确性不足，难以支撑及时高效的客流疏散组织与协调。未来的一体化信息化服务平台不仅可以自动监测大客流，还可以深入分析历史大客流事件，自动识别突发大客流的发生模式、发生机理，自动对大客流进行提前预警，提出快速响应措施。基于实时监控及历史大客流数据建立的预警技术体系可为枢纽提前调度资源、提升快速响应提供技术支撑，是枢纽智能化运行的发展方向。

三是智能化交通出行链的生成和推送技术。首先，满足枢纽旅客出行的不同需求偏好，利用人工智能技术分析道路路网、公共交通系统及枢纽体的运行状况，实时为不同类型的旅客订制智能化交通出行链，是当下亟待解决的重大问题；其次，针对大客流或天气异常情况，满足综合交通系统整体最优，基于大数据归纳、分析旅客交通出行的需求，为所有旅客订制智能化交通出行链，也是交通管理者应关注的重大问题；最后，此技术通过微信公众号、短信、手机 APP 等途径向旅客进行定向信息推送，实现交通出行需求与信息服务的高度匹配。

四是多模式客运组织协同优化及实时调节技术。现有的多方式客运集疏运之间的协同合作还比较少，基本处于人工调节状态。未来此技术将针对枢纽集疏运客运体系建立客流承载能力仿真模型和算法，对客流承载和集散能力进行动态评估；对枢纽集散设施运行状态进行实时判别与预测，对客流集散和中转换乘需求进行辨识，采用多模式运能运力匹配技术及客运组织协同优化理论，动态优化出租车、地铁、机场巴士、接驳公交等交通方式的运营组织方案。

五是精准的室内导航与信息服务技术。面对综合交通枢纽建筑面积大、功能区结构复杂的特点，一体化换乘导航平台通过室内定位与导航技术，实现室外导航和室内导航的无缝衔接，引导旅客快速便捷地前往目的地，有效提高换乘效率，减少绕路距离。目前的室内导航很难做到精准定位与指引，未来一体化换乘导航平台也是信息服务发展的趋势，综合运用信息屏、查询机、微信公众号等多样化服务方式，集合航空、地铁、公交、商服、旅游等全方位服务内容于一体的枢纽一体化换乘导航平台可为出行者提供全新的使用体验。

4. 综合交通枢纽建设的意义

城市交通是由多种方式构成的，可分为对内交通和对外交通两方面。对内交通的主要方式有地铁、轻轨、公共汽车、出租车、小公共汽车、轮渡等；对外交通的主要方式有长途汽车、铁路、航空、长途航运等。这些交通方式自成体系，各自都有独立的网络，但是在为城市提供交通服务时又与周围环境结合，它们合为一体，目标一致，相互开放协调。一个优质的城市交通网络不仅体现在线路的合理设计方面，更重要的是体现在各种交通工具之间的密切衔接、交通流畅方面。综合交通枢纽就是将具有多层次性、多样化的城市交通线路衔接在一起，成为一个交通体系的关键节点。

综合交通枢纽是构建现代综合交通运输体系的关键节点，是体现高质量综合运输服务水平的重要窗口，是集聚综合交通发展势能、加快建设交通强国的重要载体。促进综合交通枢纽发展是提高交通运输整体效率和服务水平、降低物流成本的有效途径，是优化运输结构、实现交通运输战略转型的迫切需要，是集约利用资源、节能环保的客观要求，对解决现阶段我国综合交通枢纽规划设计不统一、建设时序不同步、运营管理不协调、方式衔接不顺畅等问题，构建便捷、安全、高效的综合交通运输体系，支撑国民经济和社会发展，方便广大人民群众出行，提升国家竞争力具有战略意义。

1.2
国内外典型经验借鉴实践

1.2.1 国外交通枢纽的建设经验

1. 城际公交场站的改建变革——旧金山港湾枢纽

旧金山湾区是美国加利福尼亚州北部的一个大都会区，位于沙加缅度河下游出海口的旧金山湾四周，包括多个大小城市，主要城市有旧金山半岛上的旧金山、东部的奥克兰以及南部的圣荷西。旧金山湾区为美国西岸仅次于洛杉矶的最大都会区，总人口数在 760 万以上。旧金山港湾枢纽位于旧金山市中心区，是一个集交通枢纽与社区于一体的建筑综合体，规划为高速铁路地下车站、高架公交车站，成为服务旧金山湾区的区域运输系统枢纽，并带动周边区域的高强度开发。项目投资 45 亿美元，打造西部的“中央车站”，因为在屋顶设置公园，其又称为西海岸的“高线公园”（图 1-3）。

旧金山港湾枢纽采用立体化换乘布局，布置高架长途公交层、地面公交广场和地下轨道交通层，换乘客流在垂直方向就可近距离换乘不同交通方式。枢纽分层明确，布局清晰，采用了一种高度集约化的换乘组织模式。

该枢纽分为 6 层。其中地下有 2 层，地面及其以上共 4 层。地下 2 层为轨道交通站台层，有 3 个岛式站台及 6 条直通式铁路轨道，分别用于通勤铁路、常规铁路和高速铁路（图 1-4）。

地下 1 层为地下换乘大厅。通过此换乘大厅乘客可以实现不同轨道交通列车之间的便捷换乘，也可实现多种交通方式之间的便捷换乘（图 1-5）。

图1-3　西海岸的“高线公园”

图1-4　旧金山港湾枢纽布局

图1-5　旧金山港湾枢纽地下1层：地下换乘大厅（组图）

地面层为有轨电车、城区内有轨交通（类似有轨电车）和出租车层。

地上 1 层为地上换乘大厅。此换乘大厅可实现地面上不同交通方式之间的衔接，乘客可以从不同地点的楼梯、电梯、自动扶梯到达地上 2 层和 3 层的公交层。

地上 2 层为公交层，能够同时容纳 26 辆铰接式公共汽车以及 4 辆标准公共汽车。其通过自动扶梯、升降机进行上、下层之间的联系，高峰时能够容纳 2.5 万的人流。

地上 3 层为长途公交层，有 24 辆长途汽车的车位。该层与地上 2 层的公交层一起共用海湾大桥出口坡道（图 1-6）。

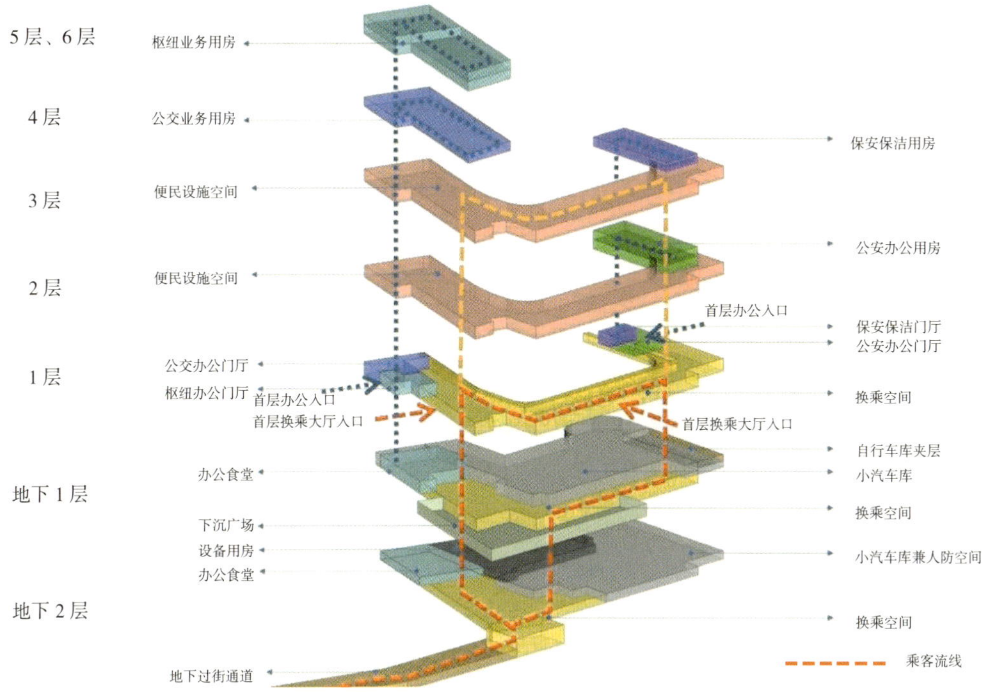

图1-6　旧金山港湾枢纽分层换乘流线图
（图片来源：https://new.qq.com/rain/a/20220320A08DVG00）

在总体上，公交层、轨道站台层和站厅层都具有交通属性，主要服务于交通客流；夹层和屋顶层主要是商业和休闲功能，具有服务于城市的公共空间属性；1 层直接面临城市空间，既具有交通属性，又具有服务于公共空间的属性。对比原枢纽，新枢纽在很大程度上改变和优化了周边城市公共空间的格局，丰富了空间内涵，增加了城市公共空间的吸引力。

总体来说，旧金山港湾枢纽项目对城市公共空间和区域复兴的影响主要体现在以下几个方面。

一是交通线路组织对周边城市空间的影响。该项目通过对交通功能的合理组织，对建筑周边提升城市公共空间起到良性作用。原枢纽仅服务于城际公交，新枢纽重建规划引入了两条城际轨道交通线路，分别是加州高铁（图 1-7）和加州通勤铁路。

建设加州高铁的目的是将加州南北部的两大都市区旧金山湾区和大洛杉矶地区连接起来，在它们之间形成更快捷的客运联系。加州高铁二期可将通勤客流直接引入城市中心区，有利于提升枢纽周边地区的活力，带动区域发展。

图1-7　加州高铁一期线路

二是公交线路的优化解放了城市公共空间的活力。原枢纽主要服务于城际公交线路，是一个大型长途巴士站点，巴士在枢纽周边环行一周，高架坡道围成的大环尺寸约为 250 米 ×470 米，在城市空间里占地较大，受高架坡道的影响，周边城市空间很难处理。新枢纽的公交坡道连接海湾大桥与枢纽建筑西南端，巴士从这里进入枢纽，沿顺时针方向在枢纽 3 层绕行一圈，又回到西南端口驶出，公交坡道上有两处上、下行流线交叉的地方，用红绿灯控制通行（图 1-8）。新枢纽在建筑首层东端的地块上设计了一个公交广场，将地面城际公交、周边市政公交、电缆车等的地面站点整合在了一个地块上。一个独特的建筑首层架空广场占用了一个完整地块，四面临街，人流不受阻挡，既像一个盖了顶的城市室外空间，又像一个没有立面的建筑室内空间，非常独特。

三是新枢纽的功能布局促进了公共空间重构。新枢纽整合了轨道交通线路之后，客流量增大，人流聚集，对商业空间、休闲空间提出了更高要求。与原枢纽纯粹的交通属性不同，新枢纽既是一座交通建筑，又是城市公共空间的一部分。

新枢纽的屋顶城市公园是城市共享空间。公园长 426 米，面积达 21 800 平方米，能提供多种活动场地和休闲设施，是一个多功能空间（图 1-9）。屋顶城市公园与周边多座建筑产生直接的通道联系，共有 10 个入口可以进入公园，大大提高了屋顶城市公园的可达性，扩大了公园的服务范围，造福更多社区人群。

图1-8 新枢纽方案重新设计了公交坡道(组图)

图1-9 屋顶城市公园

四是建筑形态提升城市公共空间的品质。新枢纽的建筑形态与原枢纽建筑布局和基地地形密切相关。新枢纽在考虑基地特征的前提下，创造出独特的建筑形态，提高了周边城市公共空间的品质。建筑横跨 3 个地块，在街道穿过的地方架空，首层形成 4 个独立的建筑体块，每个体块都有多个开口，人流可进入或横穿，虽然建筑体形巨大，但丝毫不影响街道行人的自由流动，保留了原来城市街道的空间格局（图 1-10）。

首层体块虽然处于割裂状态，但每个体块都有一套完备的垂直交通设施，包括扶梯、电梯、楼梯、货梯，因此完全不影响上、下层交通换乘客流的转换，相当于将整个的上层和地下层用于立体交通布局，而首层仅承担客流集散和垂直客流中转功能，将多余空间还给了城市公共空间（图 1-11）。

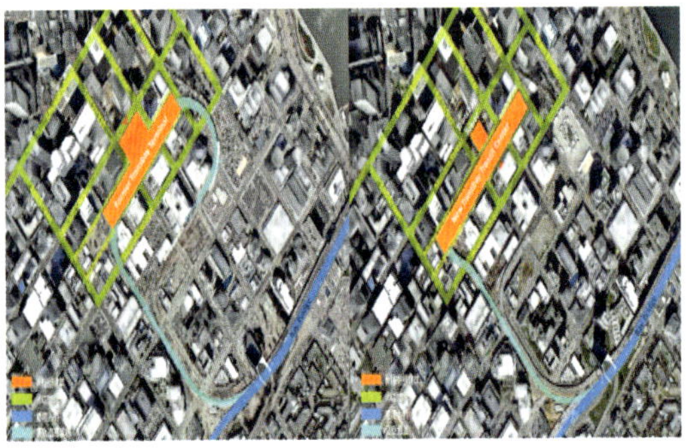
图1-10 城市街道空间格局

图1-11 街道穿过的地方架空

总体来说，旧金山港湾枢纽整合了轨道交通与市政交通，大量客流的聚集为周边区域发展带来先机。周边住宅、办公及旅馆空间、零售空间和枢纽一起形成一个功能齐全的混合社区，吸引公司安家、居民定居，带动周边地块的发展。该项目对枢纽周边的城市公共空间进行了一次重构，使城市公共空间不仅在功能上具有了新的内涵，而且具有更积极的空间面貌。良好的城市公共空间布局能够增强社区的吸引力。

2. 体现“以人为本”的规划理念——巴黎拉德芳斯枢纽

拉德芳斯是巴黎都会区首要的中心商务区（CBD），位于巴黎城西的上塞纳省，邻近塞纳河河畔的纳伊。

交通资源的规划和管理在拉德芳斯地区的发展过程中起到了非常重要的作用。1968 年，区内建成了 SNCF 地铁站，设置了多条公交线路并与区内重要的办公楼连接。1970 年，区域快速铁路 RET（Regional Express Train）的开通运营对拉德芳斯地区的发展起到了巨大的促进作用。现今，拉德芳斯枢纽已成为欧洲最大的公共交通枢纽和换乘中心。在拉德芳斯枢纽中，公交车站层被设置在枢纽的东侧，公交线路包围了小汽车停车场，有大量清晰的道路标志引导车辆快速通过、有序停放；中央为售票和换乘大厅，有商业及其他服务设施；西侧为郊区铁路和有轨电车 T2 线。乘客通过地面出入口和换乘大厅的换乘楼梯可以很方便地到达商业中心以及地下 3、4 层的地铁 M1 线和 RER-A 线。地铁线路将拉德芳斯地区与巴黎市中心区紧密联系起来（图 1-12、图 1-13）。

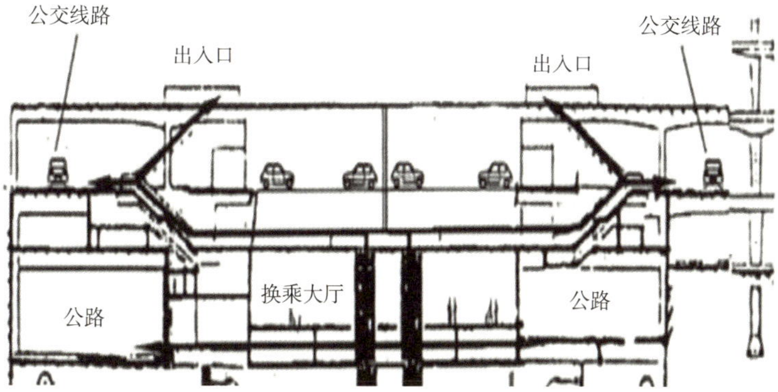

图1-12 巴黎拉德芳斯枢纽布局图
(图片来源:刘旭旸,邵楠.地下空间规划案例:巴黎拉德芳斯[J].国土与自然资源研究,2016(2):10-12.)

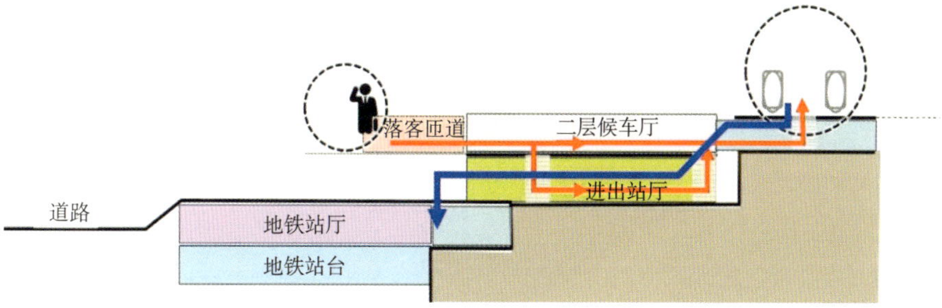

图1-13 枢纽分层流线图
(图片来源:刘旭旸,邵楠.地下空间规划案例:巴黎拉德芳斯[J].国土与自然资源研究,2016(2):10-12.)

在拉德芳斯枢纽中，人流与车流彻底分开，互不干扰，这种做法在世界上是仅有的。地面上的商业建筑和住宅建筑以一个巨大的广场相连，而地下则是道路、铁路、停车场和地铁站的交通网络。因此，拉德芳斯枢纽的“以人为本”的建设理念主要体现在以下几个方面。

一是拉德芳斯地区的规划秉承着“城市与人和谐发展”的理念。2007 年至 2020 年，拉德芳斯的更新与发展体现了法国规划理念的转变与创新。该规划的成功与地下空间的综合开发利用密不可分。拉德芳斯地区在规划建设之初便确立了高架交通、地面交通和地下交通三位一体部署的设计思想，目的是实现车与人的完全立体分流，地面步行化并布置绿化景观（图 1-14、图 1-15）。

图1-14 巴黎拉德芳斯枢纽

图1-15 三位一体的交通系统

二是地面一层用整块的钢筋混凝土顶板形成“人工地基”，车行交通系统、停车系统、大型换乘设施转入地下。拉德芳斯地区将交通设施完全置于地下，地面上仅布置绿化区域和步行区域。规划对地下空间实行整体开发，上面覆上一层整块的钢筋混凝土顶板，形成“人工地基”（图 1-16）。高速铁路、机动车布置在人工顶板下面，并与大都市的圈内、外形成交通流线网络，构成交通枢纽。

图1-16 钢筋混凝土顶板形成“人工地基”

拉德芳斯地区规划将建设方便快捷的公共交通体系作为首要工作，同时满足以人为本和环境友好的要求，形成集高速铁路、高速公路、地铁、私家车、公交之间可换乘的城市地下交通网络。

三是拉德芳斯地区在开发中充分利用地下空间。在整个规划中，地下空间在开发时排除了许多干扰因素，并统筹规划；将道路基面下的地下交通规划与市政综合管沟、建筑物下的停车场以及民防设施等一并考虑。区域内地下空间的优化促进了土地资源的有效利用，各区域相互连通、上下整合，实现了“以人为本”的规划目标。

总体来看，不管是初期规划，还是更新规划，拉德芳斯地区都充分利用地下空间对区域空间进行优化，结合人车分流、交通地下化、环境友好化等一系列现代化城市空间开发利用措施，体现出地上、地下一体化统一规划的效果。该规划优化了城市肌理，优化了人行路径，改善了环路与周边路网的衔接关系；鼓励绿色出行，增设人行道、自行车道等慢行交通系统，并提供安全舒适的环境；利用过街天桥、电梯或地下步行通道连接周边地区。城市交通的地下化缓解了地上空间的压力，增加了城市的绿色空间（图 1-17），形成了多功能综合区域，增加了文化艺术元素，吸引艺术创意产业入驻，弥补夜间“空城”的劣势。

图1-17　拉德芳斯凯旋门

3. 伦敦最早的铁路站——滑铁卢交通枢纽的改建“重生”

滑铁卢交通枢纽（滑铁卢站）是英国伦敦一个重要的铁路与交通转运的复合车站。滑铁卢车站共包括 4 个相邻的铁路车站（滑铁卢主站、滑铁卢国际站、东滑铁卢站与滑铁卢地铁站）与 1 个巴士站。其位于泰晤士河南岸，靠近“伦敦眼”，与北岸的查令十字车站隔河相望，是伦敦目前面积最大的火车站，总占地面积达 24.5 公顷，主要承载通向英格兰东部城市的线路（图 1-18）。

图1-18　滑铁卢综合交通枢纽

滑铁卢站隶属伦敦兰贝斯行政区，从 1848 年建站到如今经历过 5 次扩建。受区位限制，每次扩建都是小规模扩建，希望以最小的建设程度提升交通运输的效率和潜力。在缺乏大规模建设的外界条件下，滑铁卢交通枢纽通过对公共区域、人行步道及服务设施设置的提升、强化和整合，调控人流，实现区域以枢纽为中心发展商业、文化的目的。2015 年，伦敦政府规划将滑铁卢交通枢纽建设成城市广场（图 1-19），通过公共设施的开发建设、车站周边公共广场的设置、火车站内服务设施的开放及行人通道的建设，改变该枢纽在城市中的定位。

图1-19　城市广场(City Square)

（1）构筑步行网络

该交通枢纽改善建筑首层交通条件，构建人行网络，促进区域内不同功能分区间的相互渗透，集公共交流场所于枢纽周边，控制部分路段车流，优先考虑行人、自行车及公共交通流线。不同于以利用综合交通枢纽为契机大量进行周边建设的城市更新模式，滑铁卢区域的再更新项目重点改善枢纽周边道路，将人行网络分为 4 个等级，使仅次于人车混行一等道路的二等人行步道（泰晤士河沿线）纵向深入枢纽区域。此举削弱了滑铁卢交通枢纽对于西侧泰晤士河沿岸和东侧住宅及保护区域的隔断作用；在站内首层加入通道，强化周边西北向的道路和人行步道，打破了传统意义中交通枢纽地块的独立性。滑铁卢交通枢纽的提升使自身最大限度地与周边公共区域融合，提高渗透率。

（2）站内功能定位的转变

在针对滑铁卢站的研究中，笔者发现，首先该站对自身内部空间加以整合，从而提高空间利用率（图 1-20），为商业等功能提供空间，吸引人流由此穿行到滨河休闲区域，增强渗透性。其次，该站沿街首层也可引进商业，活跃氛围，减小枢纽建筑对周边区域的影响，形成边界感，最大限度地使该站功能多样化，以促进区域多功能融合协同发展。至此，以滑铁卢交通枢纽为中心的区域复兴规划“取其利，避其害”，使承接大量人流的枢纽成为为地区提供发展机遇的人员聚散地，促进功能融合，从而规避火车站等大型车站设施成为城市空间内的物理障碍。

图1-20　高效利用火车站自身内部空间

（3）周边建筑的改建从公共空间的建设考量出发

滑铁卢站的更新非常关注车站周边公共空间的设计及路径的串联性。滑铁卢站前广场将滑铁卢站区域和南岸区域串联，起联动作用（图 1-21）。东侧区域的改造更新也强调了与沿岸的连通。在站西侧的伊丽莎白楼的改造方案竞赛中，可见周边建筑的设计对滑铁卢广场的重视，各方案均试图延伸地铁并建立小型车站入口。

综上所述，滑铁卢站的更新由内向外，更注重公共空间的重塑和与滨河休闲区的连通。伦敦塔桥站则由外及内通过构建地标建筑，改善周边公共活动区，引导站内空间重塑和人流。在滨河区域，交通枢纽的更新对象并不完全指向站台站厅，而是在逐步强化枢纽周边城市服务功能的同时，深入强调区域原有的特点，使得交通枢纽这种建筑更富有地域性和特色；通过与铁路周围地区建立新的邻里关系，改善区域公共空间，使区域焕然一新。

图1-21　滑铁卢站区域和南岸区域串联

4. 文艺气息浓郁——名古屋荣区综合交通枢纽

名古屋市位于日本爱知县西部，是爱知县首府，也是日本三大都市圈之一名古屋都市圈的中心城市，属于日本在第二次世界大战前确定的国内六大都市之一。名古屋市是日本人口规模第四大城市、重要的港口城市，名古屋港也是日本五大国际贸易港之一。

一座以水和绿色的宝石箱为主题，以宇宙船、大地、银河等为设计理念的现代化城市综合交通枢纽于 2002 年 10 月在日本爱知县名古屋市中心区的荣区建成启用。建成以来，荣区综合交通枢纽一直被名古屋市民和外地游客津津乐道。这里集交通、购物、娱乐、休闲、集会等功能于一体，是综合交通枢纽建设的典范。

荣区综合交通枢纽由水的宇宙船、绿色的大地、公共汽车中心站、轨道交通、地铁、

21 世纪科学情报中心、银河广场、地下商场等组成。荣区综合交通枢纽建筑的设计构思独特、造型美观、功能齐全，深受市民青睐（图 1-22）。

荣区综合交通枢纽堪称世界一流的场站，共分 6 层，地下 3 层是地铁名城线，地下 2 层是地铁东山线，地铁站内有电子显示牌，显示站内地铁和站外汽车的发车时间等。更引人注意的是枢纽地下 1 层的银河广场，该广场总面积为 7 500 平方米，其中 3 600 平方米可用于举办音乐会、各类球赛、集会、展览等。广场中心有“时钟机器人”（图 1-23），条鱼形板凳供游客小憩，同时提醒人们要保护动物、关注环境。

图1-22 荣区综合交通枢纽

图1-23 时钟机器人

银河广场的东侧有一块 360 度大型旋转电子显示屏，游客无论从哪个角度都能看到奇妙的画景；南侧有防灾中心、垃圾处理场、仓库和停车场；西侧是 21 世纪科学情报中心，占地约 100 平方米的大厅里摆满了名古屋市方方面面的资料，还有工作人员专门负责接待，热情解答来访者的提问。

21 世纪科学情报中心内有一块电子触摸屏、一台查询电脑、一台打印机，还有资料架和纪念品柜台，室内室外各有 3 块大型电子显示屏（图 1-24），人们可以在这里获取道路交通、旅游、商业、停车场、生活设施、各类活动、天气预报、科学情报等 200 多种信息。

图1-24 电子显示屏

在银河广场（图 1-25）内还有一个标志性构筑物——由合成玻璃做成的水的宇宙船，该建筑距银河广场地面 22 米，距地面公园 14 米，有一个椭圆形的斜面屋顶（图 1-26），其重 2 000 吨（其中水重 150 吨），长 106 米，宽 36 米。

水的宇宙船周围是 3 米至 7 米宽的步行道，人们可以在离地面 14 米的高处散步，恰似乘坐宇宙船在半空中遨游，让人们尽情遐想。此外，围绕银河广场四周，还有各种日用百货店、书店、银行、美食区等。荣区综合交通枢纽现在已成为名古屋市最繁华的场站。同时，银河广场还与名古屋轨道交通濑户线、地铁站、汽车站、爱知艺术文化中心、日本 NHK 电视台名古屋电视中心、荣区大型地下商业街相连接，大大方便了市民出行。

图1-25　名古屋银河广场

图1-26　水的宇宙船屋顶

建设高品质的综合交通枢纽不仅要有统一的思路和措施，还需要有个性化的理念。巴黎的凯旋门、英国的伦敦塔、北京的故宫之所以流芳百世，是建筑师的高瞻远瞩，是设计理念的超前，更体现了决策者在设计主题上所下的功夫。个性化的方案立足长远，坚持以人为本，避免建筑结构大众化、单一化、雷同化。名古屋荣区综合交通枢纽的独特文艺气息主要体现在以下几点。

一是全电脑调度控制的汽车站实现无人化管理。汽车站位于半地下层，是大型公交汽车站，面积约 6 200 平方米，有 10 个站台和 7 个预备停车位。汽车站内除了有空调装置外，另有排毒排废气、高效微粒过滤设备。名古屋市交通局、名古屋铁道、三重县、JR 东海 4 家公交汽车公司的 25 条线路都在这里经营，每天运行开往 50 多个方向 900 个班次的公交线，包括长途汽车、高速公交车，其全部采用电脑调度控制（图 1-27）。最令人佩服的是，在这么大的汽车站里，竟没有一名调度员和管理员，只有几名机房设备监控员。

每天来荣区购物旅游的人次在 50 万以上，地铁日均换乘量约为 24 万人次，公交车日均换乘量约为 9 000 人次，21 世纪科学情报中心日均来访者约 7 万人次（平日约 6 万人次，休息日约 10 万人次）。这座城市的枢纽被市民亲切地称为“绿洲综合交通枢纽”，站内的建筑充分利用了环境资源，如建材大部分采用合成玻璃、合成钢、合成地板等；水的宇宙船、冷却塔、浇灌花木均使用井水；地下广场设有一个容量为 800 吨的雨水蓄水库，车站用雨水和水的宇宙船的循环水来冲洗公共厕所；冰蓄热系统产生的热源用于夜间发电；冷房产生的白雾被送到“雾的剧场”里供人观赏。一台垃圾处理机每天可处理 1.4 吨垃圾，保持环境清洁。这些无不体现了该枢纽站内循环、节约、智能、环保的理念。

图1-27 电脑调度控制的车站站牌

二是多单位组成的市场管理机制自运行管理。荣区综合交通枢纽的总投资为 147 亿日元，全部费用由名古屋市政府出资。21 世纪科学情报中心的机器和通信设备由国土交通省中部地区管理局出资。该枢纽建成后，名古屋市政府将其委托给荣公园振兴股份公司管理。荣公园振兴股份公司除了负责店铺和广场出租、公园整修、设备维修外，还负责大型公交汽车站的收费管理。国土交通省中部地区管理局牵头，成立 21 世纪科学情报中心联络促进协会，成员由国土交通省中部地区管理局、中部运输局、爱知县交通管理部等单位组成，各单位不定期召开会议，互通情报，交换意见，完善工作。地铁及轨道交通的日常管理由营运单位各负其责。

三是打造人性化、捷运化、信息化、生态化的绿色枢纽样板。名古屋市荣区综合交通枢纽的特点十分明显：这里集合美食、出行、购物、观光等功能，方便市民休闲娱乐；将井水、雨水、热能、废气、废物等加以利用，体现节约、集约理念；将银河、大地、宇宙船等构思巧妙地结合在一起，体现城市公共立体空间的高效。仅有 6 200 平方米的汽车站就能容纳 4 家大型经营公司，25 条线路，实现市内交通、长途汽车、高速巴士三者兼顾，提高了土地利用率。

同时，从美化城市（公园、水景、建筑群），防灾、防止环境污染（防灾中心、封闭式汽车站、空气过滤和净化设备、垃圾处理场）、扩大情报网络（21 世纪科学情报中心）、减少交通换乘次数（地铁、公共汽车、轨道交通、出租车无缝衔接）等多方面出发，荣区综合交通枢纽展示了一个多功能综合交通枢纽的模式，也可以说，它是“人性化、捷运化、信息化、生态化”绿色枢纽的现实样板（图 1-28）。

图1-28　绿色枢纽样板

综观名古屋市荣区综合交通枢纽，可以总结出其必须具备八大机能：①交通机能——地铁、公共汽车、出租车等交通方式齐全，换乘便捷，一般车辆、自行车、货车、其他机动车停放、进出方便，同时，留有步行道路空间和残疾人交通通道；②集散机能——换乘等候、集会疏散等场所宽敞、便利；③休闲机能——有音乐会、展示会以及人们休闲用空间；④商业机能——产品多样，用餐购物方便；⑤信息机能——有信息提供、信息输出、信息处理、信息获取、信息共享、信息利用功能；⑥便捷机能——确保换乘快速便捷，老人、儿童、残疾人等移动方便，电梯、电话、厕所、寄放箱、询问台、失物招领处、显示屏、行路指南设施等服务设施多样；⑦防灾机能——紧急避难所、紧急防灾设备等完好；

⑧景观机能——城市个性建筑、绿地公园可美化环境。

5. 机场旅客吞吐量全球第一的美国亚特兰大机场枢纽

亚特兰大位于美国东部，坐落在海拔 350 米的阿巴拉契亚山脉的台地上，是美国三大高地城市之一，是富尔顿县的县政府驻地，是美国第 9 大都市区，亦是美国佐治亚州首府和最大的工商业城市。

美国亚特兰大机场是目前全球最大的中枢机场，该机场自 1978 年实施枢纽运作以来，在枢纽机场的建设、运营和管理方面积累了丰富的经验。1999 年以来该机场的旅客吞吐量一直稳居全球第一，2004 年该机场的旅客吞吐量达 8 361 万人次，比排名第二的芝加哥机场高 800 余万人次，超过我国北京首都国际机场、上海浦东国际机场和广州白云国际机场三大机场的旅客吞吐量的总和（2004 年 7 623 万人次）（图 1-29、图 1-30）。

图1-29 “世界最繁忙”的亚特兰大机场枢纽

图1-30 亚特兰大交通枢纽

亚特兰大机场位于美国佐治亚州亚特兰大市以南 16 千米，占地面积 15 平方千米，现有 23 家客运航空公司、34 家货运航空公司在该机场提供定期航班服务，航班辐射全球 190 个城市和地区。该机场目前属亚特兰大市政府所有，并由该市民航局负责管理运营。亚特兰大机场在建设和管理方面极为突出，主要体现如下。

一是候机大厅相互独立平行排列，通过地下运输大厅、飞机廊桥设备实现高效串联。具有中枢理念结构的旅客候机中心由主候机楼，T 形候机大厅，A、B、C、D 4 个独立的国内候机大厅及国际候机大厅（E 大厅）组成。机场候机中心共有 174 个可供目前几乎所有机型停靠的机位，其中 146 个为国内航班机位，28 个为国际航班机位。主候机楼面积为 11 万平方米，为旅客提供票务、行李登记、安全检查、行李认领、地面运输及其他相关服务。6 个候机大厅在结构上相互独立，呈平行式排列，大厅之间相距约 300 米，总面积为 34 万平方米。主候机楼及 6 个候机大厅之间由 1 770 米长的地下运输大厅贯通。每个机位都安装了先进的飞机廊桥设备，旅客到达机场后，可根据高效的航班信息和旅客引导指示系统的信息，通过地下运输大厅，方便地在 6 个候机大厅之间实现转机（图 1-31、图 1-32）。

图1-31　亚特兰大国际机场航站楼

图1-32　亚特兰大机场的旅客中转系统

许多机场机位之间的距离较远，旅客转机需要花费很长时间，从结构上不利于快速转机，而亚特兰大机场的 6 个候机大厅相对集中（空间距离较近），从结构和流程上大大缩短了旅客转机所需的时间，旅客平均转机时间为 35 分钟左右。相距最远的两个机位之间的转机时间不超过 45 分钟。同时，这种结构使得飞机停靠机位数量得以最大化，从而为应对大量航班的集中到达、集中疏散提供了可能，为亚特兰大机场高波峰航班集群的实现创造了条件。

二是强大的旅客中转系统是该机场枢纽功能有效实现的重要保障。亚特兰大机场地下中转疏导系统连接主候机楼和 6 个候机大厅，系统道面长 5.6 千米。机场共设有 13 个车站，每个候机大厅地下都至少设置一个车站，共有 4 辆小火车从早上 5 时到次日 2 时 30 分不间断运行；在机场任意一个车站，每两列火车间的间隔时间只有约 2 分钟，高峰时小火车每 110 秒到达一次，每小时运送旅客达 12.8 万人次。2004 年，该系统实际运送旅客 6 800 余万人次。同时，该机场大量的人行步道和扶梯也为旅客的快速中转提供了强大的辅助保障。

三是具有发达的中枢航线网络和全球最好的中枢组织结构。亚特兰大机场的航班为全球 171 个城市提供不间断的服务，为 72 个城市提供一站式服务，为 3 个城市提供两站式服务，构建了强大的中枢航线网络；此外，该机场每天组织的航班集群高达 10 个以上，每个集群的波峰量超过 80 架次，由此完成了 1 700 个航班的合成，从而向数千个城市提供高频、低成本和低票价的航空服务（图 1-33）。

图1-33　亚特兰大机场的中枢航线网络

亚特兰大机场现有 4 条东西向平行跑道，分别位于旅客候机中心的南北两侧，南侧有 2 743 米长的 08L/26R 和 3 048 米长的 08R/26L 跑道各一条，北侧有 2 743 米长的 09R/27L 和 3 624 米长的 09L/27R 跑道各一条。4 条跑道中最外侧的两条跑道主要用于飞机降落，内侧的两条跑道主要用于飞机起飞。南北跑道上的飞机能够同时起飞和降落，4 条跑道都为 4E 级，并装备了先进的着陆系统、照明系统和导航设施，能满足不同飞机在各种天气条件下的全天候起降。4 条高等级跑道及其吞吐能力是实现航班集中到达、集中疏散，发挥强大枢纽功能的重要保证。

四是具有完善的货运服务和便捷的货运交通系统。亚特兰大机场现有北部、南部和中部 3 个货运区，总面积为 16.7 万平方米。每个货运区都有独立的加油、货物配送、仓储及处理系统（图 1-34），航空货运公司能够在货运站与机坪之间方便、快捷地处理货物。该机场的货运服务功能相当完善，是美国东南部唯一一个被美国农业部批准使用冷冻技术处理货物的机场；其鲜活动物中心以高效的现场分派和快速送达能力而远近闻名。该机场同时也是美国政府指定的鱼类和野生动物入口港机场之一。除传统的货物运输外，亚特兰大机场还提供许多专业化的货物处理服务，如易腐烂、易碎货物及马匹的运输服务。毗邻该机场还有面积为 1 平方千米的佐治亚外贸物流园区，该园区为亚特兰大机场的国际航空运输提供仓储、中转、加工及配送等全过程物流服务。

五是具有舒适便捷的旅客服务系统。亚特兰大机场提供专业的娱乐购物服务，并提供铁路、巴士、租赁车、出租车等多方式的接送服务。毗邻该机场的佐治亚外贸物流园区为该机场的航空公司提供了强大的物流贸源。同时，亚特兰大机场还有 200 多家特许专营店为旅客提供餐饮、娱乐、购物等服务（图 1-35）。机场地面运输中心（GTCS）为旅客提供各种小汽车、大巴、穿梭巴士、出租车等的接送服务；亚特兰大市政铁路快线系统（MARTA）为旅客往返机场提供便捷的运送服务，从机场到亚特兰大市只需约 15 分钟的时间。

图1-34　货运区的加油、货物配送、仓储及处理系统

图1-35　特许专营店提供餐饮、娱乐、购物服务

在亚特兰大机场，所有航空公司对机位和值机柜台均采用优先或平等共同使用的原则，努力把长期租赁转变为优先使用模式，提高机场资源的使用效率。该机场采用集中候机的方式，缩短旅客的换乘距离；通过先进的廊机设备和高效的地下小火车联运换乘方式，减少换乘时间；集合小火车、巴士、租赁车、出租车多种机场接送服务，实现快速引流、疏散；提供专业的娱乐购物服务，让旅客获得高品质的体验。

6. 欧洲铁路交通的心脏——柏林中央火车站

柏林位于德国东北部，是德国的首都和最大的城市，也是德国的政治、经济、文化和交通中心。柏林四面被勃兰登堡州环绕，施普雷河和哈弗尔河流经该市。

柏林中央火车站作为完全重建的运输系统核心，连接贯穿欧洲的两条铁路线（巴黎到莫斯科、斯德哥尔摩到维也纳的铁路线）。柏林中央火车站毗邻总理府和新建的议会大厦。事实上，这里就是过去“柏林墙”的所在地，横跨东西柏林。而在柏林以东的两大著名城市莱比锡和德累斯顿，由于都是在战前老建筑的基础上重建的，因此有着向历史致敬的意味。

柏林的报纸将新落成的柏林中央火车站形容为“庞大的玻璃宫殿”（图 1-36）。支撑“宫殿”的是钢架，该车站使用 85 000 吨钢材、50 万立方米水泥建造，是目前欧洲最大也是最现代化的中转车站，每天可以接纳 30 万乘客。车站内安装了 54 座滚动式电梯、34 座直升式电梯。该车站也是“通向世界的大门”，是“建筑工程技术的杰出之作”。来自四面八方的列车都可以在这里停靠并继续前行。

图1-36 柏林中央火车站

目前，直通柏林中央火车站的柏林城铁线路有 5 条，还有多条公共汽车线路。该车站每天接、发及停靠 1 100 次列车，其中远程干线列车 160 多列、区域列车 310 多列、城铁列车约 600 列，平均每 90 秒就有 1 班列车进出（图 1-37）。该车站每天可以接纳 30 万乘客，待地铁 5 号线全部开通运营后，该车站每天接发的列车数将达 1 800 列。车站的站房为十字交叉、4 层贯通布局；地上 3 层为 3 台 6 线东西方向的车场（含长途、区域国铁交通，轻轨 S3、S5、S6、S7 和 S9 各线）；中间 2 层为商业换乘综合层（面积为 1.6 万平方米，站台长 450 米，钢架玻璃雨棚尺寸为 320 米 ×68 米 ×12 米）；地面层为进站大厅（与短途公交客运、出租、步行、游船等接驳）；地下 2 层（地下 15 米）为 4 台 8 线南北方向的车场（含南北向长途轨道交通、区域间火车、地铁 U5 线）。

柏林中央火车站在绿色建设和安全管理方面表现极为突出（图 1-38），充分体现出德国以安全为首的建设理念，这些特点主要体现如下。

一是该车站是根据最新绿色建筑设计标准建造的。车站建筑主体为钢结构，使用钢材和水泥建造，车站的玻璃雨棚与四壁则由 9 000 多块特殊玻璃镶嵌而成（图 1-39）。由于采用了大面积玻璃、自然光可直射到 40 米以下的地下月台，减少了电能消耗。7.8 万块太阳能电池板为该车站提供部分电力，站旁的大型水池则具有夏季降低空调能耗的功能。站内有电动扶梯 54 部、垂直电梯 43 部，还有 6 部由玻璃环绕的透明升降梯，可实现任何两层之间的最短程、最方便的通达。

图1-37　城市快速交通列车（组图）

图1-38　开放的换乘空间

图1-39　采用钢结构和玻璃的绿色建筑设计

二是该车站的基础设施安全性高。在建筑结构设计上，该车站建在河道附近，且站台最低处为地下 15 米，地基承受地下水的向上压力达每平方米 20 吨。为减轻地下水压力对上层建筑的破坏，设计者设计了两栋办公楼和 1 座排气塔，精确的力学计算使办公楼的重力刚好与地下水压力相平衡，这样不仅使办公楼遮住了地下轨道，而且延长了地基的寿命。整个车站的透明设计和无处不在的引导系统使旅客不仅在平时可以轻松地到达换乘地点，当发生事故时也能很快地找到逃生出口（图 1-40）。

图1-40 车站的透明设计

车站内线路均采用无渣轨道，这是因为无渣轨道的稳定性好、变形量小、维护简单，同时轨距更加标准，使列车运行更加平稳。为降低铁路噪声的影响，车站在无渣轨道上方的轨道两侧和中间铺设了一层吸声板，用于吸收列车的运行噪声，并在线路两边设隔声墙，将每列列车的轮轨噪声限定在单独的空间内。吸声板一方面可以减少声波的反弹，同时也能吸附列车制动时产生的铁屑。经过精心设计，列车驶入时，旅客基本感觉不到噪声。为防止列车在站内发生脱轨甚至翻车，车站在靠近站台的钢轨旁加装了防侧翻第三轨。

三是该车站有充分的事故预防安全设计。车站内不仅有大量旅客，还有很多餐饮零售店，良好的通风条件不仅使人们感到舒适，同时有利于危险气体的逸散。车站两侧的玻璃窗都可以打开，既能保持车站内空气清新，又能实现冬暖夏凉。为给地下公路隧道和车站内的停车场提供新鲜空气并排除废气，车站专门修建了 60 米高的通风塔。车站在安全和防火措施方面也有特殊考虑。车站的透明外形以及安全标志可以使人们在发生火灾时快速地找到安全出口。消防设施大部分都隐藏在墙壁和屋顶内部，外部只留下火灾感应器。如果不认真查看，就会忽略它们的存在。

车站制定了防火及紧急事故应急预案。电梯并不同时全部开放，而是预留了 9 部电梯用于急救服务和消防应急（图 1-41）。救援设施还包括 2 部升降机，它们安装在地下车站的北端，用于应对火灾和紧急事故。为防止列车在车站内发生火灾，车站设有备用调车机车，并随时处于待命状态，如果发生火灾，可以立即将发生火灾的列车拖到车站外部开展救援。

综上，柏林中央火车站从规划到建设，处处都确保安全，在防火、防震、防噪声等方面都有独具匠心的设计。柏林中央火车站不仅是建筑设计的杰作、美学的杰作，更是安全管理的代表之作，其安全设计理念对于我国铁路客运站的设计和建设有重要的借鉴意义。

图1-41　急救服务和消防应急电梯

1.2.2　国内交通枢纽的建设经验

我国国土广袤，干线节点纵横交织，截至 2018 年底，全国铁路运营里程达 13.1 万千米以上，其中高速铁路里程突破 3.5 万千米，约占全球的 70%。我国是世界上唯一高铁成网运营的国家。全国除澳门外，已全部通高铁。密集的高铁网彻底改变了中国人的出行方式。高铁客站普遍实现了综合交通体的功能定位，推动单一铁路客运场所向综合交通枢纽的转变。这是一种革命性的变化，实现了各种交通方式的立体布局、无缝衔接和旅客的零距离换乘，大大缩短了旅客的全程旅行时间，提高了高铁路网的综合运营效率。

经过对近年来中国大城市居民出行方式的研究，笔者发现我国城市居民交通出行方式与欧洲国家和日本的人群存在较大不同。首先在交通工具使用占比方面，我国在公共交通发达的一线城市，虽然市民公共交通出行占比呈逐年上升的趋势，但是小汽车出行的比例一直居高不下。与欧洲或者日本的大城市相比，我国市民公共交通出行占比明显较低，小汽车出行的比例则较高。对于铁路客站与城市交通工具换乘接驳方式，我国小汽车所占比例更高。以上海虹桥枢纽为例，出租车、社会车辆（含网约车）等个体出行日均到发约 28 万人次，占市内交通的 43%。其中，2016 年以后社会车辆的到发量增长显著，比出租车流量高出约一倍。其次，中国旅客的出行不同于国外以通勤为主的出行，具有“多、长、大、少”的特点，即旅客携带行李多、在客站候车时间长、旅行目的地范围大、旅行经验少。

鉴于经济背景和政治体制与国外不同，我国轨道交通的管理模式与国外有着明显的差异。中国轨道交通的运营方多为国企，其更注重社会效益，而国外的运营方更加注重轨道交通的经济效益。从票务方面来看，我国地铁和铁路完全归属不同的公司，铁路与地铁没有联票、月票等机制，铁路票是一票一座固定班次的单程票，而国外地铁和铁路有时归属同一家公司，可售卖联票、通票，有些铁路售票只固定起、终点站和车厢等级，并不规定具体座位和具体班次，整体票务机制更为灵活。从轨道交通相关物业方面来看，地铁物业归城市轨道交通主管部门管理，铁路物业归所属铁路局管理，两者界限明确，而国外不管是地铁还是铁路的物业常归属多家公司，并且公司是国营与民营共存的状态，各个企业的权益相互交织，利益分配多样化。

下面通过分析国内典型枢纽规划建设运营情况，结合我国现有地域经济文化特点，分析我国综合交通枢纽发展中存在的主要问题，提出适用于雄安新区综合交通枢纽的功能定位及发展目标。

1. 新一代站城融合——杭州西站枢纽

杭州西站枢纽（简称杭州西站）位于浙江省杭州市，是多条铁路的交会车站（图 1-42），也是 2022 年杭州亚运会的配套交通保障工程（图 1-43）。2019 年 9 月 17 日，杭州西站开工建设；2022 年 9 月 22 日，杭州西站通车运营。杭州西站总建筑面积为 51.222 万平方米，站房建筑面积约为 10 万平方米，站场规模为 11 台 20 线。2023 年春运期间，杭州西站累计开行列车 3 112 趟，到发总客流量为 87 万人次，其中发送旅客总量为 37.5 万人次，到达旅客总量为 49.5 万人次，各项数据均创开站以来历史新高。

图1-42 杭州西站
（图片来源：https://baijiahao.baidu.com/s?id=1735589771763761749&wfr=spider&for=pc）

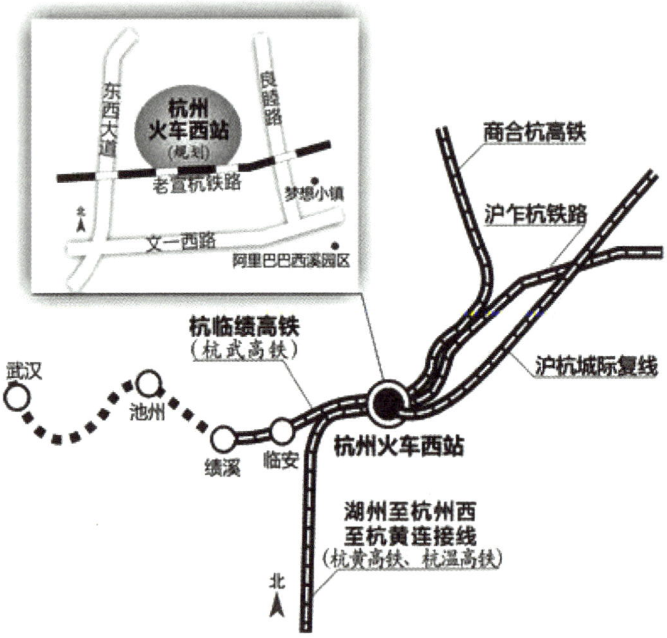

图1-43 杭州西站服务线网

杭州西站的快速疏运道路体系由东、西两侧高架落客平台和周边快速路组成，采用“东进东出、西进西出”双向快速进出站的交通格局，以及“高接高”“快接快”的路网衔接布局。西侧落客平台通过站城北街、站城南街连接运溪高架路，通往临安、余杭瓶窑、富阳等地；东侧落客平台通过站城北街、站城南街及良睦路高架连接线连接留祥快速路，服务于与城区之间的远距离通行。

杭州西站整体以“云之城”为设计理念，以“城市未来生活典范区”为目标，以“云端站房”为设计概念，提出“云谷”“云路”“云厅”等意象（图 1-44）。候车室以“云端候车厅”为设计理念，采用云雾漂浮状屋顶顶盖，并在站房中部采用玻璃顶棚模仿云层之间的缝隙。杭州西站通过“云谷”解决站与城之间复杂的交通组织问题，通过“云路”实现中央快速进站系统，通过“云厅”将站与城的功能融合起来。杭州西站整体以“云”的形象出现，形成既统一又鲜明的整体造型。“云”既呼应了杭州独有的山水格局，又象征了城西科创大走廊的科技精神。站区整体与余杭塘河、寡山、吴山构成“看”与“被看”的关系，形成“呼应山水，沟通南北”的自然生态格局。

图1-44 杭州西站的云理念
（图片来源：https://www.sohu.com/a/305816677_100016456）

杭州西站作为国内新一代站城融合的代表项目，在实践中做了诸多创新设计。下文从立体红线、分层确权、技术提升、路地并行、政策支撑 5 个方面阐述杭州西站站城融合策略的实践。

1）操作基础——立体红线。立体红线是实现杭州西站站城融合策略的操作基础，是指参建各方形成统一的利益共同体，集约利用土地，提高站城融合度。立体红线实现的前提是将国铁红线与地方开发红线合并为一条大红线，实现站与城目标的统一。在传统的开发模式中，站与城各有红线，相互之间有一定的退距要求，站与城的融合度不高。在杭州西站站城融合模式中，站与城的红线合并为一条大红线，提高了站城融合度，实现了土地集约化利用。站城红线合并后，站与城之间就不存在退让关系了。站房与四面围合的城市商业街区融合，为实现更高程度的站城融合提供了操作空间。

2）多样开发——分层确权。分层确权是指通过增加竖向产权划分，开发丰富且多样性的城市功能（图 1-45），使更多的开发主体进入站城综合体。各产权属性交融，管理界面交叉，对站房的功能、城市的功能及综合开发的内部功能进行分层划分。

图1-45　杭州西站多元开发

（图片来源：https://m.thepaper.cn/baijiahao_19989766）

3）增强融合——技术提升。为了实现铁路客站“节点 - 场所”的平衡关系，杭州西站在站城融合方面实现多项创新，提升站城融合度。在交通节点方面，通过站场拉开、腰部进站、站场标高提升等设计，提供便捷的流线，提高交通效率（图 1-46）。

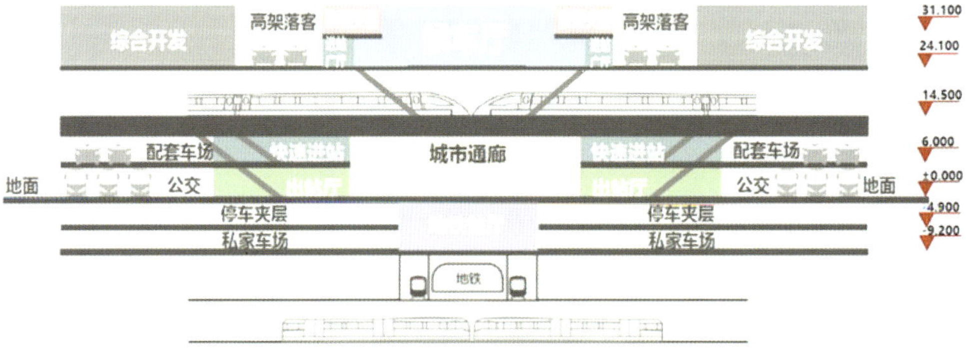

图1-46　站场拉开、腰部进站示意

杭州西站采用站场拉开设计。除腰部落客平台的车行流线，其他所有地铁和公交流线都从站房两侧拉开的缝隙进入内部。站场拉开为垂直进站及线下采光提供条件，大大缩短了地铁旅客到候车厅的换乘距离。腰部进站利于站房与城市的关联和开发，提高了站城融合度。站场标高提升形成了线下复合空间，传统轨道和城市通廊之间形成一个夹层，夹层为站房提供了下进的功能，形成复合的线下空间，实现快速进出站，并形成换乘夹层、多种流线分离、停车夹层等，有效提高了土地使用率及功能复合度（图 1-47）。

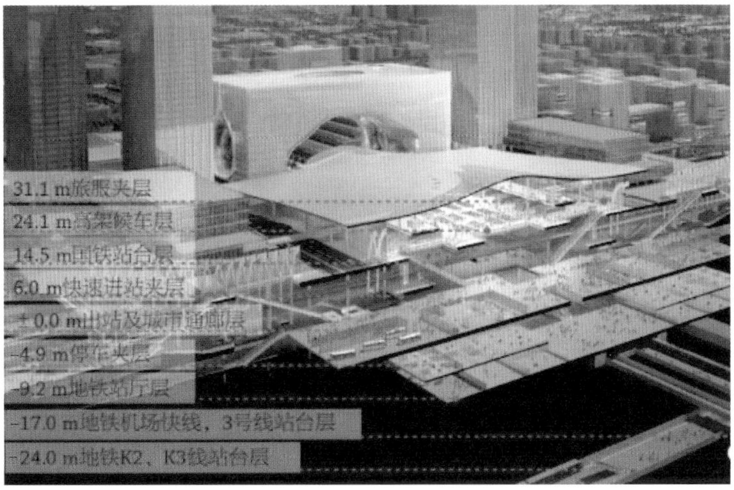

图1-47　分层设计

（图片来源：https://baijiahao.baidu.com/s?id=1701431468017741936&wfr=spider&for=pc）

杭州西站功能分层布局、站场标高提升促进了城市功能的融入，在立体空间层面与城市不同的标高空间产生互动和连接；通过“云谷”“云门”和综合开发等设计策略，体现场所精神（图 1-48）。首先，“云门”不仅仅是地面商业空间，还是立体的城市广场，承担了一部分交通和环境联系的功能，同时也是杭州西站作为城市重要节点的名片形象，塑造了丰富多样的站前城市开放空间。杭州西站利用雨棚上部空间进行盖上开发，丰富了候车层的城市功能，同时也形成了站城综合体的四向立面。不管是盖上综合开发空间，还是站房两侧综合体，都可以和站房综合交通枢纽进行有效联系，以综合交通枢纽为核心，提供多样性的创新服务功能。“云谷”空间是该枢纽在探索节点与场所平衡关系下做出的创新设计，它既解决了进出站及换乘交通的流线问题，又为站房营造了具有场所精神的空间，使杭州西站在节点与场所的关系中取得了平衡，进一步促进了站城融合度，实现站与城的和谐发展。

图1-48 杭州西站“云谷”“云门”

4）协调实现——路地并行。路地并行指地方同步展开相关要素的规划，确保站城融合设计的落地实现。城市规划在站城设计的前期进行保障，针对开发模式做可行性研究。地方的城市设计应与铁路的线网规划同步，使城市整体布局与高铁站区布局实现完美的组织和衔接。站城设计应对设计条件进行分析，配合地方的发展需要，尽早调整影响地方城市发展的因素，如高铁线路、站房标高、站场位置、下穿道路、地铁等。

5）上位条件——政策支撑。站城融合的上位条件是国家及地方的政策支持，以及适应铁路发展的设计法规、土地政策、消防标准的支撑，从而保证项目的顺利开展及后续审批。在制定开发原则、引导设计落实、创新设计站城综合体等方面，无论是前期方案及技术的落实还是后期的评审审批，都需要总公司和地方通力合作，并对设计单位进行有效引导，完善设计规范，落实相关机制。铁路客站因空间的特殊性，需要适应铁路发展的设计规范、土地政策、防火标准、人防设计等。

综上，杭州西站的成功主要归功于立体红线、分层确权、技术提升、路地并行、政策支撑 5 个层面的枢纽规划设计。其中，立体红线（红线一体化）实现了站城融合；分层确权实现了开发主体的多样化；场站拉开和腰线进站的技术提升实现了乘客的高效换乘；路地并行实现了城市开发规划与枢纽设计规划的同步调整，增强了规划的落地性；体现枢纽精神文化的“云谷”设计将城市景观风貌与枢纽融为一体。以上使杭州西站成为国内枢纽文化设计的代表之作。

2.“羊城花冠”——广州白云枢纽

广州白云国际机场（简称“白云机场”）作为国家重点打造的三大国际航空枢纽之一，在全国综合交通运输体系中占据极为重要的地位（图 1-49、图 1-50）。经过历次扩建，白云机场现建有 2 座航站楼、3 条跑道，形成五大区域（飞行区、航站区、货运区、机务维修区和其他区域），总建设用地面积约为 1 926 平方千米，已有 70 余家航空公司参与运营，其中南航、海航、深航在白云机场设立了基地。2019 年，白云机场的旅客吞吐量达 7 338.6 万人次，超越香港机场成为粤港澳大湾区内吞吐量最大的机场，位居国内第三。截至 2022 年，白云机场的旅客吞吐量已位居全国第一。为满足航空业务量持续快速增长的需求，白云机场正在推动第三期扩建工程，主要工程包括第四、五跑道和 T3 航站楼建设。其中，T3 航站楼是打造多种交通方式联运的航站楼综合体。

图1-49 广州白云国际机场

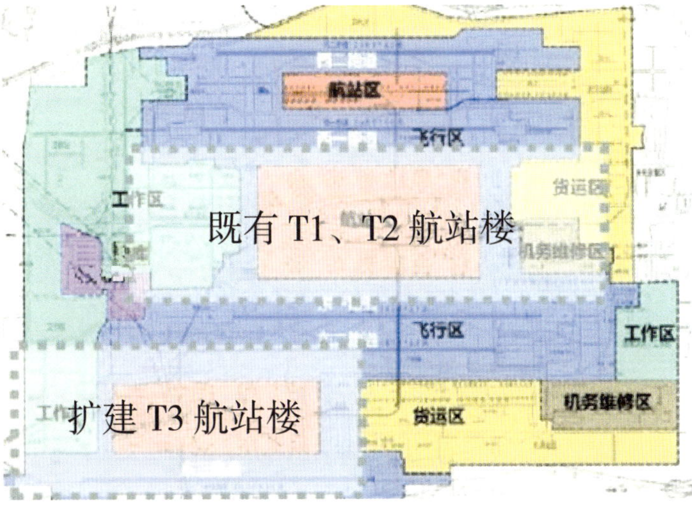

图1-50 广州白云国际机场现状平面图

白云机场的客流主要辐射珠江三角洲地区。其中，广州、佛山为主要客源地区，两市客流约占 79.2%（其中广州占 66.6%、佛山占 12.6%），珠江两岸其他城市约占 9.4%。

现状广州全市四大铁路枢纽的空铁联运规模较低，日均空铁联运规模仅约为 0.44 万人次，仅占铁路枢纽客运总量的 1.4%。对于现状空铁联运规模，广州火车站较大（约占 69.5%），东站次之（占 12.7%），南站、北站的空铁联运规模较低。

T3 航站楼工程的建设目标是为了提高空铁联运规模，同时打造多种交通模式如长途汽车、旅游巴士、轨道交通，扩大周边客流的辐射范围，提高绿色交通的出行比例，满足旅客快速换乘的需要，形成真正意义上的综合交通枢纽（图 1-51）。

图1-51　T3航站楼模型

1）布局理念。①“零换乘”空铁联运，以方便旅客出行为首要目标，将最远换乘距离控制在 300 米以内，旅客步行时间不超过 5 分钟；②立体疏解、人车分流，利用高架、地面、地下空间，立体分层布局配套交通设施，实现人车分流；③统筹协调、一体建设，即实现一体化供给土地、一体化规划设计、一体化建设实施、一体化运营管理。

2）交通设施布局。综合交通中心主要指航站楼的旅客中转站，其中包括长途汽车、旅游巴士、轨道交通换乘等。综合交通中心两侧为社会停车楼，其中西侧停车楼设有专用的网约车蓄车场，西南侧三角地设有出租车蓄车场，东南侧三角地设有大巴蓄车场，接客区车道两侧设有市内大巴、长途大巴接客区，商务大巴接客区和出租车接客区。根据各层平面布局，T3 航站楼枢纽形成以 GTC 换乘大厅为中心的综合交通枢纽，中间为换乘大厅，两侧为停车楼，北侧为衔接设施的上、落客区，负一层中间为值机大厅，两侧分别为出站厅和候车大厅（图 1-52），南北至航站楼设有地面层和夹层两个人行通道。

在空铁联运枢纽中，航空客流是最主要的客流，铁路设施实际上也是为航空客流转换服务的，因此长途大巴、出租车等交通设施以服务航站楼为主。因此，针对空铁联运枢纽的规划设计与围绕着铁路站房布置交通设施的传统铁路客站规划设计有所不同。航站区道路系统为单向逆时针循环系统，是由商务办公流线、酒店 - 私家车流线、出发流线、出租车 - 大巴接客流线由内到外形成的，彼此不交织。白云机场 T3 航站楼空铁联运方案见图 1-53。

图1-52　T3航站楼枢纽GTC换乘大厅

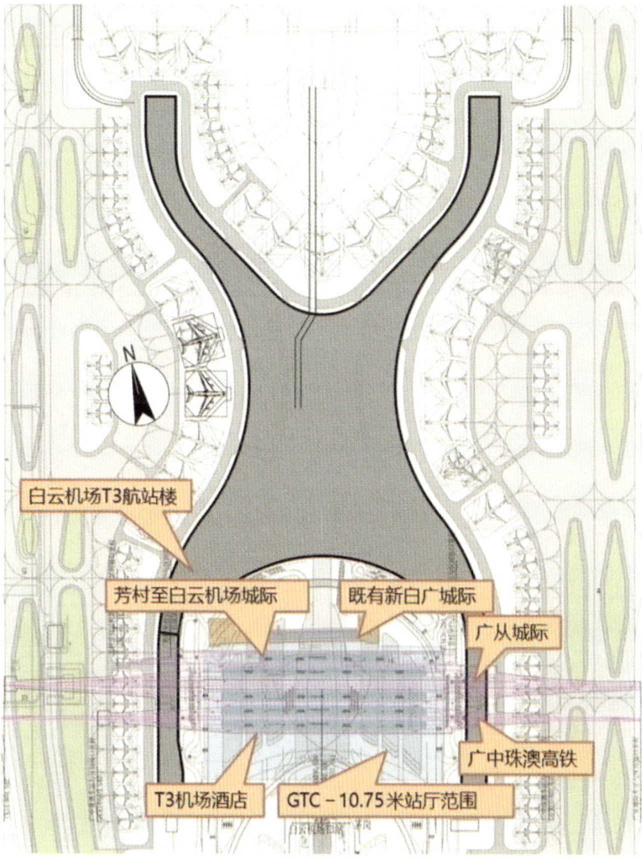

图1-53　白云机场T3航站楼空铁联运方案

3）T3 航站楼枢纽空铁联运方案。枢纽在轨道交通上方设置换乘中心及值机大厅，利用垂直贯通的花园式综合交通中心紧密联系分层布置的轨道交通、值机柜台，以及配套的停车楼、酒店、商业设施等。综合交通中心的流线组织以出港、到港分层分流，人车分离，公交零距离换乘为设计理念，从航站楼到港的旅客通过 2 层连廊到达综合交通中心，出港旅客通过首层到达综合交通中心，实现客流与各类公共交通的无缝衔接（图 1-54）。

白云机场 T3 航站楼扩建以建设“世界级标杆机场”为目标，以创新思维开展规划建设，采用了一系列新设计理念和新技术。

1）新跑滑标准的首次应用。T3 航站楼项目在国内首次采用 915 米的跑道间距，在国内 4E 级以上机场中首次采用 172.5 米的最小跑滑间距（图 1-55）；充分利用跑道间用地，实现有限资源条件下的机场容量最大化。

图1-54　T3航站楼前零距离换乘综合交通中心
（图片来源：https://www.sohu.com/a/424070637_236899）

图1-55　172.5米的最小跑滑间距

2）全国领先的绿色三星级航站楼。白云机场 T3 航站楼充分考虑本地建筑风貌，开创性地在大型航站楼屋面应用薄壳建筑蒸发冷却系统；在国内首先设计建造近零能耗登机桥，结合玻璃幕墙可调节遮阳系统以及光伏发电、高效机房等先进的低能耗技术，使综合建筑节能率达到 15% 以上。T3 航站楼的绿色建材使用比例达到 70%，结合以上多种适应性绿色建筑技术手法，打造一座全国领先的三星级绿色航站楼。

3）集合多种交通方式联运的航站楼综合体。三期扩建工程引入穗莞深城际、芳村至白云机场城际轨道交通，及广河高铁、广中珠澳高铁、第二机场高速公路，T3 航站楼的综合交通中心可实现旅客空铁旅程的无缝衔接。T3 航站楼为白云机场集航空、公路、铁路（城轨）为一体的多式联运交通综合体，并与第一航站区共同作用，实现白云机场与广州中心城区间的 30 分钟通达，及珠三角各城市间的 60 分钟通达，形成“3060”交通圈。

4）极具岭南特色的城市门户。T3 航站楼以“花”为设计主题，航站楼第五立面如鲜花盛放，形成“羊城花冠”这一建筑意象。T3 航站楼建筑内部全面按花园机场的理念进行设计，在综合交通中心和中轴线上打造“一轴两园”的岭南园林及公共艺术展示区，形成白云机场独具风采的城市门户形象。

3. 非对称铁路站台——深圳福田枢纽

深圳福田枢纽位于粤港澳大湾区主中心之一的福田中心区，深圳市中心区承担商务办公、商业及会展功能的核心区域，是深圳市南北、东西十字轴线的交会点，地理位置十分重要（图 1-56）。作为粤港澳大湾区的核心枢纽之一，福田枢纽主要承载广深港之间的城际商务客流。深圳市规划将福田枢纽融于城市，构筑一个国际领先、功能复合、运作高效、换乘便捷、美观舒适的现代化交通枢纽。

图1-56 福田枢纽

福田枢纽所在地区将被打造为国际化中心区，成为深圳市商务、行政、文化中心以及市民的休闲公园。福田枢纽是集国家铁路、珠三角城际铁路、城市轨道交通及综合接驳系统于一体的综合交通枢纽，是由广深港客运专线的福田站和深圳地铁的福田站以及常规交通接驳设施共同构成的交通综合体。整个枢纽范围为深圳地铁 1、2、3、4 号线所围合的区域，共由 8 个地铁站和 1 个高铁站组成。因此，福田枢纽不仅是国内大型地下铁路车站，也是珠三角地区重要的城际交通枢纽，还是深圳市重要的轨道交通换乘中心。

福田中心区现状发展已经比较成熟，道路交通体系基本成型，因此福田枢纽规划建设条件比较有限。为满足和发挥福田枢纽的重要作用，福田枢纽在规划设计中采用了多种创新理念。

1）契合功能定位的枢纽选址。福田枢纽的核心功能是承载广深港之间的城际商务客流。根据预测，广深港客运专线单向客流总量为 19.8 万人次 / 日。其中，长途及普通城际客流量约为 10.2 万人次 / 月，以进入福田中心区为目的的城际商务客流量约为 9.6 万人次 / 日。因此，福田枢纽的选址需要尽量缩短商务客流在福田中心区的换乘距离，同时枢纽建筑需要与城市相融合。

2）非对称铁路站台布局。在益田路建设福田枢纽的地下车站存在巨大的工程风险，因为车站基坑西侧就是成排的高层建筑。如果采用传统的对称布置方案，基坑距最近的地面建筑的距离仅为 10 米。经综合对比，设计人员创造性地提出将地下车站由对称布置改为非对称布置，这在保持车站功能和规模都不变的情况下，大大增加了车站基坑距建筑的距离，使该枢纽的益田路选址方案变得可行。福田枢纽地下车站的站台布局方案采用 4 线（含正线）2 长岛加 4 线 2 短岛的非对称布置形式。地下车站东侧为 4 线 2 短岛，只承担广州方向城际列车作业；西侧为 4 线（含正线）2 长岛，用于承担从香港方向始发终到深圳的城际列车作业。

3）紧凑型枢纽布局。按照福田枢纽的规划，地铁 2、3、11 号线及 14 号线在福田站设置车站，并结合既有地铁 1、4 号线车站，构筑以 6 条地铁线、10 座地铁车站及常规交通接驳为核心的综合交通枢纽。益田路西侧深南大道下为地铁 2、3、11 号线的 3 条线换乘站，深南大道南侧的益田路下为福田火车站，规划布局打通两者间的地下空间，以实现线路衔接；同时利用相关通道实现该枢纽与地铁 1、4 号线的市民中心站、会展中心站、购物公园站的衔接。在远期，城市轨道交通将承担约 80% 的客流集散任务。

福田枢纽以城市轨道交通为绝对主体的接驳系统位于福田中心区。为适应城市中心区的集散要求，规划提出“以城市轨道交通为绝对主体，以常规交通接驳为辅，适当配备出租车接驳，限制小汽车”的客流集散总体思路，以避免客流对福田中心区交通体系形成过大压力。按照车流管道化、人车分离的规划理念，福田市围绕福田枢纽，充分利用道路、地形及地面绿化等条件布置接驳场站；对于常规交通，充分利用城市公交车站的剩余能力，并新增一处公交首末站，满足铁路客流的集散需求（图 1-57）。

图1-57 利用道路、地形等布置接驳场站（组图）

对出租车，福田枢纽采用分散布置原则，在深南大道北侧的绿化带设置地面出租车即停即走场站，在深南大道南侧设置具有一定排队长度的开敞式出租车接驳场站，主要服务地铁 11 号线客流；在益田路东侧设置集中的开敞式出租车场站，主要服务铁路客流。该枢纽不鼓励社会车辆，尤其是小汽车的接驳，不新建停车场，利用市民广场地下停车场和深圳市证券交易所地下停车场兼顾接驳与停车需求，并规划了该两座停车场与枢纽的联络通道（图 1-58）。

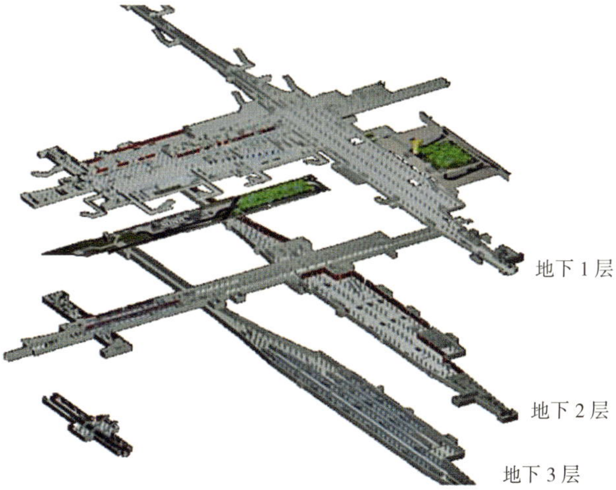

图1-58 福田枢纽交通接驳场站布局

福田枢纽以功能为导向，差异化配置枢纽资源，即在规划中以枢纽功能定位为导向，原因如下。首先，枢纽选址只有与城市中心体系耦合，才能切实发挥和带动城市中心的发展。国内很多大型综合交通枢纽受各种因素影响，选址于市郊或者外围地区，成为“孤岛”，较难发挥枢纽的核心价值。特别是主要承载城际间商务客流的城际枢纽，更需要选址于城市中心区，这样才能缩短旅客的接驳换乘时间，提高商务服务水平。其次，城市中不同的枢纽需承担不同的功能，需要对其进行差异化规划。随着城镇化进程的加快，国内很多城市规划了多座枢纽以满足乘客的出行需求。交通枢纽要结合城市区位、产业诉求及交通需求等，差异化地确定各枢纽的功能定位，并为各枢纽配置不同的城市功能和交通功能。例如，深圳平湖枢纽肩负联动金融、物流，支撑周边产业升级的重任，其功能定位为站、城、产融合的城市中心和城市客厅，因此需配置产业与城市服务用地功能；深圳西丽枢纽为科技创新的展示、交流、体验、服务基地，其功能定位为湾区级创新城市中心，因此需要配置商务办公与创新研发用地功能。

建设人员在强化枢纽服务品质的同时，需要以枢纽运营为导向，指导规划、设计及管理，保障枢纽的可持续发展；在规划设计阶段，需要加强产权设计，尽可能明确不同业主的产权划分界面，实现产权、投资、管理界面划分的清晰化和制度化；需要创新枢纽投融资模式，保障枢纽的财务可持续性；在管理方面，需成立枢纽管理统筹机构，建立不同运营主体的协调管理机制，实现管理一体化。

4. 国内首个空铁型高速客运枢纽——上海虹桥综合交通枢纽

上海虹桥综合交通枢纽位于距离上海市中心约 12 千米的西郊，沪宁、沪杭城际高铁以及京沪高铁的交界处。是上海市、江苏省北部和浙江省南部的中心，也是上海市东西向现代服务业发展轴的西部顶端，虹桥综合交通枢纽集民航、高铁等多种交通方式于一体，是目前世界上最大的枢纽之一（图 1-59、图 1-60）。

（1）虹桥综合交通枢纽的空间布局

虹桥综合交通枢纽单体建筑高 45 米、宽 300 米、长 1 000 米，建筑规模超 120 万平方米，日容纳旅客量为 100 万人次，支持不同交通方式之间多达 56 种的换乘模式。该枢纽拥有水平向“五大功能模块”、垂直向“五大主要功能层面”，呈现立体式空间布局。

1）水平向。虹桥综合交通枢纽自东向西分布的是虹桥国际机场 2 号航站楼、东交通广场、磁悬浮车站、高铁站、西交通广场。东交通广场包括地铁站点、公交站点和社会车场，服务于机场。西交通广场比东交通广场多了长途客运站，主要服务于高铁站点。虹桥高铁站与 2 号航站楼的距离约为 450 米，规模为 30 股道、16 个站台。长途客运站设置在高铁站以西，设有 20 个发车位。

图1-59 虹桥综合交通枢纽

图1-60 虹桥交通枢纽夜景

虹桥综合交通枢纽的设施布局规划基于旅客流量预测数据。高铁与地铁的换乘量最大，高铁与机场间换乘量次之，高铁与磁悬浮列车的换乘量排第三，铁路与磁悬浮列车的换乘量排第四。因此，将换乘量最大的地铁和高铁相结合，在高铁下方布置一个地铁站，在磁悬浮车站和机场之间布置另一个地铁站，高铁与磁悬浮车站因换乘量较大，二者紧邻布局。

2）垂直向。虹桥综合交通枢纽在垂直方向上分为五大功能层面，包括高 12 米的高架道路出发层、高 6 米的到达换乘廊道层、地面层（0 米）、地下换乘大通道（-9 米）以及地铁轨道及站台层（-16 米）。其中 12 米层、6 米层和 -9 米层是三大主要换乘层面，提供 6 条换乘通道，可以满足该枢纽多种旅客到发需求，避免换乘拥挤。

（2）虹桥综合交通枢纽的基础设施

虹桥机场设有 2 条间隔仅为 365 米的近距离跑道，2 号航站楼与既有 1 号航站楼互为卫星厅，它们亦作为浦东国际机场的城市航站楼。虹桥机场扩建完成后仍被定位为国内航空枢纽，以国内航班为主，保留少量日韩航线，国际航线依旧安排在门户型枢纽——浦东国际机场，虹桥机场 1、2 号航站楼的规划容量是 4 000 万人 / 年。

虹桥高铁站现有京沪高铁、沪宁城际铁路、沪杭城际铁路等线路，高铁是虹桥综合交通枢纽最重要的交通运输模式（图 1-61）。京沪高铁始于北京南站，终于上海虹桥站，途经天津、济南、徐州、南京、苏州等城市。沪宁城际铁路设南京、镇江、常州、无锡、苏州、上海等 31 个站点，年旅客发送量达 6 700 万人次。沪杭城际铁路全线设置虹桥站、松江南站、枫泾南站、嘉善南站、嘉兴南站、桐乡站、海宁西站、余杭南站和杭州东站等 9 个站点，年旅客发送量达 8 000 万人次。

虹桥综合交通枢纽包括常规公交枢纽、长途客运枢纽、出租车蓄车场等公共交通设施。东、西交通中心分别设置公交枢纽，有 9 条去往郊区方向的线路和 4 条去往中心城区的线路。虹桥综合交通枢纽内设置有 4 个出租车蓄车场，泊位合计约 3 500 个。长途客运站设置在铁路站以西，设 20 个发车位、10 个蓄车位，可安排约 1 500 个候车座位，其主要以短途客运为主，提供从上海到长江三角洲地区的城际长途汽车，另外有去往山东省、江西省等地的长途客车。

图1-61　虹桥公共交通设施

（3）虹桥综合交通枢纽的交通功能

在交通功能上，虹桥综合交通枢纽作为多式联运枢纽，主要包括对外交通方式和城市接驳交通方式。对外交通方式服务于上海与国内其他城市之间的城际客运，主要包括虹桥国际机场的民航服务和虹桥火车站的高铁运输服务，还有长途客运中心的长途客车服务。城市接驳模式有上海境内抵港和离港方式，主要是指地铁、公交以及公路服务（出租车、网约车、私家车等）。

除了对外交通服务和城市接驳交通服务以外，虹桥综合交通枢纽还有一个重要的交通功能——空铁联运。虹桥综合交通枢纽除了承担对外交通与城市接驳交通之间的大量换乘，还承担对外交通方式之间的换乘。沪宁、沪杭城际高铁线开通以后，虹桥综合交通枢纽的空铁换乘的旅客规模约为 10 000 人次 / 日，约占虹桥国际机场客运量的 10%，空铁联运旅客数量将持续增加。

空铁联运的作用是将高铁作为航空运输在地面上的延续，实现铁路"支线航班"的运输功能。虹桥综合交通枢纽在规划建设时，已实现机场航站楼与高铁站点在同一建筑物内的衔接，两者距离不足 500 米，步行 10 分钟左右即可相互换乘。在该枢纽运营之时，枢纽包含的所有交通方式的信息系统被整合在一起，形成运营信息平台。航空公司与铁路局合作，一体化运营，将沪宁、沪杭城际高铁线上的站点作为虚拟机场，旅客在其所在的城市高铁站就可以办理航空票、托运行李。长三角地区实现了基于虹桥综合交通枢纽的空铁联运。

（4）虹桥商务区的规划功能分区

虹桥综合交通枢纽是世界上最大的综合交通枢纽之一，也是我国首个空铁型高速客运综合交通枢纽，对所在地区的辐射作用，对要素流的集聚、扩散作用远大于单类型枢纽，形成典型的枢纽地区经济。依托虹桥综合交通枢纽规划建设的虹桥商务区不仅服务上海市，也是辐射整个长三角城市群的区域商务区。

虹桥商务区的规划总占地面积为 86.6 平方千米，其中主功能区约占 27 平方千米，拓展区约占 59.6 平方千米。虹桥商务区的主功能区着力发挥核心产业功能，重点发展总部经济、现代商务、商业贸易和会展旅游等，形成面向长三角地区的商务中心。虹桥商务区的拓展区将形成 3 个次中心，主要承担虹桥商务区的配套功能和产业延伸功能，是商务区的基本功能配套区、延伸产业辐射区、交通功能保障区和环境品质支撑区，主要发展教育、医疗、住宅、创意研发、商务办公等，目前重点开发的核心区面积达 4.7 平方千米，除去占地约 1 平方千米的国家会展中心项目，区域其余面积约为 3.7 平方千米。其中核心区一期东侧紧临虹桥综合交通枢纽本体，西至嘉闵高架，南至建虹路，北至扬虹路，面积约为 1.4 平方千米，定位为世界著名的"贸易城"，重点发展国内外企业总部或者其他区域总部、企业采购运营中心、企业地区结算中心、商务咨询中心、信息咨询中心、中小型精品会展等，同时配套发展相关商业、餐饮、住宿、文娱等功能。国家会展中心片区依托国家会展中心项目，发展大型会展功能，积极引进国内外知名会展，加快培育专业化精品会展项目，着力构建国家级会展平台，同时适当拓展为会展服务的商务办公、酒店服务、商业配套等相关产业。

虹桥综合交通枢纽的前身是虹桥军用机场，始建于1921年，1964年开展民航运输业务，1971年正式转为民航专用机场。虹桥国际机场经过1984年、1988年以及1994年3次扩建，形成了现在1号航站楼的格局。浦东国际机场正式通航后，2002年10月，虹桥国际机场顺利实现了国际、港澳航班向浦东国际机场的迁移，运营压力有所缓减。2000—2016年，虹桥综合交通枢纽地区建设状况如图1-62所示。

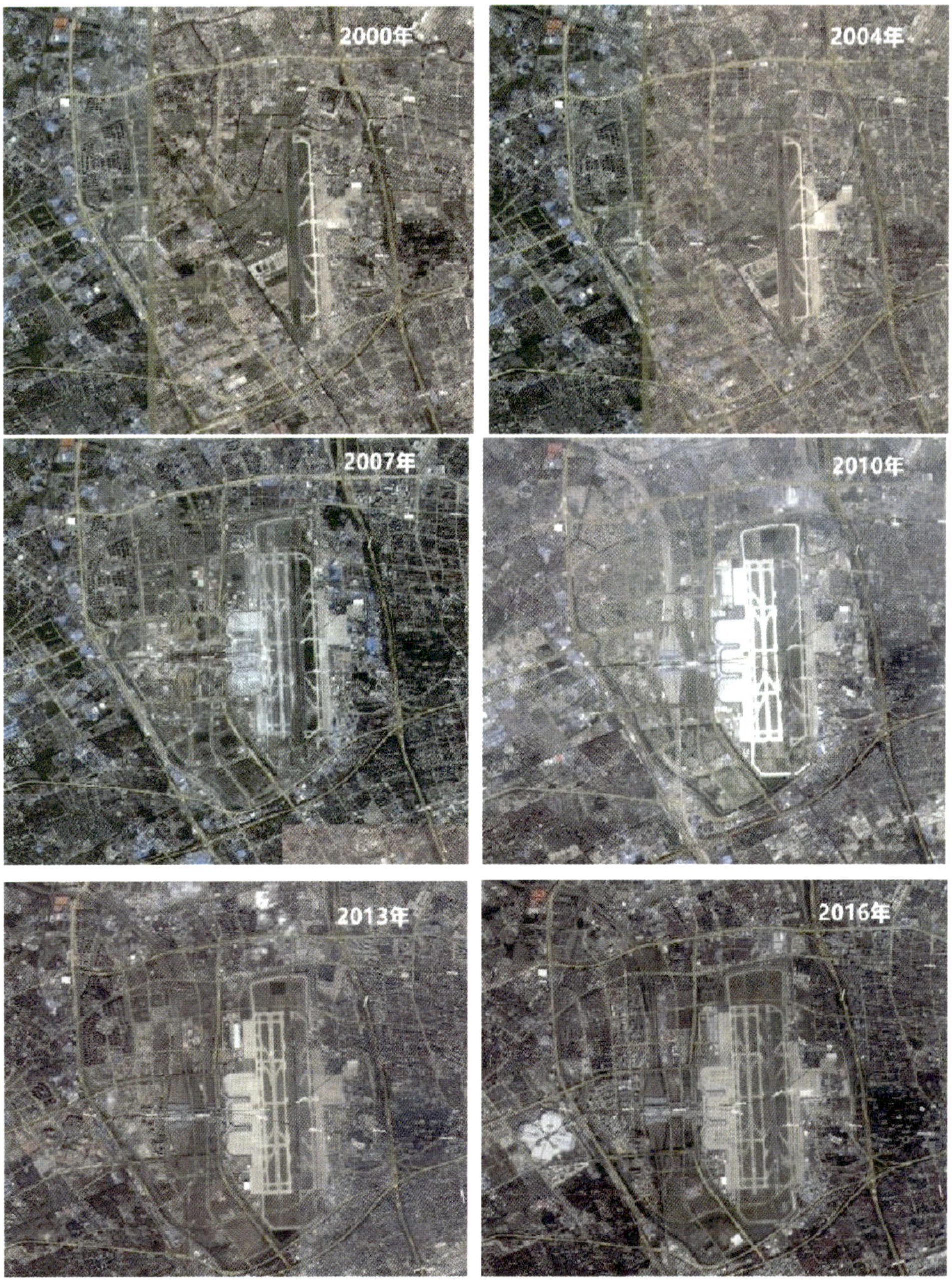

图1-62　2000—2016年虹桥综合交通枢纽地区的建设状况

在虹桥综合交通枢纽地区，企业数量占比最高的是批发零售业，达 30.99%，其次是商务服务业，占比是 17.02%，交通运输业、住宿餐饮业、制造业占比均略高于 10%，分别为 11.05%、10.88%、10.83%，其他产业占比较少，如科技服务业占比为 3.98%，金融业占比则低至 0.93%。整体而言，该枢纽区内的传统服务业占比为 52.92%，现代服务业占比为 34.31%（图 1-63）。

根据已有研究对比分析可知，虹桥综合交通枢纽地区的产业结构与单类型高铁和其他机场枢纽地区差异较大。2010 年，以北京南站为圆心，半径为 1 500 米的区域内的企业数量排名前四的分别是批发零售业、科技服务业、商务服务业、住宿餐饮业。这表明，虹桥综合交通枢纽地区的产业结构不同于单类型的高铁枢纽地区和空港经济区，高铁带动的主要产业集中在批发零售业、商务服务业和科技服务业等第三产业，空港拉动的主要是制造业及运输业。虹桥综合交通枢纽地区具有综合特点，其产业结构和功能配比方式是根据枢纽功能所带来的综合供给需求进行要素重新组织与再次混合产生的。

高铁枢纽主要带动虹桥综合交通枢纽地区第三产业的发展，且该枢纽地区距离市中心较近，地区内企业除了服务枢纽旅客以外，同时要服务城市人群，因此枢纽地区产业逐渐从以批发零售业、制造业、交通运输业为主的强枢纽指向性产业，演变为以批发零售业、商务服务业、住宿餐饮业为主的产业；同时，枢纽地区的信息服务业、科技服务业、金融业等现代服务业的企业数量逐渐增加，形成独特的综合交通枢纽地区的产业结构（图 1-63）。

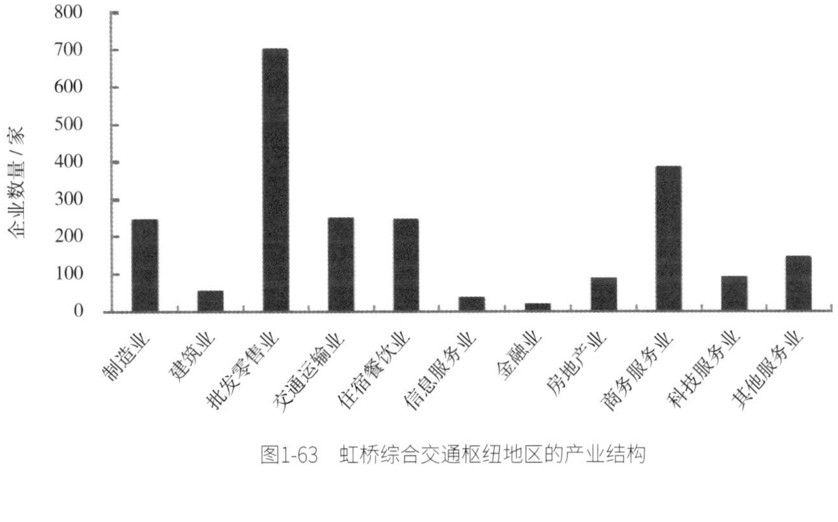

图1-63 虹桥综合交通枢纽地区的产业结构

5. 高集成复合城市枢纽——重庆沙坪坝站交通枢纽城市综合体

近几年，交通与城市融合发展的项目不断涌现，杭州西站、北京副中心站、重庆东站等项目均从不同角度实践站城融合的可能性。上述项目的站城融合的呈现方式，由于不同的站城关系、城市发展情况，呈现出多样化的状态。

重庆市作为西南地区的直辖市，是长江上游地区的经济中心，也是中西部地区重要的综合交通枢纽。随着 2010 年成渝高铁开工建设，沙坪坝站作为成渝高铁进入重庆主城后的重要站点成为城市建设的焦点，通过近 10 年的研究论证、规划设计和建设，重庆沙坪坝站交通枢纽城市综合体通过铁路站场上盖与物业开发相结合，高度集成复合城市空间，将铁路客站、轨道交通、公交站、出租车等交通空间汇集于一体，对城市中心区域铁路交通枢纽建设和城市更新融合发展进行了探索性的尝试（图 1-64、图 1-65）。

图1-64　重庆沙坪坝站交通枢纽城市综合体

图1-65　重庆沙坪坝站交通枢纽城市综合体夜景
（图片来源：https://tuchong.com/3085184/82678471/）

重庆沙坪坝站交通枢纽城市综合体工程总建筑面积约为 750 000 平方米，包括铁路车站及相关工程、市政交通配套工程和上盖综合开发部分等。地上部分规模约为 510 000 平方米，其中铁路车站相关工程包括站场工程、15 000 平方米的铁路站房和其他铁路生产生活设施。上盖综合开发部分包括 60 000 平方米的铁路站场上盖平台和 480 000 平方米的综合物业开发工程；市政交通配套工程包括公交、出租和社会车辆集疏运系统，周边城市道路和轨道交通 9 号线车站（图 1-66）等。整个项目用地范围内的地下空间约 240 000 平方米。铁路站房和交通枢纽部分于 2017 年年底开通，综合开发部分于 2020 年年底整体建设完成并全面投入运营。沙坪坝区是重庆市重点开发区域，着力打造教育、高新技术和现代物流三大高地，是重庆市竞争力重要集聚区和“一小时经济圈”的重要增长引擎，也是重庆市“人文科教、生态宜居、创新诚信、畅通平安、健康和谐”的示范区。沙坪坝站交通枢纽城市综合体项目位于沙坪坝区城市建成区的核心位置，商业、教育等公共配套完善，周边紧邻重庆大学、重庆师范大学等高等学府，北靠三峡广场商圈，南接石碾盘、小龙坎片区。沙坪坝公园位于该综合体的西南角。

图1-66 沙坪坝站轨道交通

综合分析交通制约站城发展以及客流变化对车站和城市功能的新需求，发现沙坪坝站区与沙坪坝商圈毗邻，周边路网结构薄弱、能力不足，核心区内外交通混合，拥堵严重，严重制约了区域城市容量升级。特别是在沙坪坝站新建的背景下，未来随着铁路客流叠加、沙坪坝区城市建设及商圈扩容升级，综合交通已成为制约站城发展的核心因素。

成渝高铁将在成渝之间构建 1 小时快速交通圈，大大提高成渝之间旅客运输质量和能力，充分发挥成都、重庆两大中心城市的辐射作用，缩短成渝经济带城市群之间的时空距离，带动沿线城市的发展。成渝铁路通道 2020 年客流密度为 4 053 万人 / 年，2030 年客流密度为 5 906 万人 / 年。铁路沙坪坝站近期、远期的年旅客发送量分别为 1 016 万人和 1 270 万人，远期日均发送量达 40 000 人。高铁引入巨大客流，但既有车站设施陈旧，不能满足客流增长的乘降需求；另一方面，高铁、城际的客流构成逐步向以商务、旅游等客流为主，短途、高频，使车站和城市服务功能需求多元化，对车站功能、交通配套、城市服务和业态提出更加丰富、更高标准、更高质量的要求，也给城市发展带来新的机遇。

沙坪坝站交通枢纽城市综合体项目的原铁路站场有地面线路，周边为城市建成区，可建设用地非常有限。铁路站场比北侧的三峡广场和城市商圈地面低 6 米。利用地形高差形成的多层面空间是应对线性铁路对城市区域切割的重要手段。沙坪坝火车站整体加盖，将被铁路南北隔断的城市空间缝合起来，形成新的城市公共层面。同时，调整原上跨铁路的天陈路，使其下穿铁路站场；铁路站场北侧的城市道路也被调整为下穿道路，将车流交通和人行空间立体分层，最终形成铁路居中、人行上跨、交通下穿的竖向空间利用规划格局。

铁路站场上盖平台东西长 800 米，南北宽 60~70 米。铁路上盖后，避免了高速铁路运营对周边城市在噪声、形象和环境方面的不利影响，极大地改善了周边城市土地的空间质量和环境价值。该项目通过上盖工程，构建以站区公共广场为核心的城市步行网络，结合地形，集聚多种功能，形成多层次的步行空间，将既有的沙坪坝步行商业区、沙坪坝公园以及周边建成区紧密联系起来，形成广域的慢行网络系统，提高城市的回游性。该项目通过铁路上盖获得 5.9 万平方米的新增城市公共空间，整合铁路线路外用地，使得区域内可用建设用地得到进一步扩张，合计达 15.1 万平方米，为城市功能更新扩容升级创造了充分条件。

沙坪坝站交通枢纽城市综合体项目以铁路客站建设改造为契机，通过以车站为中心的高密度开发对车站及周边的土地进行高度复合化及集约型利用，提高车站的总体利用率及乘客的便利性，形成新的站城格局。该项目通过铁路上盖和多层面立体城市规划，彻底改变了站区铁路用地低效和城市用地紧张的状况；在交通枢纽引领、城市产业更新升级的背景下，结合业态与客流规划、区域规划、综合开发、城市建设需要以及车站自身功能，本着集约使用土地、适当留有发展余地的原则进行高密度、高集成度的站城融合开发。其中，铁路车站采用上进下出流线组织，在盖上设进站厅、候车厅等。

该项目突破一般站区规划中的平面化布局，围绕车站在盖上规划交通枢纽、商务、商业、城市休闲、城市绿地景观等复合功能，为城市注入新的发展活力。进站通道和客流集散区在站前双塔商业服务空间中无缝布置，营建“城市里的车站”。该项目结合轨道交通站点，集中在盖下地下空间中布局铁路进出站换乘系统和综合交通设施。盖下地下空间共 8 层，埋深达 42 米，共计 250 000 平方米。地下空间内立体布局轨道交通设施、公交站点、出租站点、社会车辆停车空间、旅客换乘空间以及地下道路系统。其中，地下 1 层为公交到发层，地下 2 层为出租上下客层，地下 4 层为出站换乘空间层，地下 7 层为轨道交通 9 号线站厅层，地下 8 层为 9 号线站台层。地下其余空间布置商业服务用房、铁路旅客停车库和综合开发物业配建停车库等设施。集约化、高强度的地下交通设施为该项目实现综合交通枢纽功能打下了坚实的基础。

车站是城市对外交流的门户，因此解决好综合交通枢纽的疏解换乘功能是规划的关键。沙坪坝站交通枢纽城市综合体在城市核心区将车站与高密度城市功能紧密结合，构成的城市综合体又将带来更多的交通流量（图 1-67）。通过前瞻性的交通规划建立大容量、高效率、畅通有效的城市交通集疏运体系成为该项目有序运营的关键问题。

图1-67　城市对外交流的门户（组图）

沙坪坝站交通枢纽城市综合体项目的主要交通策略如下。

1）建立以轨道交通为主的公共交通体系。在该项目北侧，9 号线、1 号线和环线地铁 3 线交会。构建具备大通道运输能力的轨道交通换乘体系是支撑站城融合可持续运营的必要条件。

2）强化城市交通路网，通过立体空间分流，组织内外部交通和各种车辆流线。例如，将该项目北侧道路规划为公交专用层、出租车专用层和过境交通层 3 个竖向叠合的层面，分别满足不同车流的交通和停靠需求，实现立体分流，互不干扰。为了避免从不同方向到达车站的车辆集中进出造成拥堵，该项目在地下 4 层设置下穿铁路和服务南侧城市交通进出车库的地下环道，有利于多方向疏解交通（图 1-68）。

3）建立“快行”与“慢享”相结合的交通组织流线。在该项目的站城融合中，进出站旅客和城市综合物业使用者对交通的时效性、便捷性的需求差异较大，流线规划应适度分离铁路与物业部分的客流，避免产生较大的相互干扰。为此，首先应建立满足铁路旅客疏解的快速换乘空间。铁路旅客在地下出站后经换乘厅可以快速到达地铁站厅、公交车站、出租车站及地下停车库等交通设施。其次，要建立与复合城市功能相适应的物业客流交通空间，在车站东西两侧分别设置地下空间、交通设施等与综合开发各功能区直接联系的垂直交通核，使车站和城市功能之间保持畅通，形成“快行”和“慢享”相结合的流线系统（图 1-69）。

图1-68　下穿铁路

4）站城一体，功能聚合，打造活力都市目的地。铁路客站交通枢纽集聚了众多公共交通资源，带来大量人流、物流、信息流的同时，也带来了巨大的潜在的商业开发价值。该项目也正是基于站区位于城市核心商圈之中的独特区位优势规划的，不仅体现了车站与站区设施的协同，更与区域城市功能紧密融合，在综合交通枢纽功能的基础上按照都市新中心的目标完成城市更新。该城市综合体在提供交通功能之外导入商务办公、商业娱乐、酒店、餐饮、文化生活、公共服务等高度多元化的业态。生活性服务业与生产性服务业在此高度聚集。丰富、多元的业态在强大的交通枢纽之上让钢筋混凝土构建的空间具有了灵魂与活力。这些空间容纳了各类具有吸引力、交流性、传播性、互动性的内容和人群，创造出城市的魅力和繁华（图 1-70）。

图1-69 “快行”和“慢享”相结合的流线组织

图1-70 站城一体打造活力都市

5）站城融合的科研创新保障。沙坪坝站交通枢纽城市综合体是国内首个在城市建成区进行高密度、高集成度铁路上盖站城融合开发的项目，在规划设计过程中开展了一系列关键技术的突破性研究，实现了站城融合的目标。其中，交通枢纽功能布局规划人员研究了站城融合的必要性、可行性和规划策略；针对大体量集约型地下空间的合理规划、安全运营和工程实施风险，开展了综合交通枢纽超大超深地下空间集约利用、超大深基坑开挖支挡及邻近既有高层建筑变形控制、多层次地下空间结构修建和地下大型综合交通枢纽火灾防治等关键技术的研究；通过复杂城市环境下综合交通枢纽内外部交通系统动态仿真，全面分析了该项目各类客流的交通特征和交通影响状态，对不同交通场景下的设施规模和交通组织进行验证评估，确保交通规划的可行性。为了避免不同城市功能与交通设施立体叠合时高速铁路列车运营和轨道交通车辆运行产生的噪声、振动带来的不利影响，工作人员针对性地开展了环境振动与噪声控制关键技术研究，同时开展了综合交通枢纽节能措施和城市综合交通枢纽运营管理信息系统规划等技术创新，进一步提升该站城融合城市综合体的环境、空间品质，实现以人为本的站城融合价值。

该项目通过站场上盖区的适度配套物业开发与非上盖核心区的高强度物业开发，实现城市界面的延伸，优化枢纽区域环境，实现土地资源开发的集约化、价值的最大化。

6. 我国交通枢纽发展中的主要问题

虽然近年来我国加快了对交通枢纽的建设，但是从构建综合运输体系的角度出发，交通枢纽的发展过程还存在一些问题。

1）交通枢纽发展不平衡。与我国经济发展不平衡相对应，交通枢纽的发展也呈现出明显的不平衡。由于经济发展水平、市场条件、经营理念的差异，东部地区交通枢纽的发展明显快于中西部地区。但从另一方面看，即使交通枢纽发展较快的东部地区，由于体制、民众认识等方面的原因，各种运输方式枢纽之间也没能实现横向联网，还没有形成广义上的运输枢纽网络，交通枢纽的功能没有得到有效发挥。

2）综合交通网不完善。随着我国城市化进程的加快，城市的交通规划、建设与管理的发展也较为迅速。但是从总体上看，交通网的建设与国民经济发展战略不协调，大部分城市的交通网络建设还不完善，总量不足，在一定程度上影响了交通枢纽的选址、规划和建设，造成相关设施不配套、服务不完善、作用不明显。

3）各种运输方式之间衔接不够紧密。长期以来，我国各种运输方式只重视自身枢纽的建设，而对综合运输网络的统筹规划与建设不够重视，不同运输方式之间不能实现很好的信息和资源共享，严重影响了联合运输的效率和效益。

4）缺乏统一的规划协调。一方面，各种运输方式在运输特性、发展历程、适应范围等方面都有各自的特点，相互之间既有牵制又有补充，很多因素难以量化，使得综合运输体系在各个层次（交通网络、枢纽、线路等）上的规划具有很大的不确定性和复杂性。目前，我国仍然按照公路主枢纽、港口主枢纽、铁路主枢纽和航空主枢纽的形式分别进行专门规划，每一类规划适当考虑其他交通方式的影响。这种规划方式带来的主要问题之一，就是造成不同交通方式的规划和建设缺乏统一部署，最终导致某些交通枢纽的布局规划不合理，不利于综合交通枢纽的建设和整个综合交通系统的发展。另一方面，交通枢纽由多种运输设施组成，每一种交通运输方式或运输设施在枢纽中具有不尽相同的功能和作用，但作为一个系统的整体，交通枢纽中的各运输方式必须具有统一的功能和目标，同样发挥中转与集散的运输功能和带动区域经济发展的经济功能，都以加速国民经济大循环、促进物资和旅客流通为生产目标。然而，综合交通枢纽在发展过程中缺乏功能与目标的统一性，从而影响了综合交通枢纽的综合效率与效益的最大化。

在管理上，我国长期实行的是分行业的管理体制。这种管理体制使得各种运输方式之间的协调存在问题，枢纽内各交通部门在进行运量预测和规划时常常出现运量数据重复使用的现象，而且统计口径也经常不一致，导致整个交通枢纽的运量预测和运能规划缺乏科学性，从而带来设备资源的闲置和浪费等问题。因此，我国必须加强对综合交通枢纽的技术、政策、部门职能等的管理，完善综合交通枢纽的管理体制。

综上所述，在交通运输的发展过程中，铁路、公路、水路、航空和管道 5 种运输方式既具有各自的优势和技术经济特性，也存在着各自的不足。现有的交通枢纽发挥了特定的作用，促进了我国交通运输业和国民经济的发展，但是也存在诸多问题。为了减少无序竞争而造成的浪费和损失，相关部门需要有预见、有计划地进行综合考虑，协调各种运输方式之间的关系，打破部门分割，发挥各种运输方式的优势，构成现代化的综合运输体系；合理利用既有枢纽，并建立具有综合功能的交通枢纽，使各种运输方式在运输结合部实现有效的衔接，组成一个有机整体，提高综合运输能力，从而为国民经济发展提供功能完善的运输服务。

1.3 雄安新区交通枢纽的发展定位

1.3.1 雄安新区交通规划定位

设立雄安新区是以习近平同志为核心的党中央作出的一项重大历史性战略选择，是千年大计、国家大事。党的十九大报告和二十大报告中均明确指出，高起点规划、高标准建设雄安新区。

雄安新区作为北京非首都功能疏解集中承载地，要建设成京津冀世界级城市群的重要一极、现代化经济体系的新引擎、推动高质量发展的全国样板、高水平社会主义现代化城市。

一是外联通畅，快捷高效。雄安新区完善区域综合交通网络，优化区域轨道交通网和干线公路网，合理布局综合交通枢纽，为高效承接北京非首都功能提供保障和支撑，实现雄安新区快捷高效对外联系。

二是内联便捷，绿色智能。雄安新区践行以人民为中心的交通发展理念，综合运用智能新技术、新装备、新模式，打造绿色智能内部交通体系，建设功能完备的雄安新区轨道交通和骨干道路网,构建便捷高效的公共交通和慢行交通系统，提供高品质智能化出行服务。

三是创新驱动，引领发展。雄安新区推进交通规划、建设、管理、运行各环节体制机制创新，促进多种交通方式政策法规、技术标准的对接协调，创新交通发展政策和服务模式，全方位提升综合交通管理水平，引领城市交通系统发展。

1. 对外交通系统

雄安新区按照网络化布局、智能化管理、一体化服务要求，构建新区对外综合高效的交通网络，加快建立连接新区与京津及周边其他城市、大兴国际机场之间的轨道交通网络；完善新区与外部连通的高速公路、干线公路网；构建多层级、一体化的综合交通枢纽；重点强化与北京的交通联系，增强新区承接北京非首都功能的能力。

一是以构建快捷高效交通网为目标，抓住京津冀交通一体化的有利时机，优化京津冀城市群交通网，完善区域高铁、城际、高速公路网和高效接驳区域交通枢纽，形成多节点、网络化的综合交通体系，支撑以首都为核心的世界级城市群建设；以京津冀“四纵四横一环”网络化综合运输大通道为依托，布局雄安新区对外交通综合通道，统筹布局各类设施线位，集约利用国土空间资源，探索各运输方式的结构优化、共享使用。

二是以加强与京津联系为重点，在京雄、津雄之间打造综合交通运输廊道，在廊道内复合布局区域和市域轨道、高速公路和国省干道等各类交通设施，集约利用土地资源，提高服务效率；牢牢抓住疏解北京非首都功能这一“牛鼻子”，加强与北京各重点功能区、对外交通枢纽的交通联系，综合布局高速铁路、城际铁路、普速铁路、城市轨道交通、高速公路、国省干道等各类交通设施，提供多通道、多方式、差异化的交通服务，推动高铁、城际在城市内的直联直通，构建快捷高效的交通网；构建津雄两地便捷的交通联系，依托区域轨道交通和干线公路，形成雄安新区与天津中心城区、滨海新区、天津港的高效互联的交通联系格局。

三是以智能交通技术为手段，在交通系统智能化方面先行先试，以高铁、城际、高速公路、综合交通枢纽等重大交通基础设施为依托，打造一批可复制、能推广的智能交通运输高质量试点工程；示范应用智能交通技术，构建集多源数据汇聚、处理、应用于一体的智能对外交通系统，整合不同服务主体，创新运输服务模式；充分利用智能交通技术和智能运载工具，开展新型智能城际公共交通服务试点；建设智慧高铁，强化对外交通枢纽的交通信息资源共享，建设智能轨道、智能枢纽，提供高品质的城际交通服务。

雄安新区依托京雄高速公路、荣乌高速新线等项目，探索利用北斗导航、高速无线通信、先进传感、移动互联、智能控制等技术，打造适应智能驾驶、车联网技术的智慧高速公路，实现车车、车路协同和区域路网协同管理，满足全天候快速通行需求；远期实现电动汽车无线充电，为建成数字化智能交通基础设施创造条件。

雄安新区加强科技研发、推广新能源、新材料、新技术，大力发展高效、安全、智能、绿色的新型交通装备，研发包括智能网联汽车在内的先进适用装备；加快推进现有装备技术升级，加速淘汰落后技术和高耗低效设备，推广应用交通装备的智能检测、监测和运维技术，推进各种交通方式设施和设备的标准化与协同应用。

2. 新区交通系统

雄安新区构建便捷的交通网络，坚持以人民为中心，优先发展公共交通，综合布局轨道交通、骨干道路、区域绿道等各类交通设施，实现多种交通方式的无缝衔接和顺畅换乘，打造经济高效的现代物流系统，提供多样化、高品质的交通服务。

一是利用公共交通引导城乡空间发展。落实绿色交通发展理念，加强城乡空间与公共交通系统的协调，以公共交通设施为引导，支撑雄安新区“一主、五辅、多节点”的城乡空间。

起步区和外围组团城市主要沿公共交通走廊布局，在站点周边集中布局公共服务设施，提升公共交通系统的可达性和便利性，促进出行需求与公交服务的耦合。雄安新区构建与城乡空间尺度相协调、多层级的轨道交通体系。轨道快线主要服务起步区与雄县、昝岗组团及对外枢纽、周边城镇的联系。轨道普线重点服务起步区内部以及其与容城、寨里、安新等相邻组团的联系。雄安新区建设便捷服务的城乡公交系统，支撑和带动特色小城镇、美丽乡村发展。

二是统筹协调各类交通设施布局。统筹新区内铁路、道路、城市轨道、绿道和综合管廊等的立体布局，集约利用交通廊道线位资源，加强交通通道资源的综合利用，减少用地分割，节约土地资源。

构建外围高速公路和普通干线公路的分流过境通道，建设支撑组团间高效联系的快速路系统，布局与雄安新区城乡空间格局相匹配的骨干道路网，打造可欣赏、宜游览的环淀景观道路，形成内外衔接顺畅、功能完备的道路系统。

立足提供服务均好性强的城乡交通服务，布局“干线＋普线”两级城乡公交网络，用干线连接起步区与外围组团、特色小城镇，用普线连接外围组团与村镇，实现社区全覆盖、村村通公交。

按照网络化、多模式、集约型的原则，规划与雄安新区空间布局相适应、与土地利用相协调、多层次网络相融合、高效智能化运营的轨道交通体系。规划轨道交通规模约 300 千米（含远景预留通道）。根据雄安新区建设步骤和人口规模、交通出行需求，有序建设轨道交通。

布局区域绿道、城市绿道、社区绿道 3 级网络，形成城乡一体、区域联动的绿道体系；营造独立舒适的绿道环境，设置适宜骑行、步行的慢行空间，并使其与机动车空间隔离，承载市民健身、休闲、娱乐功能。

坚持生态优先、绿色发展、预防为主、防治结合的理念，强化对内河船舶的日常监管，严禁新增燃油船舶进入雄安新区白洋淀水域；推进船舶使用清洁能源，淀区船舶逐步更新为新能源船舶，有效降低船舶的污染排放水平，严格落实营运船舶垃圾收集储存设施配置监管，构筑美丽水网，努力打造贯彻落实新发展理念的白洋淀绿色交通示范区。

三是创新客货运交通组织模式。以建设智能城市为目标，以智能交通技术为手段，创新雄安新区客货运输的组织、管理、服务模式；利用智能驾驶、车路协同、物联网等技术，全面提高雄安新区交通安全水平，提供乘客体验优良的交通服务，降低对环境的负面影响。

创新轨道交通运营模式。在轨道线路之间互联互通、车辆过轨跨线运营的基础上，灵活组织开行方案，实现轨道车辆智能调度、线路间场站资源共享，促进车辆集约高效运行；适当选取站席密度标准，提高一次直达比例，提升乘客出行的舒适度。

构建公交场站设施保障模式。按照集约共享的原则，通过智能手段动态匹配车辆停保需求与场站空间资源，组团边缘公交停保场实行立体开发，兼顾外来车辆接驳换乘；组团内部公交首末站与社区中心实行集约共建，保障智能公交车辆的日常运营。

构建城乡共同配送体系。建设智能物流配送体系，制定雄安新区共同配送服务标准，集约利用物流基础设施，分段、分区、分类开展城市共同配送运营，实现存储空间、配送车辆等物流资源的充分共享与集约利用。

3. 起步区交通体系

围绕构建起步区“公交 + 自行车 + 步行”的绿色交通模式，合理布局城市道路系统、公共交通系统、步行和自行车交通系统等各类交通设施，充分利用智能交通技术，构建起步区以公共交通为骨干、以步行和自行车交通为主体的出行模式；制定以绿色为导向的交通政策，突出需求管理，通过全面保障公共交通、鼓励步行和自行车交通、合理引导和管控私人小汽车出行和停放，实现起步区绿色交通出行比例达 90% 的目标，打造起步区便捷、安全、绿色、智能的交通体系。

一是公共交通与城市空间统筹协调。加强城市空间与交通设施的协调，以公共交通设施为引导，合理布局城市用地功能，形成适合绿色交通系统的城市空间格局。组团内部强化职住平衡，有效规避“大进大出”的长距离通勤交通；在公共交通廊道、轨道站点周边集中布局公共服务设施，提升公共交通系统覆盖的人口和岗位数量；推广公共交通换乘中心与城市生活圈中心一体化开发模式，形成出行需求与公交服务的耦合关系。

二是交通需求与设施供给弹性匹配。着眼应对未来交通需求的持续增长，起步区交通设施整体规模预留规划弹性，设施设置考虑远景支撑 200 万交通服务人口、500 万人次 / 日的出行需求。其中，公共交通系统应能够满足远景 200 万人次 / 日以上的出行需求，公共交通出行分担率不低于 40%；道路系统能够支撑小汽车分担率 15% 情境下的良好运行，保证服务水平并预留一定的弹性空间；停车设施保障居住区基本车位需求，出行车位严格按小汽车分担率 10% 设置配建上限，控制小汽车出行。

三是各类城市交通设施协调布局。构建全面优先的多层级公共交通系统，提高公交系统效率，增强安全性、便捷性和舒适度，提升公交系统的吸引力；加强交通与用地布局的协调，推广交通枢纽站点与城市功能一体化开发模式，提供高品质、智能化的公共交通服务，实现起步区公共交通占机动化出行比例达 80%。

构建级配合理、功能完善的城市道路系统。通过便捷联系的干路网满足起步区的对外交通需求，支撑起步区内部五组团的空间布局；通过尺度宜人的城市街道形成开放、有活力的城市街区，保障城市交通微循环；以人为本设计城市街道，构建小街区、密路网的路网体系，促进社会交往。

结合城市主次干路地下空间，综合考虑城市轨道交通、综合管廊等设施，形成交通与市政复合廊道。

规划建设慢行专用路与慢行道，营造独立舒适的慢行环境，加强步行出行和自行车出行与其他交通系统的衔接，形成完善的慢行交通体系，保障“公交 + 自行车 + 步行”的出行模式；满足群众性文体活动和赛事需求，安排符合慢行要求的各类设施。

四是交通出行服务智能高效。以创新为手段，积极应用交通新技术、新装备和新模式，在智慧城市总体框架下，构建一体化的交通出行服务模式，实现轨道、公交、步行和自行车等多种交通方式的无缝衔接和顺畅换乘，提供全链条的出行服务；为起步区提供高质量的交通供给，满足人民对美好出行的向往，建设智能交通典范之城。

4. 智能交通系统

以创新为第一动力，积极应用交通新技术、新装备、新模式，通过智能化手段，为雄安新区提供高质量的交通供给；充分利用雄安新区智能城市构建的全智能化环境，以数据流程整合为核心，适应不同应用场景，以物联感应、移动互联、人工智能等技术为支撑，构建实时感知、瞬时响应、智能决策的新型智能交通体系。

建设绿色智能交通体系，发展智能交通高新产业，提供智能交通优质服务，努力打造贯彻落实具有新发展理念的智能交通创新发展示范区，为构建快捷高效的交通网、建设高水平社会主义现代化城市提供有力保障。

通过发展公共交通、共享交通导向的智能交通系统，逐步实现起步区工作日私人小汽车出行分担率不超过 10%；大幅提高起步区交通安全程度和起步区公共交通运行效率，为应对节假日等交通需求高峰提供有力保障。

在新建区域先行试用智能驾驶技术，规划建立车路协同式自动驾驶测试示范基地，逐步在全域推广应用，将雄安新区打造为智能运载工具应用示范的领先城市。

建设支持智能驾驶车辆及智慧城市应用的基础设施，搭建出行数据平台，开展智能驾驶车辆和智能出行应用示范，加强体制机制探索和经验积累。

制定切合雄安新区实际需求的交通政策，保障绿色交通目标的实现，推动智能交通新技术的示范应用；积极探索交通体制机制创新，促进规划、建设、管理一体化；合理安排近期建设项目，有序推进交通基础设施实施落地，支撑雄安新区启动建设。

1.3.2　雄安新区综合交通枢纽发展愿景

《交通强国建设纲要》提出“注重质量效益、各交通方式一体化融合发展”“构建安全、便捷、高效、绿色、经济的现代化综合交通体系”的交通发展指导思想，强调构筑多层级、一体化的综合交通枢纽体系。依托京津冀地区、长三角地区、粤港澳大湾区等世界级城市群，打造具有全球竞争力的国际海港枢纽、航空枢纽和邮政快递核心枢纽，建设一批全国性、区域性交通枢纽，推进综合交通枢纽一体化规划建设，提高服务水平，完善集疏运体系，这既是交通强国建设的具体目标，也将成为交通强国基本建成的重要标志。“基础设施布局完善、立体互联”成为交通强国九大重点任务之一。《交通强国建设纲要》的出台标志着交通强国建设“新长征”已开启，综合交通枢纽的规划建设将助力构建多向立体、内联外通、覆盖全球的快速运输通道。

2021 年 2 月，中共中央、国务院印发了《国家综合立体交通网规划纲要》，提出要进一步推进综合交通枢纽一体化规划建设；推进综合交通枢纽及邮政快递枢纽统一规划、统一设计、统一建设、协同管理；推动新建综合客运枢纽各种运输方式集中布局，实现空间共享、立体或同台换乘，打造全天候、一体化换乘环境；推动既有综合客运枢纽整合交通设施、共享服务功能空间；加快综合货运枢纽多式联运换装设施与集疏运体系建设，统筹转运、口岸、保税、邮政快递等功能，提升多式联运效率与物流综合服务水平；按照站城一体、产城融合、开放共享原则，做好枢纽发展空间预留、用地功能管控、开发时序协调。

2021 年 11 月，交通运输部、国家铁路局、中国民用航空局、国家邮政局、中国国家铁路集团有限公司联合印发《现代综合交通枢纽体系“十四五”发展规划》，提出“十四五”时期是我国全面建成小康社会之后，乘势而上开启全面建设社会主义现代化国家新征程的第一个五年；加快建设交通强国，打造现代化高质量国家综合立体交通网，对现代综合交通枢纽体系建设提出新的要求；要着力服务构建新发展格局，推动经济循环流转和产业关联畅通，充分发挥综合交通枢纽的关键节点作用，增强战略牵引和要素集聚能力，支撑现代物流体系建设，促进国内大循环和国内国际双循环；要着力加快建设交通强国，构筑多层级一体化的综合交通枢纽体系，推动现代化高质量国家综合立体交通网建设，提高综合交通运输网络效率，强化国内国际联通，助力打造“全国 123 出行交通圈”和“全球 123 快货物流圈”；要着力提升便民利民水平，推动综合交通枢纽与运输服务网络融合发展，扩大国际、国内服务多样化有效供给，提升高品质服务能力，助推实现“人享其行、物畅其流”，满足人民日益增长的美好生活需要；要着力实现高质量发展，推动综合交通枢纽智慧安全绿色发展，夯实创新发展基础，加强与国土空间、城镇、产业发展的融合与联动，进一步增强枢纽发展动能和可持续发展能力。

交通一体化是京津冀协同发展、优化区域内城镇空间格局的重要基础，是有序疏解北京非首都功能的基本前提。京津冀协同发展的功能定位、空间优化、产业升级转移、生态保护等也对交通发展提出了新要求。《京津冀协同发展交通一体化规划（2019—2035 年）》着眼于京津冀总体空间布局，要求持续完善综合交通网络，打造世界级综合交通枢纽，建设高效密集的轨道交通网，打造“轨道上的京津冀”。综合交通枢纽不仅是交通网络的关键节点，也是京津冀交通一体化发展中复杂的系统工程，要从蓝图落至现实，需要规划同图、建设同步、运输衔接、管理协同。

《河北雄安新区交通强国建设试点实施方案》是落实第一批交通强国建设试点重要战略决策的有力举措。雄安新区作为贯彻新发展理念的示范区、区域交通一体化的样板区、现代综合交通运输体系的试验区，具有在交通强国建设中先行先试的条件和优势。《河北雄安新区交通强国建设试点实施方案》明确要求编制出台《雄安新区现代综合交通枢纽专项实施规划》，确立现代综合交通枢纽近远期发展目标，构建雄安新区城市、组团、社区、邻里等多层级交通枢纽体系，通过制订实施计划，推动枢纽建设与城市开发协同进行，进而推动雄安新区现代化交通运输体系建设，打造交通强国建设先行区。

《河北雄安新区总体规划》依据启动区、起步区、外围组团、特色小城镇的条件特点，结合周边环境和既有基础设施，按照高标准、高质量的要求，充分对接疏解方需求，科学谋划，精心安排，形成便于落地、利于发展和体现雄安新区特质的承接功能布局，实现与北京中心城区、北京城市副中心合理分工、错位发展，实现与北京、天津、石家庄、保定等城市的融合发展。

《河北雄安新区综合交通专项规划》提出合理布局综合交通枢纽；依托高速铁路、城际铁路站点，强化路网对接和多种交通方式衔接。雄安高铁站枢纽布局在昝岗组团，依托国家高速铁路网，便捷联系全国；雄安城际站枢纽布局在启动区，实现与京津冀核心城市直联直通；起步区西部预留小里站。白洋淀站、白沟站依托既有线路，服务雄安新区北部外围组团，兼顾货运物流。雄安高铁站与周边城市空间紧密融合，枢纽功能与城市功能互联互通，站城一体开发、运输服务衔接，最大限度地减少旅客的换乘距离；积极创新候车模式，提高乘车效率和出行体验，引进旅客自助进站、站台电子地标、站内导航、安检互认等智能车站系统，着力打造智能车站典范。

雄安新区规划建设综合交通枢纽内容如下。

一是打造雄安高铁站对外综合交通枢纽。雄安高铁站是雄安新区重要的高铁门户车站和雄安新区高铁、城际线路的组织中心，远期集高速铁路、城际铁路、公路客运、旅游大巴、城市轨道交通、城市公交等多种交通方式于一体，打造集约布置多种对外交通方式、内外交通衔接转换顺畅的综合交通枢纽。枢纽内各类设施统一规划设计，按照实际需求逐步投入使用。

雄安高铁站的站场规模为 11 台 19 线，分为两场，其中：京港台高铁、京雄—石雄城际和津保铁路联络线合为一场设置，规模为 7 台 12 线；津雄城际与京昆高铁忻雄段合为一场，规模为 4 台 7 线。线路引入京港台高铁、京雄—石雄城际、津雄城际—京昆高铁忻雄段、津保铁路联络线、雄安新区至北京大兴国际机场快线等多条线路，同时为城市轨道交通预留接入条件，便捷联系起步区、雄县及周边组团。

依托国家高速铁路网，雄安高铁站实现雄安新区与山东半岛、中原、辽中南城市群主要城市（济南、郑州、沈阳）的高铁 2~3 小时可达，与长三角、关中、长江中游城市群主要城市（上海、南京、杭州、武汉、西安等）的高铁 3~5 小时可达，形成雄安新区便捷联系全国的对外轨道交通格局。

二是打造雄安城际站、预留小里站“站城一体”交通枢纽。项目规划石雄城际起步区段沿东西轴线地下敷设，于启动区设雄安城际站、第一组团设预留小里站，它们是起步区面向京津冀主要城市的对外交通服务中心。

雄安城际站按 4 台 6 线控制；站台自然采光，提升地下车站的通透性；适当拉开城际铁路和城市轨道站台的间距，预留功能扩展空间。预留小里站规划 2 台 4 线，预留跨站不停车条件。雄安城际站、预留小里站与城市组团中心耦合布局，站城一体开发，集合高铁城际、城市轨道、城市航站楼、旅游大巴、城市公交、慢行交通等交通方式，打造以绿色交通方式为主导的城市综合交通枢纽。

三是合理改建白洋淀站和白沟站交通枢纽。项目根据需要，改造白洋淀站和白沟站，预留建设综合交通枢纽的条件，依托既有铁路线，考虑未来提供长途客运、外来车辆接驳换乘、城市交通服务、货运物流中转等功能，打造成服务雄安新区北部外围组团的枢纽节点。

项目改造白洋淀站，利用津保铁路和京广高铁联络线，加强雄安新区与京广高铁沿线城市的联系。白沟站规划新建综合物流基地，服务雄安新区货物运输，承担生产生活性高铁货运功能。

项目打造高效集约的现代化物流设施；建设高品质、智能化、绿色化物流递送网络，构建由分拨中心、社区配送中心组成的两级城乡公共物流配送设施体系，分拨中心与对外交通枢纽一体布局，社区配送中心依托各城乡社区服务中心布局，服务雄安新区生产生活物资及快件集散；优化提升邮政普遍服务和机要通信设施，保障雄安新区安全和便利用邮；依托保定、北京大兴国际机场等周边运输距离适中的区域物流枢纽，结合高速公路、铁路等对外交通设施，重点布置生鲜冷链物流等专业化物流设施，提供高品质的区域物流服务；规划对外货运、城乡物流和末端配送 3 级物流通道网络。城市快速路、骨干道路、轨道交通共同联系各级配送节点，探索设置城市配送专用通道和配送车辆专用停靠泊位、装卸设施；合理利用城市轨道、综合管廊等地下空间，探索地下物流技术应用场景，建设地下智能物流空间；集约建设分拨中心、社区配送中心，为地下物流预留运输、分拣、配送等的作业空间，连接地下物流节点，形成地下物流网络。

CHAPTER 2

第 2 章

发展基础

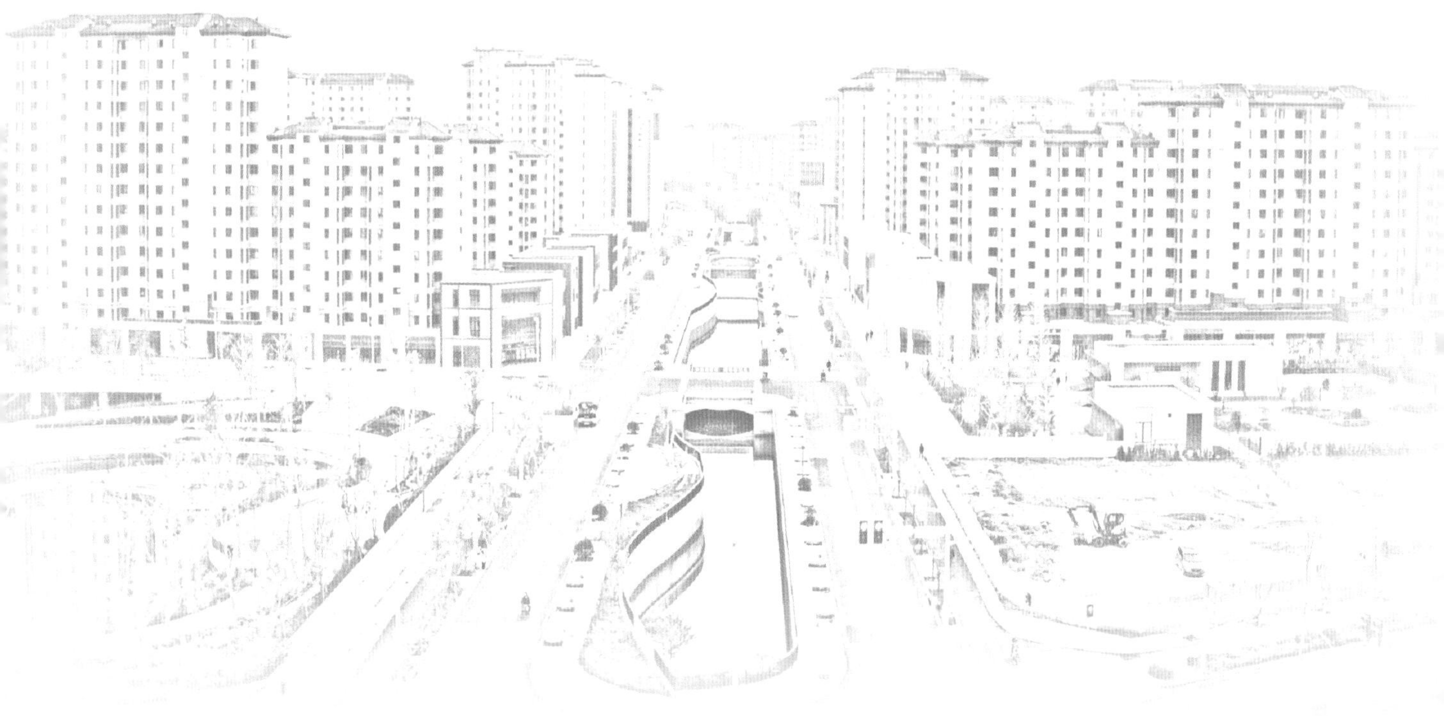

2.1

雄安新区城市发展历程

2.1.1 雄安新区概况

1. 综合概况

雄安新区是国家级新区，隶属于河北省，位于河北省中部，地处北京、天津、保定腹地，距北京、天津均为 105 千米，距石家庄约为 155 千米，距保定约为 30 千米，距北京大兴国际机场约为 55 千米（图 2-1）。其东接廊坊市固安县、霸州市、文安县，西与保定市清苑区、徐水区接壤，南临保定市高阳县、任丘市，北与保定市定兴县、高碑店市相连，起步区面积约为 100 平方千米，中期发展区面积约为 200 平方千米，远期控制区面积约为 2 000 平方千米，区位优势明显，交通便捷通畅，地质条件稳定，生态环境优良，资源环境承载能力较强，现有开发程度较低、发展空间充裕、具备高起点高标准开发建设的基本条件。

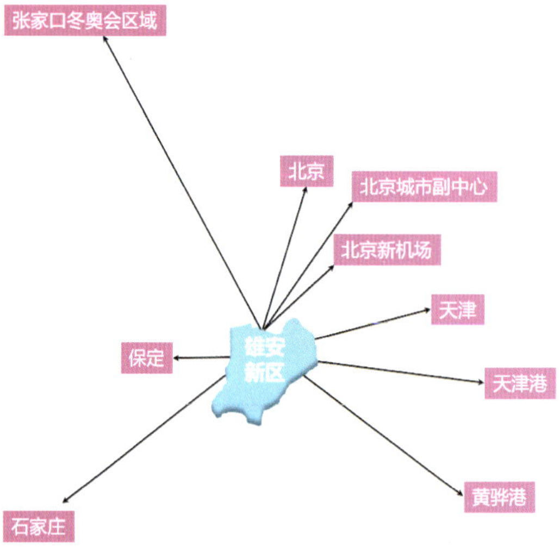

图2-1 雄安新区区位示意

2. 历史沿革

据考证，早在 7 000 年前即有人类在雄县、容城、安新等地聚居。在历史上，3 县曾先后属冀州、幽州、燕国、河北道、直隶省保定府等管辖。1928 年 6 月，直隶省改为河北省，三县属河北省保定道。1949 年 8 月，河北省人民政府成立，三县属天津专区。1949 年 10 月，中华人民共和国成立，三县改属保定专区。1994 年 12 月，保定地市合并，三县属保定市。2017 年 4 月，中共中央、国务院在此设立雄安新区。

3. 行政区划

雄安新区辖雄县、容城、安新 3 县，共辖 33 个乡镇 637 个行政村，其中雄县（含原任丘市鄚州镇、苟各庄镇、七间房乡）辖 12 个乡镇 287 个行政村，雄州镇为雄县县政府驻地镇；容城县辖 8 个乡镇 127 个行政村，容城镇为容城县县政府驻地镇；安新县（含原高阳县龙化乡）辖 13 个乡镇 223 个行政村，安新镇为安新县县政府驻地镇。东西横距约为 61 千米，南北纵距约为 53 千米。

4. 地形地貌

雄安新区位于太行山东麓、冀中平原中部、南拒马河下游南岸，在大清河水系冲积扇上，属太行山山麓平原向冲积平原的过渡带。雄安新区地势平坦，自西北向东南略有倾斜，地面坡降小于 2‰，海拔 5~26 米。容城县贾光乡一带地势最高，地面高程达 26 米；容城镇—晾马台镇以北地区高程多大于 15 米；三台镇—八于乡—赵北口镇—米家务镇一线以北地区以及龙化乡局部地区地势较高，地面高程多在 10~15 米；其他地区地面高程为 6~10 米；同口镇、七间房乡、赵北口镇、圈头乡等白洋淀及邻近地区地面高程低于 5 米。

5. 气象气候

雄安新区属于暖温带大陆性季风气候区，四季分明，夏季高温多雨，冬季寒冷干燥，春季温暖怡人，秋季天高气爽。受地理环境和季风的影响，全年盛行东北—西南走向的气流。气象灾害以干旱和洪涝灾害为主，此外还有强对流、高温、雾霾、沙尘等，气象灾害总体较轻，区域气候生态环境较好。

1）气温。雄安新区年平均气温为 12.5 °C，雄县最高，为 12.7 °C；安新县最低，为 12.2 °C；容城县为 12.6 °C；较北京、天津、石家庄等地偏低，这与大城市的热岛效应及雄安新区白洋淀水系的调节作用有关。年内，7 月份气温最高，1 月份气温最低，气温标准差 2 月份最大，8 月份最小。

2）降水。雄安新区平均年降水量为 480.8 毫米，雄县降水量最多，为 494.8 毫米；安新县最少，为 467.5 毫米；容城县降水量为 480.3 毫米。降水主要集中在 7~8 月份的雨季，降水量占全年的 67.6%，暴雨日数占全年的 92.9%；冬季降水最少，仅占全年的 1.9%。有气象观测记录以来，1988 年降水量最多，全区平均为 868.8 毫米；1975 年最少，为 258.2 毫米。

3）日照。雄安新区年均日照时数为 2 336 小时，新区内各地日照时数在 2 289~2 402 小时之间。安新县日照时数最多，为 2 402 小时；容城县最少，为 2 289 小时；雄县日照时数为 2 317 小时。春季日照时数最多，夏、秋季次之，冬季最少。

4）风速。雄安新区年平均风速为 1.63 米 / 秒，与保定和石家庄大部分地区相差不大，但较北京和天津的大部地区小；年平均风速标准差为 0.46 米 / 秒，较北京、保定和石家庄的大部分地区大，但较天津大部分地区小。年内，1 月份平均风速最小，4 月份平均风速最大。1961—2017 年，雄安新区年平均风速总体呈减小趋势，其中冬季减小程度最大，夏季最小。

5）蒸发量。雄安新区年蒸发量较小，平均为 1 572 毫米，大部分地区标准差为 200~220 毫米，白洋淀地区由于水体的调节作用，标准差更小，只有 171 毫米。年内，雄安新区 6 月份蒸发量最大，达 242 毫米；12 月份最小，不足 30 毫米。

6）暴雨。雄安新区平均年暴雨日数为 1.4 天，最长连续降水日数为 12 天（1977 年，容城县、安新县），最大日降水量为 263.4 毫米（1991 年 7 月 28 日，雄县），最大连续降水量为 306.7 毫米（1963 年，安新县）。1956 年、1963 年、1996 年及 2016 年，雄安新区多次遭受严重暴雨洪涝灾害，其中 1963 年海河特大洪水，暴雨强度之大，受灾面积之广，影响之重为近百年所罕见，特大暴雨致白洋淀水位上涨迅猛并达历史最高，造成了近 2 个月大面积长时间的洪涝灾害。

7）气象干旱。雄安新区平均年气象干旱（轻旱及以上）日数为 143.9 天，最长连续干旱日数为 291 天，较保定和石家庄大部分地区少，较北京和天津等地略少。1961—2017 年，雄安新区平均年干旱日数总体呈减少趋势，1999 年最多，达 291 天，1971 年、1975 年和 2006 年也都在 280 天以上。

8）高温。雄安新区平均年高温日数为 11.8 天，最多达 33 天（1968 年，容城县），极端最高气温达 41.2 °C（2000 年 7 月 1 日，容城县），高温日数较北京、天津等地多，极端最高气温高。雄安新区平均高温初日为 6 月 2 日，终日为 7 月 22 日，高温初日最早出现在 5 月 7 日（1986 年），终日最晚出现在 9 月 16 日（2000 年）。2000 年，雄安新区平均高温日数为 29 天，其中 7 月 1 日安新县、雄县和容城县最高气温分别达 41.0 ℃、40.9 ℃和 41.2 ℃。2018 年 6 月 20 日至 6 月 30 日，京津冀东南部出现持续高温天气，其中 6 月 27 日，雄县的最高气温达 40.4 ℃，容城县和安新县的最高气温均达 39.9 ℃。

6. 水文条件

雄安新区有南拒马河、大清河、白沟引河等河流，华北平原最大的淡水湖泊——白洋淀位于雄安新区东南部。白洋淀系大清河水系各支流冲积扇的前缘洼地，上承九河（潴龙河、孝义河、唐河、府河、漕河、萍河、杨村河、瀑河及白沟引河），下流入海，是雄安新区地势最为低洼的区域。

白洋淀淀区地势自西北向东南倾斜，主要由白洋淀、马棚淀、烧车淀等大小不等的 143 个淀泊和 3 700 多条壕沟组成，周边堤埝环绕，东有千里堤，西有障水埝、北四门堤和南四门堤，南有淀南新堤，北有新安北堤。

白洋淀东西长 39.5 千米，南北宽 28.5 千米。当最大水位达 10.5 米时，总面积约为 366 平方千米，蓄水量为 4.4 亿立方米，可调蓄库容为 2.9 亿立方米，平均水深 2~4 米。

当水位在 6.5 米以下时，视为干淀。受气候及入注河流上游河道截流的影响，白洋淀淀区水域面积年际变化大，水位不稳定。

1956—1964 年为湿期，年降水量为 672.0 毫米，年径流量为 57.4 亿立方米，年入淀水量为 24.7 亿立方米，年弃水量为 20.2 亿立方米。1965—1988 年，为干期，年降水量为 523.4 毫米，年径流量为 26.2 亿立方米，年入淀水量为 7.6 亿立方米，年弃水量为 4.9 亿立方米。白洋淀出现 11 年干淀，其中 1983—1988 年干旱最为严重，历史罕见；1988—1996 年，水位一直保持在 6.5 米以上。

白洋淀多年平均水资源总量为 4 124 万立方米。经“引黄入冀补淀”跨流域补水之后，白洋淀水位为 7.5 米（大沽高程），水量为 1.54 亿立方米，水域面积为 148.4 平方千米。白洋淀水域演变情况，如图 2-2 所示。

2021 年白洋淀淀区整体水质为Ⅲ类，化学需氧量、高锰酸盐指数和总磷 3 项主要指标同比下降了 16% 以上，稳定达到Ⅲ类水以上标准。2021 年，白洋淀水质从劣Ⅴ类全面提升至Ⅲ类以上标准，首次步入全国良好湖泊行列。

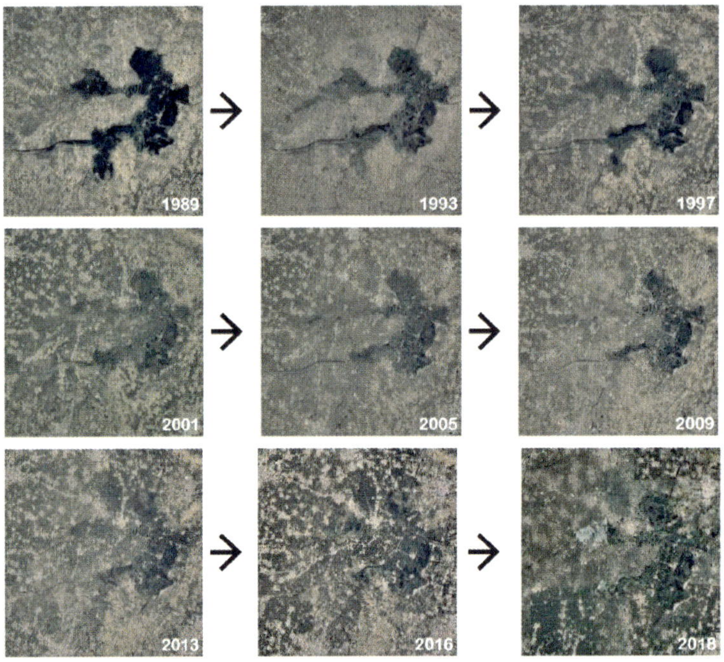

图2-2　白洋淀水域演变情况

2.1.2　雄安新区社会经济状况

1. 人口情况

雄安新区2020年第七次全国人口普查主要数据显示：雄安新区常住人口为1 205 440人，流动人口为187 330人。常住人口中，男性人口为625 996人，占51.93%；女性人口为579 444人，占48.07%。

在雄安新区常住人口中，0~14岁人口为264 845人，占21.97%；15~59岁人口为722 727人，占59.96%；60岁及以上人口为217 868人，占18.07%，其中65岁及以上人口为157 303人，占13.05%。

在雄安新区常住人口中，拥有大学（指大专及以上）文化程度的人口为71 723人；拥有高中（含中专）文化程度的人口为120 221人；拥有初中文化程度的人口为528 103人；拥有小学文化程度的人口为362 336人（以上各种受教育程度的人包括各类学校的毕业生、肄业生和在校生）。

在雄安新区常住人口中，居住在城镇的人口为567 164人，占47.05%；居住在乡村的人口为 638 276 人，占 52.95%。

在雄安新区常住人口中，流动人口为 187 330 人。其中，跨省流动人口为 59 172 人，省内流动人口为 128 158 人。

2. 经济发展

2018 年，雄安新区总体投资规模约为 3 000 亿元，主要集中在基础设施建设和产业发展两大方面。其中，超过 2 300 亿元的投资集中在铁路、公路、排水、生态修复、拆迁安置等基础设施建设方面。

2020 年，雄安新区努力克服复杂局势和疫情影响，整体经济逐季加快，全年生产总值完成 259 亿元，同比增长 20.35%。其中，第一产业增加值为 19 亿元，同比下降 19.7%；第二产业增加值为 92.7 亿元，同比增长 10.9%；第三产业增加值为 147.3 亿元，同比增长 36.6%。第一、二、三产业占比结构为 7.3%∶35.8%∶56.9%。

2021 年，雄安新区外贸进出口总值为 20.2 亿元，同比增长 64.4%。其中，出口额为 14.7 亿元，同比增长 46.4%；进口额为 5.5 亿元，同比增长 143.8%。

2022 年 8 月，全国首例数字人民币穿透支付业务在雄安新区成功落地，实现了数字人民币在雄安新区区块链支付领域应用场景的新突破。

三县农业经济发展较为平稳；工业发展总体较为缓慢，工业产业结构正处于转型阶段；旅游业和服务业发展势头强劲。随着雄安新区规划建设的推进，雄安新区产业结构形成了“三二一”发展态势。

3. 产业特征

（1）第一产业

雄安新区耕地面积为 958 平方千米，粮食作物以冬小麦、夏玉米和水稻为主，经济作物主要为薯类。

2018 年上半年，雄安新区完成农林牧渔业总产值 22.4 亿元，增长 9.6%；增加值为 13 亿元，增长 6.7%。

2020 年 7 月 10 日，雄安新区安新县现代农业产业园区项目启动，采用“农业 +”与“智慧 +”双轮驱动发展思路，融入科技、人文等元素，探索创意农业、认养农业、观光农业、都市农业等新业态。

（2）第二产业

2017 年 9 月 28 日，雄安新区首批落户前沿信息技术类企业 14 家、高端技术研究院 7 家、绿色生态企业 5 家。

截至 2020 年 3 月 19 日，雄安新区规模以上工业企业有 163 家，其中，亿元以上工业企业有 30 家。规模以下企业已复产数量为 874 家，其中雄县、容城县、安新县分别为 626 家、197 家、51 家。

截至 2020 年三季度末，雄安新区法人单位达 1.99 万个，同比增长 28.3%。

截至 2020 年 10 月，雄安新区有 100 多个重点工程项目建设进行施工。

2022 年，雄安新区全年在建项目为 428 个，完成固定资产投资增长 28.0%。首个央企产业集群入驻，其中 3 家央企总部开工建设。

截至 2023 年 1 月，雄安新区央企在雄安设立分公司、子公司及各类分支机构达 140 余家。

（3）第三产业

2017 年 9 月 28 日，雄安新区首批落户现代金融服务业企业 15 家、高端服务企业 7 家。

2018 年 3 月 22 日，中国工商银行、中国农业银行、中国银行、中国建设银行和交通银行在雄安新区设立河北雄安分行。

4. 交通发展现状

雄安新区交通建设在“十三五”时期得到了充分发展，截至目前，初步形成以高速、干线为骨干，铁路和民航等多种运输方式协调发展的综合运输体系。

（1）公路

雄安新区范围内现状形成了以高速公路为骨架，以国道、省道为主干的干线公路网络体系，通过现有干线公路网络体系可实现 2 小时通达北京市、天津市和石家庄市。路网现状见表 2-1。

1) 高速公路。雄安新区现状高速公路有 6 条，分别为津雄高速、沧榆高速、京港澳高速、大广高速、津石高速和京雄高速。

津雄高速（S3700）：雄安新区联系天津市和保定市的便捷高速通道。路线横向穿过雄安新区，位于容城县县城南侧、雄县县城北侧，在雄安新区范围内长度约为 50 千米，自东向西依次途经双堂乡、米家务镇、大营镇、朱各庄镇、晾马台镇、八于乡、容城镇和南张镇，共设雄县东、雄县、容城 3 个出入口。路线向东通往霸州市、天津市，向西通往徐水区、满城区，现状为双向四车道高速公路标准。

沧榆高速（G1812）：雄安新区联系河间市、沧州市方向和山西方向的高速公路通道。路线位于雄安新区以南，向东通往河间市、沧州市，向西通往、保定市、阜平县、五台县、忻州市、岢岚县、神木市、榆林市，现状为双向四车道高速公路标准。

京港澳高速（G4）：雄安新区西部过境交通的重要通道，也是现状雄安新区连接北京市和石家庄市的重要高速公路。路线向北通往定兴县、高碑店市、涿州市、北京市，向南通往保定市、清苑区、望都县、定州市、石家庄市，现状主要为双向八车道高速公路标准。

大广高速（G45）：雄安新区东部过境交通的重要通道，也是现状雄安新区连接北京及北京新机场（在建）的重要高速公路。线路位于雄县县城东侧，在雄安新区范围内长度约为 22 千米，自北向南依次途经米家务镇、双堂乡、昝岗镇、张岗镇、龙湾镇、苟各庄镇、鄚州镇和七间房乡，共设雄县、鄚州 2 个出入口。线路向北通往固安县、北京市，向南通往任丘市、高阳县、肃宁县、衡水市，现状主要为双向六车道高速公路标准。

津石高速（G0211）：雄安新区南部过境交通的重要通道，也是雄安新区连接天津市、天津港方向及石家庄市方向的重要高速公路。路线向东通往任丘市、文安县、天津市，向西通往高阳县、博野县、安国市、石家庄市，按双向六车道高速公路标准建设。

京雄高速（S3601）：雄安新区北部过境交通的重要通道，也是连接雄安新区和北京市的重要高速公路。路线向北通往高碑店市、涿州市、北京市房山区，河北段已于 2021 年 5 月通车运行。

2）国省干线公路。雄安新区内国省干线公路主要有 G106、G107、G112、S235（G230）、S334（G336）、S333（S322）、S042（S227）、S043（S225）、S381、S331 和白洋淀大道。

国道 G106：雄安新区东部过境交通的重要通道，是大广高速公路的辅助通道。路线过境雄安新区鄚州镇，向北通往文安县、霸州市、固安县、北京市，向南通往河间市、献县、衡水市，现状为一级公路标准，双向四车道，长度约为 13 千米。

国道 G107：雄安新区西部过境交通的重要通道，是京港澳高速公路的辅助通道。路线向北通往定兴县、高碑店市、涿州市、北京市，向南通往保定市、清苑区、望都县、定州市、石家庄市，现状为一级公路标准，双向四车道。

国道 G112：雄安新区北部过境交通的重要通道，是雄安新区联系保定的重要通道。路线向东通往霸州市、天津市，向西通往高碑店市、涞水县、易县、涞源县，现状为一、二级公路标准，双向四车道，长度约为 10 千米。

省道 S235（国道 G230）：又称容蠡线，总长度约为 38 千米，是雄安新区联系北京市的重要通道。路线纵向穿过雄安新区容城县城、起步区、安新县城，向北通往高碑店市、涿州市、北京市，向南通往高阳县、蠡县、博野县、安国市，现状为一、二、三级公路，主要为双向四车道。

省道 S334（国道 G336）：又称保静线，是雄安新区联系天津市和保定市的重要通道。路线横向穿过雄安新区雄县县城、起步区、安新县城，向东通往文安县、天津市，向西通往保定市、满城区、涞源县，现状为一、二级公路，在雄安新区范围内总长度约为 65 千米，其中安州镇至大王镇的 18 千米与 S235 并线，主要为双向四车道。

省道 S333（省道 S322）：又称津保北线，是雄安新区联系廊坊市和保定市的重要通道。

路线横向穿过雄安新区，位于容城县城北侧，途经南张镇、容城镇、八于乡、晾马台镇，再经由白沟，联系雄县大营镇和米家务镇；向东通往霸州市、廊坊市，向西通往徐水区、保定市，在雄安新区范围内总长度约 32 千米；现状为一、二级公路，主要为双向两车道，局部段为双向四车道。

省道 S042（省道 S227）：又称白沟连接线，是容城、白沟、雄县之间联系的重要通道。总长度约为 16 千米，途经晾马台镇和朱各庄镇。路线位于雄安新区内部，现状一、二级公路，荣乌高速以北为双向六车道，荣乌高速以南为双向四车道。

省道 S043（省道 S225）：又称温泉城连接线，由温泉城至荣乌高速雄县东出入口，总长度约为 25 千米，是雄安新区联系北京市的重要通道、大广高速公路的辅助通道。路线起自雄县县城，向北通往固安县、北京市，现状为二级公路标准，双向四车道。

省道 S381：是雄安新区南部过境交通的重要通道，雄安新区联系天津市和保定市的重要通道。路线向东通往任丘市、大城县、天津市，向西通往保定市，现状为一、二级公路，主要为双向四车道。

省道 S331：又称保沧线，联系保定市区和沧州市区。路线位于雄安新区南部，途经芦庄乡，在雄安新区范围内长度约为 4 千米。

白洋淀大道：是雄安新区联系保定市的重要通道。路线起自安州镇西侧与保新线相接，向西经膳马庙、贾辛庄等，下穿京石铁路客运专线，止于京港澳高速七一路互通，现状为一级公路标准、双向四至六车道。

截至 2022 年，雄安新区道路总里程为 461 千米，其中包括主干路 301 千米、次干路 38 千米、支路 122 千米；对外交通完成 235 千米的“四横三纵”对外高速公路网建设，实现雄安新区进入北京 1 小时交通圈；形成 90 千米的外围交通环线和 52 千米的内环线，实现内外环线互联互通，像“串珍珠”一样串联起重点片区项目。雄安新区境内普通国、省干线路网等级分布情况如图 2-3 所示。

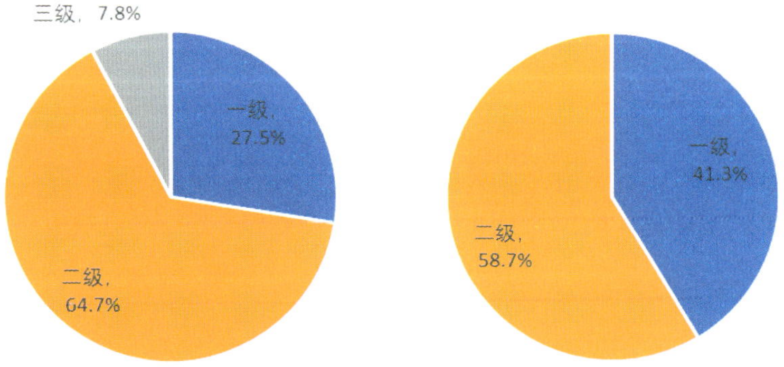

（a）　　　　（b）

图2-3　雄安新区普通国、省干线路网等级分布现状
（a）普通国道　（b）普通省道

（2）铁路

雄安新区现状共有 5 条铁路线路，分别为津保铁路、京广铁路、京广高铁、京九铁路和京雄城际铁路。

1）津保铁路：线路总长 157.8 千米，客运时速为 200 千米 / 小时，天津西站至霸州西站之间为津霸客运专线，为高速铁路；霸州西站至徐水站为客货共线的霸徐铁路，为快速铁路。全线高快结合为捷运铁路。全线共设 7 座车站，其中，雄安新区内设白洋淀站和白沟站。线路向东衔接天津市，向西衔接河北保定市，自天津西站高速车场引出，经霸州市、雄县至保定站。

2）京广铁路：线路总长 2 263 千米，客运时速为 160 千米 / 小时，铁路级别为国铁 I 级，全线共设 210 座车站。线路起于北京市，经过华北平原、江汉平原、洞庭湖平原、湘东丘陵、衡阳盆地、南岭、珠江三角洲多个地区。

3）京广高铁：线路总长 2 298 千米，客运时速为 300 千米 / 小时，铁路级别为高速铁路，全线共设 37 座车站。线路连接北京市和广州市，途经河北省、河南省、湖北省、湖南省、广东省等多个省份，是京港高速铁路（北京至香港）的重要组成部分。

4）京九铁路：线路总长 2 407 千米，客运时速为 160 千米 / 小时，铁路级别为国铁 I 级，全线共设 177 座车站。线路起于北京市，经华东地区、华南地区、珠江三角洲止于香港，途经河北省、河南省、湖北省、安徽省、广东省等多个省份和香港。

5）京雄城际铁路：线路总长 106 千米。北京段（北京西站至大兴机场站）全长 47 千米，设计速度为 250 千米 / 小时，河北段（大兴机场站至雄安站）设计速度为 350 千米 / 小时；全线铁路等级为高速铁路。全线共设 6 座车站，其中，雄安新区内设雄安站。线路衔接北京市和雄安新区，起于北京西站，经北京大兴区、北京大兴国际机场、固安县、霸州市，终至雄安新区雄县，是京昆高铁的重要组成部分，已于 2020 年底全线投入运营。

截至目前，雄安新区及周边主要有京广客专及京广、京九、津保、津霸、京雄等 6 条铁路。其中，京广高铁过境雄安新区西北部，在雄安新区西侧设有保定东站；津保铁路由东向西横穿雄安新区，在雄安新区内设有白洋淀站和白沟站；京雄城际铁路在雄安新区内设雄安站。

（3）水运

1）码头。安新县的水运在北宋时期已具雏形。境内赵北口为水陆交通中转站，曾为盛极一时的水陆码头。清末民初，安新已形成新安、安州、北六、赵北口、端村、同口、北马庄等水陆码头。中华人民共和国成立后，县政府和内河航运管理局对码头进行整顿。从天津发往容城、固安、易县、徐水一带的货物，在北六陈家湾码头卸货；从当地发往天津、保定的货物，在端村、安州、同口、北马庄、新安码头装船。码头随水运的兴衰而演变。1988年，白洋淀重新蓄水后，仅存有安新县城东关、南关、端村、杨庄、赵北口码头。水区村庄水路相连，各村均有临时停泊的简易码头。

白洋淀现有各类码头或渡口34个，其中雄县5个、安新县29个。按主要功能划分，这些码头包括综合客运码头3个（安新旅游码头、雄县温泉城码头、大口子码头），村民出行码头或渡口23个，以及集中于景区的景点停靠码头8个。白洋淀码头现状情况见表2-1。

表2-1　白洋淀码头现状情况统计表

码头分类	数量	码头名称	位置	岸线长度/米	后方设施
综合客运码头	3	安新旅游码头	安新镇大张庄村	317	管理服务中心、客运广场、停车场
		雄县温泉城码头	雄县温泉城1号路	357	
		大口子码头	鄚州镇李广村	500	
村民出行码头、渡口	23	东关客运码头	安新县城东关	170	没有其他附属设施、设备
		七间房码头	七间房村西	60	
		枣林庄码头	枣林庄枢纽附近	90	
		其他小规模码头	各个水村	20~-50	
景区码头	8	荷花大观园、文华苑等景点码头	各景点	30~300	没有其他附属设施、设备

2）水上航运。既有陆路运输又有水路运输是白洋淀片区交通运输的一大特色。白洋淀航道最早始于宋代，兴于明清，清康熙、乾隆年间，曾有“舟船云集，车马夜达”的美誉。民国时期，白洋淀内有主要航道11条，总长为183千米。淀区内水路四通八达，34个水村和38个半水村均可通航，最大航道可行100吨的船只。长途航线是由保定至天津的航道。短途航线有瀑河、漕河、萍河航道。中华人民共和国成立后，安新县政府积极发展水上航运，发挥白洋淀水资源优势，以府河、大清河为主，以潴龙河为辅，形成东西水运航道。20世纪60至80年代中期，受气候影响，白洋淀逐年干涸，至1983年水运完全停止。1988年9月，白洋淀重新蓄水，淀内航运又呈新貌。39个纯水村户户有船，村村相连，四通八达；有主要航运16条，并开设专线航班。但长途航运限于白洋淀多年干涸、航道被毁等因素，一直未发展起来。随着近年来旅游业的快速发展，白洋淀旅游人数逐年增长，自雄安新区成立以来，客运量更呈现出井喷式增长趋势，2018年白洋淀客运人数已达到271万人次，日最大接待旅游人数近5万人次，水上交通运输日渐繁忙。

此外，冬季冰上运输是白洋淀水运交通的又一特点，也是一大奇观。冰床是白洋淀冬季运输的主要工具，方便快捷。

淀内航道多为天然沟壕经人工挖掘形成，纵横交错，迂回曲折，航道宽度随水位高低而变化，多处较为狭窄。自 20 世纪 50、60 年代疏浚后，航道至今未得到过全面疏浚整治，淤积现象严重，部分航段已断航，通航条件亟待改善。笔者结合现状水运交通情况，梳理出 29 条常用航道。白洋淀淀区主要码头和航道见表 2-2。

表 2-2 白洋淀淀区主要码头和航道现状统计表

序号	航线	航道水面宽度 / 米	水深 / 米	通航里程 / 千米	备注
1	保津航道	26	5.5	19.84	—
2	安新码头—元妃荷园	54.62	3.2	1.28	—
3	元妃荷园—郭里口渡口	29.95	3.5	3.73	—
4	郭里口渡口—温泉城码头	31.18	3.1	2.83	有一条水泥路
5	东关码头—休闲岛	22.1	3.9	3.12	—
6	元妃荷园—文化苑	26.3	3.4	3.12	—
7	文化苑—休闲岛	41.53	3.1	1.81	—
8	郭里口渡口—赵庄子码头	21.83	3	2.26	—
9	赵庄子码头—杨庄子码头	13.62	2.8	2.44	—
10	休闲岛—寨南码头	24.38	3.4	3.11	—
11	寨南码头—王家寨码头	29.95	2.9	2.51	—
12	王家寨码头—邵庄子码头	26.27	3.6	4.04	—
13	寨南码头—邵庄子码头	28.11	3.3	5.46	—
14	寨南码头—大淀头码头	26.07	4.1	3.65	有一条堤顶路
15	邵庄子码头—桥东码头	23.92	4	6.46	—
16	邵庄子码头—大口子码头	17.5	3.9	6.25	—
17	大口子码头—枣林庄码头	19.75	4	7.19	有一条水泥路
18	大淀头码头—桥西码头	29.11	4.2	4.12	有一条水泥路
19	大淀头码头—东堤码头	42.54	2	3.93	有一条堤顶路
20	桥西码头—大田庄码头	29.11	3.7	3.58	—
21	桥东码头—西大坞码头	20.64	3.8	4.58	—
22	大口子码头—西大坞码头	30.46	3.6	4.3	有一条堤顶路
23	西大坞码头—采蒲台码头	24.79	3.7	2.95	—
24	采蒲台码头—大田庄码头	17.25	3.8	3.74	—
25	东堤码头—大田庄码头	32.47	3	3.71	有一条水泥路
26	辛庄码头—杨四码头	22.74	3.8	3.44	—
27	杨庄码头—西堤码头	35.1	3.9	1.52	—

续表

序号	航线	航道水面宽度 / 米	水深 / 米	通航里程 / 千米	备注
28	大田庄码头—杨庄码头	23.87	3.7	5.66	—
29	采蒲台码头—七间房码头	13.91	3.6	3.92	—

（4）航空

截至 2019 年底，雄安新区周边有 4 个大型运输机场，分别为北京大兴国际机场、北京首都国际机场、天津滨海国际机场和石家庄正定国际机场。雄安新区境内通航的通用机场有 1 个，位于任丘市鄚州镇，为 B 级跑道型机场。雄安新区周边输机场详细信息见表 2-3。

表 2-3　雄安新区周边运输机场一览表

序号	机场名称	飞行区等级	跑道数	航站楼面积 / 万平方米	设计能力		2019 年吞吐量	
					旅客吞吐能力 / 万人次	货邮吞吐能力 / 万吨	旅客吞吐量 / 万人次	货邮吞吐量 / 万吨
1	北京首都国际机场	4 F	3	140	7 600	237	10 001	196
2	北京大兴国际机场	4 F	4	70	7 200	200	314	0.7
3	天津滨海国际机场	4E	2	27.3	2 500	60	2 381	22.6
4	石家庄正定国际机场	4E	1	21	2 000	25	1 192	5.3

雄安新区距北京大兴国际机场约 72 千米，该机场内部实现了公路、轨道交通、高速铁路、城际铁路等不同运输方式的立体换乘、无缝衔接。旅客可通过雄安机场快线直达机场，行程时间约为 30 分钟。

雄安新区距首都国际机场约 137 千米，目前主要有原荣乌高速、大广高速及干线公路与其进行衔接，机动车行驶时间约为 3 小时。

雄安新区距天津滨海国际机场和石家庄正定国际机场均约 127 千米，目前主要有原荣乌高速和京港澳高速及干线公路与其进行衔接，机动车行驶时间分别约为 2 小时和 3 小时。雄安新区与天津滨海国际机场、石家庄正定国际机场也可分别通过津雄城际铁路和京广高速铁路实现衔接，乘坐高速铁路的行程时间大约为 1 小时。

雄安新区周边的航空设施基本满足雄安新区的客运出行需求，随着北京大兴国际机场的开通运营，雄安新区的航空运输将更加方便快捷。

2.1.3 交通系统运营组织

1. 公交

（1）雄安站客运接驳

在雄安新区，高铁巴士、出租车及相关客运班线与高铁雄安站同步开通运营，这为雄安站和京雄城际提供了有力的接驳保障。

● **雄安站高铁巴士**

1）雄安站—容城线路。该线路连接雄安站及 P1 停车场，全程长约 30 千米，单程时间约为 45 分钟，票价为 10 元 / 人次。线路设置：E3 路—西侧干路—K1 快速路—荣乌高速—津海大街—奥威东路。

2）雄安站—雄县线路。该线路连接雄安站及雄县汽车站，全程约 7 千米，单程时间约为 17 分钟，票价为 2 元 / 人次。线路设置：E3 路—西侧干路—保静公路—雄州路。

雄安站高铁巴士线路如图 2-4 所示。

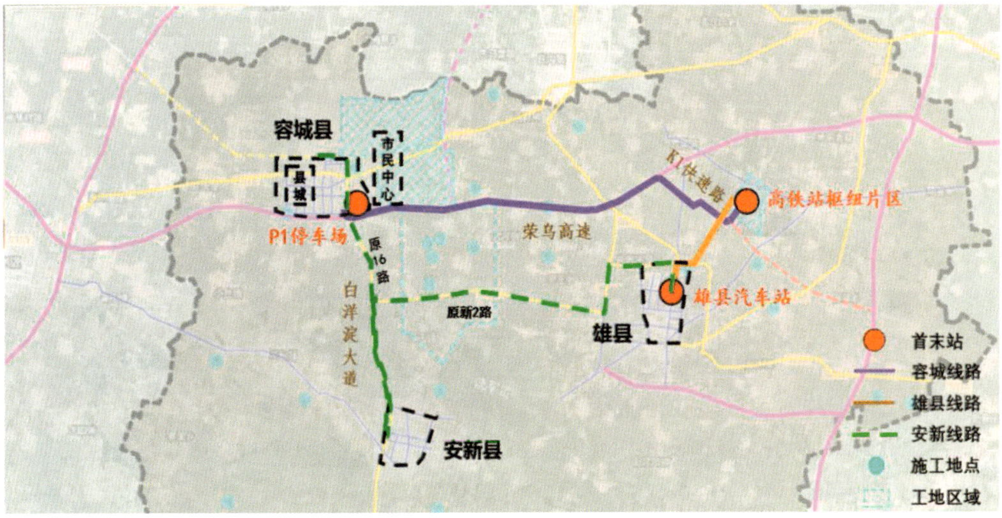

图2-4 雄安站高铁巴士线路

● **雄安站出租车服务**

2022 年，雄安站新增 87 辆以公车公营模式运营的出租车，按 3 县目前出租车票价收费，重点服务雄安站的来往旅客。3 县出租车公司按照分配的指标数量采购车辆，雄安新区及 3 县交通运输主管部门负责监管和指导各出租车公司的运营、管理。雄安站出租车外观如图 2-5 所示。

图2-5 雄安站出租车（组图）

● **雄安站客运班线**

保运集团开通高铁雄安站至高阳、任丘、文安、白沟共 4 条客运线路，运营车辆均为纯电动新能源汽车。

1）高铁雄安站—高阳：全程 77 千米，票价 23 元。高铁雄安站首班发车时间为 10:00，末班发车时间为 15:30；高阳首班发车时间为 7:30，末班发车时间为 13:00。

2）高铁雄安站—任丘：全程 50 千米，票价 15 元。高铁雄安站首班发车时间为 8:30，末班发车时间为 14:00；任丘首班发车时间为 10:30，末班发车时间为 16:00。

3）高铁雄安站—文安：全程 56 千米，票价 17 元。高铁雄安站首班发车时间为 8:30，末班发车时间为 14:00；文安首班发车时间为 10:30，末班发车时间为 16:00。

4）高铁雄安站—白沟：全程 15 千米，循环发车，实行一票制，票价 5 元。高铁雄安站首班发车时间为 6:30，末班发车时间为 21:10；白沟首班发车时间为 6:00，末班发车时间为 20:30。

（2）容东片区定线接驳车服务

目前，雄安新区在容东建设片区、市民服务中心片区范围内开展定线接驳车服务、弹性接驳车服务及临时城市交换中心（CEC）运营服务。其中，临时 CEC 运营服务共涉及 7 个临时 CEC，即 1~4 号临时 CEC、1~2 号配套施工期自行车临时停车场（非机动车停车场）及市民中心停车场（P1 停车场）。容东片区定线接驳车线路概况见表 2-4。

表 2-4 容东片区定线接驳车线路概况

<table>
<tr><th>线路名称</th><th colspan="2">线路概况</th><th>发车标准</th></tr>
<tr><td rowspan="4">容东片区 L1 线</td><td>运行线路</td><td>容东片区内部线路</td><td rowspan="12">高峰时段（05:00—08:00）（17:00—20:00）车隔 10 分钟，夜间时段（21:00—00:00）车隔 30 分钟，凌晨时段（00:00—05:00）车隔 60 分钟，其他平峰时段车隔 20 分钟；当客流量大时，额外增加车次，确保人满即发车</td></tr>
<tr><td>线路长度</td><td>8.9 千米</td></tr>
<tr><td>站点数量</td><td>14</td></tr>
<tr><td>收费规则</td><td>1 元 / 人次</td></tr>
<tr><td rowspan="4">容东片区 L2 线</td><td>运行线路</td><td>容东片区内部线路</td></tr>
<tr><td>线路长度</td><td>7.6 千米</td></tr>
<tr><td>站点数量</td><td>14</td></tr>
<tr><td>收费规则</td><td>1 元 / 人次</td></tr>
<tr><td rowspan="4">容东片区 L3 线</td><td>运行线路</td><td>容东片区内部线路</td></tr>
<tr><td>线路长度</td><td>6.7 千米</td></tr>
<tr><td>站点数量</td><td>11</td></tr>
<tr><td>收费规则</td><td>1 元 / 人次</td></tr>
<tr><td rowspan="4">市民服务中心
工作接驳车</td><td>运行线路</td><td>连接 P1 停车场和市民服务中心</td><td rowspan="4">高峰时段：5 分钟或人满即发车
凌晨时段：按需发车
平峰时段：车隔 15 分钟</td></tr>
<tr><td>线路长度</td><td>2.5 千米</td></tr>
<tr><td>站点数量</td><td>2</td></tr>
<tr><td>收费规则</td><td>0 元 / 人次</td></tr>
<tr><td rowspan="4">市民服务中心
游客接驳车</td><td>运行线路</td><td>连接 P1 停车场和市民服务中心</td><td rowspan="4">车隔 20 分钟</td></tr>
<tr><td>线路长度</td><td>3 千米</td></tr>
<tr><td>站点数量</td><td>2</td></tr>
<tr><td>收费规则</td><td>1 元 / 人次（暂未启动收费）</td></tr>
</table>

（3）通勤定线班车

通勤定线服务容城县老城区与市民服务中心之间的工作通勤，目前未启动收费。通勤定线班车线路概况见表 2-5。

表 2-5 通勤定线班车线路概况

<table>
<tr><td rowspan="4">定线班车
（通勤 + 夜间回家）</td><td>运行线路</td><td>连接容城县老城区及市民服务中心</td><td rowspan="4">高峰时段：车隔 15 分钟
夜间时段：车隔 1 小时</td></tr>
<tr><td>线路长度</td><td>13.8 千米（环线）</td></tr>
<tr><td>站点数量</td><td>8</td></tr>
<tr><td>收费规则</td><td>1 元 / 人次（暂未启动收费）</td></tr>
</table>

2. 停车

（1）容东片区临时 CEC

容东片区 1 号临时 CEC 于 2020 年 9 月 10 日开始运营，共有 1 400 个立体车位。3 号、4 号临时 CEC 于 2020 年 11 月 9 日正式运营，3 号 CEC 共有 1 074 个立体车位，4 号 CEC 共有 1 200 个立体车位。容东片区临时 CEC 收费标准（基准价格）见表 2-6。

表 2-6　容东片区临时 CEC 收费标准（基准价格）

车型	停放时间 ≤ 48 小时		停放时间 >48 小时	月租方式
	收费价格 /（元 / 小时）	24 小时最高限价 / 元	收费价格 /（元 / 天）	收费价格 /（元 / 月）
小汽车	3	15	10	150+n×2（n 为出行次数）
中巴车	5	40	—	—
大巴车	10	80	—	—
非机动车	免费			

当地设置停车收费动态调整机制，当连续 10 个工作日停车泊位占有率进入动态调整机制设定的范围之内，则启动调价程序，调整后的价格在次月实施。容东片区临时 CEC 及 P1 停车收费标准动态调整机制见表 2-7。

表 2-7　容东片区临时 CEC 及 P1 停车收费标准动态调整机制

停车泊位占有率		调整机制
小汽车停车泊位占有率	高于 80%	在现收费标准基础上提高 20%，其中月租方式不调整
	60%~80%	不调整
	低于 60%	在现收费标准基础上降低 20%，其中月租方式不调整
大巴、中巴停车泊位占有率	高于 80%	在现收费标准基础上提高 20%
	60%~80%	不调整
	低于 60%	在现收费标准基础上降低 20%

（2）容东片区 P1 停车场

P1 停车场至今未启动收费，共有 894 个车位，目前所有车位均可正常使用。

（3）容东片区地下停车场

容东片区地下停车场已明确完全由政府回购，这将为落实“以静制动”限制小汽车出行的交通政策打下良好基础。目前，地下停车场的机动车车位约为 56 000 个，其中住宅车位约为 53 000 个（已租赁车位约 13 000 个），公共服务车位有 1 200 余个，商业车位有 900 余个，商业及公共服务车位基本紧挨路侧设置。容东片区小区配建地下停车场收费标准见表 2-8，后继根据雄安新区相关政策动态调整。

表 2-8　容东片区小区配建地下停车场收费标准

车位类型	停车时长	收费标准
长租车位	不限制	300 元 / 月
临停车位	1 小时内	免费
	1~2 小时（含 1 小时）	1 元
	2~24 小时（含 24 小时）	1 元 / 小时（24 小时封顶 20 元）
	大于 24 小时	累计收费

2.2 三县交通发展情况

2.2.1 雄县

1. 综合概述

雄县位于东经116°01′~116°20′、北纬38°55′~39°10′之间的区域，太行山东麓，冀中平原中部；位于京津冀城市群，东临霸州市和固安县，南临文安县和任丘市，西南隔白洋淀与安新县相望，西临容城县，北临高碑店市。根据《河北雄安新区规划纲要》，雄安新区将规划形成“一主、五辅、多节点”的城乡空间格局。雄县位于雄安新区东部、起步区东侧，外围五组团中的雄县组团及昝岗组团均在雄县境内。位于雄县昝岗镇的雄安站是雄安新区最早建设的区域轨道交通站点，同时也是雄安新区重要的高铁枢纽。京雄城际及京港台铁路是雄安新区与北京、天津、保定、石家庄等城市的重要交通纽带。雄县县域总面积约为677.65平方千米，户籍总人口约为49.05万人。

（1）行政区划

雄县下辖8镇4乡，分别为雄州镇、昝岗镇、大营镇、龙湾镇、朱各庄镇、米家务镇、鄚州镇、苟各庄镇、北沙口乡、双堂乡、张岗乡和七间房乡，共辖287个行政村。

（2）空间特征

雄县是典型的冀中地区平原城镇，各乡镇、村庄主要以乡镇政府所在地及村委会所在街道为核心，向外延伸，建成区外部沿主要交通线发展。村庄分布比较分散，内部配套有公共服务设施等，居民以“独户独院”为主要居住方式。

雄县以赵王河为界，北部与南部呈现出较为不同的村庄形态及特征。北部村庄以冀中传统村落为主，多数村庄零散分布，村庄道路以东西向及南北向为主。

南涞河村、北涞河村，一铺东村、一铺西村、一铺南村，板东村、板西村、板北村，八东村、八西村、八南村、八北村等集中连片发展或由同一行政村析置发展。此外，龙湾镇龙西村等村庄以村中古槐树为中心向外围自然发展，空间形态及布局特征突出。南部村庄距离白洋淀淀区较近，村庄形态整体比较自由，如西大坞一村、西大坞二村、西大坞三村、西大坞四村及七间房村、辛口子村等淀边村，沿白洋淀千里堤布局。

雄县呈典型的宋代军事城市的城防布局，经宋代李允则的扩城，雄州城郭南北狭长，“城周九里三十步”，“T”字形骨架，基本按《周礼·考工记》中的传统古城形制布局。

雄县县城作为县政府所在地，整体发展较好，南北向的雄州路及东西向的铃铛阁大街作为城市的十字轴线支撑起整个县城的城市结构，公共服务设施主要分布于雄州路及铃铛阁大街两侧。城区有 3 处较大的公园，分别为县政府前市民公园、铃铛阁大街与温泉路十字路口东北角的温泉湖公园及县城西南角位于大清河东岸和北岸的大清河公园。

2. 道路交通

（1）交通干道

雄县交通区位优越，公路联运交通便捷。县域骨干路网系统已初步形成，东西方向、南北方向均有高速公路连接。县域北部有铁路站点及多条国道、省道，整体道路基础较好；县域南部高等级道路主要以南北向为主，尚有很大提升空间。

1）铁路交通。雄县县域内有铁路 1 条，为津保铁路。津保铁路位于雄县北部，自东向西贯穿雄县县域，在东西方向连接天津市和保定市，自东向西依次途经双堂乡、米家务镇、大营镇、朱各庄镇，在雄县县域内长度约为 23.8 千米；在朱各庄镇东王槐村与西王槐村之间设有白沟站（图 2-6），兼具客运、货运功能。

图2-6 白沟站及站前广场（组图）

2）公路交通。雄县现状高速公路共有 3 条，分别为荣乌高速、大广高速和大广高速白洋淀支线。荣乌高速位于雄县北部，自西向东依次途经朱各庄镇、大营镇、米家务镇和双堂乡，在雄县县域内共设有两个出入口，分别为位于朱各庄镇的雄县出入口及位于米家务镇的雄县东出入口。大广高速位于雄县东部，由北向南贯穿全县，依次途经米家务镇、双堂乡、昝岗镇、张岗镇、龙湾镇、苟各庄镇、鄚州镇和七间房乡，在雄县县域内共设雄县、鄚州 2 个出入口。大广高速白洋淀支线位于雄县县城以南，途经雄州镇和龙湾镇，由大广高速经雄州镇大阴村向西连接至白洋淀收费站，与大广高速雄县连接线相接。

截至 2018 年 7 月，雄县县域内除高速公路外，有国道、省道公路共 7 条。其中，国道分别为 106 国道和 112 国道，106 国道为双向四车道一级公路，112 国道为双向二车道二级公路。106 国道主要途经县域南部的苟各庄镇和鄚州镇，县域内长度为 13.01 千米。112 国道途经县域北部北沙口乡和米家务镇，县域内长度为 10.4 千米。省道共有 5 条，分别为 S042、S043、S333、S334 及大广高速雄县连接线。其中 S042 为白沟连接线，联系白沟、荣乌高速及雄县县城，从朱各庄镇至雄州镇雄州路北口雄州牌坊处，县域内长度为 12.79 千米。S043 为温泉城连接线，由温泉城至雄县县城、向东北至龙湾镇、昝岗镇、米家务镇、荣乌高速雄县东出入口，县域内长度为 24.5 千米。S333 为津保公路，位于雄县县域北部，途经大营镇和米家务镇，县域内长度为 10.07 千米。S334 为保静线，由雄安新区起步区自西向东经朱各庄镇、雄州镇、龙湾镇，至霸州市，县域内长度为 23.58 千米。大广高速雄县连接线全长 17 千米，由大广高速白洋淀支线及省道两部分组成，其中省道部分全长 8.5 千米，东起大广高速白洋淀支线西起点白洋淀收费站，向西延伸至白洋淀。雄县县域内基础道路格局已形成，赵王新河以北 9 个乡镇道路等级明确，体系相对完整，高速公路、国道、省道、县道联系比较密切；赵王新河以南 3 个乡镇高等级道路较少，缺少东西向联系。图 2-7 为 S043 省道雄县段现状。

图2-7　S043省道雄县段（组图）

(2)镇村交通

雄县县域内主要道路与外部省道、乡道相连，交通便利。乡镇镇区道路已全部完成硬化，多数路面情况较好，部分道路存在缺少维护、路面塌陷等情况。村庄道路以南北方向为主，多数村庄设有明确的村庄入口标识。村庄内道路多数已完成硬化，部分道路为砖石路或土路，路面不够平整，对村民出行有一定影响。

(3)城乡公交

2019 年，雄县共有城乡公交线路 18 条、运营公交车辆 171 台。其中城市公交线路有 6 条，运营车辆 80 台；农村客运有 12 条线路，包括 5 条与邻县的连通线路，运营车辆 91 台。城乡公交线路存在一定缺失，鄚州镇、苟各庄镇及七间房乡缺少公交联系。

3. 市政基础设施

雄县供排水系统面临发展瓶颈，给水系统集中供水普及率低，未来发展面临水源单一、安全保障率较低等问题。污水处理设施已达到满负荷运行状态。镇区及各村庄供排水设施整体缺乏，仅能满足最基本的需求。垃圾填埋场库容将满，垃圾缺乏处理出路。天然气普及率较低。供热方式粗放、落后，无法满足环保要求，需清洁化改造。能源供应系统基本可保障当前需求，但无法满足远期发展要求，尤其是 220 千伏供电网络需要进一步强化，村镇内通信基础设施有待进一步加强。

(1)供水系统

雄县现状供水方式为集中供水和分散供水并存，水源为南水北调水与地下水。南水北调天津干线雄县段总长 15.69 千米，雄县输水管道从南水北调天津干渠取水，线路全长 11.22 千米。管道设计流量规模为 0.49 立方米 / 秒。雄县仅设有 1 处集中供水水厂，为雄县地表水厂，水源为南水北调水，设计日供水量为 3.5 万立方米。2018 年，雄县地表水厂年供水量为 1 200 万立方米，最大日供水量为 9 000 立方米。

(2)排水系统

雄县县城主要道路下敷设排水管网，排水方式为分流制与合流制并存，雨水管网管路总长度为 21 214 米，管径为 800~2 000 毫米；污水管网管路总长 19 907 米，管径为 500~2 000 毫米；雨污合流管网管路总长 24 000 米，管径为 600~1 200 毫米。县域内有 2 座污水处理厂，分别位于雄州镇和龙湾镇（城东）。县城污水处理厂已满负荷运行，不能完全处理城区污水管网收集的污水，且处理后的非冬季污水的氨氮超标，需提标改造，城区下游段水体污染严重。各乡镇基本无排水设施，排水方式为自排水，雨水沿路排放，厕所以旱厕为主。排水设施及管网系统普遍缺乏，尤其是农村地区以明渠排水、散排水为主，污染控制能力亟待提升。

（3）供电系统

雄县县域内供电设施分布比较均匀，截至 2018 年底，共有 220 千伏变电站 1 座、110 千伏变电站 9 座。220 千伏雄州变电站位于朱各庄镇，主变容量为 3×180 兆伏·安。各个镇村内现状变压器均为油浸式变压器，电力线路均采用电线杆架空敷设；城区主要街道采用箱式变电器，采用高低电线路电缆敷设。

（4）燃气系统

雄县共有 4 座天然气门站、1 座高中压调压站、1 座联合站，城区及荣乌高速以北部分区域已经敷设天然气管道；但部分镇村村民用气仍以瓶装液化石油气为主，2017 年全县域共有 6 处液化石油气站。

（5）供热系统

雄县的供热方式分为集中供热和分散供热。集中供热分为地热供热、水源热泵供热、燃气供热 3 种方式。雄县县城集中供热主要利用地热，总供热面积约为 283 万平方米，共涉及 79 个小区共计 20 796 户。水源热泵供热主要应用于面积较小的区域，如政府办公楼、电力局和电力局家属楼，共 7 万平方米。2018 年，任丘市 3 个乡镇托管至雄县以来，雄县气代煤改造乡镇范围扩大到 9 个乡镇和社区，共计 48 395 户，其中鄚州镇、苟各庄镇及七间房乡，城区，禁煤区分别完成气代煤改造 15 524 户、2 670 户和 30 201 户。

（6）通信系统

雄县由中国电信、中国联通、中国移动 3 家服务商提供通信服务。县域内共设基站 519 处，其中中国电信 64 处、中国联通 109 处、中国移动 170 处，铁塔公司自建 176 处；机房共计 132 处，其中中国电信 21 处、中国联通 96 处、中国移动 13 处、其他 2 处，中国电信及中国联通的核心机房设在雄县县城内。

2.2.2 容城县

1. 综合概述

容城县地处东经 115° 45′ ~116° 04′、北纬 38° 57′ ~39° 08′之间，位于河北省中部，北京、天津、保定腹地，北依南拒马河与定兴县相邻，东北部依大清河与高碑店、白沟相邻，东部隔大清河与雄县相望，东南部有白洋淀与安新县毗邻，西部与保定市徐水区接壤。县域东西横距为 26.9 千米，南北纵距为 21.4 千米。

容城县位于雄安新区西北部，雄安新区起步区大部分、启动区约一半位于容城县县域范围内。在外围 5 个组团中，容城组团位于容城县中部，寨里组团的东北部在容城县县域内。容城县现下辖 8 个乡镇 127 个行政村，户籍总人口约为 27.52 万人。

（1）空间特征

容城县是典型的华北平原地区城镇，城镇布局依主要交通线发展，主要交通沿线的镇村经济较为发达。村庄街巷狭窄但整齐，村庄比较密集，多数村庄绿化条件较好，村内多有公共活动空间和配套设施，居民住宅多为独门独院，既保证了公共交往空间的活跃，也保证了居民自己的私密空间。

容城县的 127 个行政村分布于 311.09 平方千米的土地上，平均村域面积约为 2.45 平方千米。城镇均布局在津保公路沿线或南部，容城北部以农村为主，村庄规模大小不一，但由西向东村庄规模逐步变小。人口为 5 000 人以上的村庄有 5 个，均分布在县域西部；人口为 4 000~5 000 人的村庄有 8 个，主要分布在县城和县域西部；人口为 3 000~4 000 人的村庄有 17 个，除李郎村外均分布在县城和县域中西部；人口为 2 000· 3 000 人的村庄有 21 个，大多分布在县域中部，东部也有少量村庄；人口为 1 000~2 000 人的村庄有 40 个，多数分布在县域中部和东部；人口为 1 000 人以下的村庄有 36 个，多分布在县域边界附近。

（2）行政区划

容城县下辖五镇三乡，五镇分别为容城镇、晾马台镇、南张镇、大河镇、小里镇；三乡分别为八于乡、平王乡、贾光乡。

2. 道路交通

容城县是白洋淀西北部的交通门户，铁路交通和公路交通均较为便捷，交通优势明显。县域内的路网均已硬化，骨干路网已经初步形成，东西向交通发达，有多条高等级公路。

（1）交通干道

容城县域内现有 2 条铁路，即津保铁路和京广高速铁路。津保铁路东西向横穿县域中部，县域内长度为 33.7 千米，设有白洋淀火车站，东西方向连接天津市和保定市，由东向西依次途经晾马台镇、八于乡、容城镇（设白洋淀站）、南张镇，兼具客、货运功能，设计速度为 200 千米 / 小时。京广高速铁路为客运专线，设计速度为 350 千米 / 小时，在容城县南张镇境内通过，县域内长度约为 7 千米，无站点。

截至 2018 年 7 月，容城县县域内有高速公路 1 条，即荣乌高速公路。其位于县域中部，由东向西依次途经平王乡、大河镇、八于乡、容城镇和南张镇，县域内总长度为 25.1 千米，并在县城东南设有出入口。容城县域内有省级公路 4 条，其中津保公路穿过容城中部，途经南张镇、容城镇、八于乡、晾马台镇至白沟；容蠡公路由县城高速出入口向南至安新县；

白雄公路在容城县县域内长度只有 3 千米，位于晾马台镇东北部；保静公路由安新穿越平王乡至雄县。县域内还有县级公路 2 条、乡道 7 条和村道若干条，已基本形成以国省干道为骨架，重要县乡道为支撑，村庄公路为脉络的交通体系。

（2）镇村交通

容城县县域内镇村道路均已硬化，大部分连接镇村的道路均为县级以下公路，道路等级偏低，路面多为水泥路面，部分路面年久失修，只能满足小型车辆通行。特别是东部平王乡的部分村庄紧靠白沟引河，河面桥梁较少且部分桥梁为危桥，对村庄的对外交通影响较大。村庄内部道路均为硬化道路，一般村庄有 1~2 条主要道路为水泥路面，其余路面材质为砖或沙石，路面较窄，会车难度较大。

（3）城乡公交

容城县共有城乡公交线路 17 条，城乡公交车辆 124 台；县城内公交线路共有 6 条，车辆 64 台；农村客运线路共有 11 条，车辆 60 台。城乡公交线路已基本覆盖所有乡镇，但部分线路存在运力不足等问题。

3. 市政基础设施

（1）给水系统

南水北调天津干渠东西向横穿容城县县域，位于津保铁路以北，建设形式为暗渠，经过南张镇、容城镇、八于乡和晾马台镇。容城县全域共有 1 座地表水厂和 11 座供水站。地表水厂位于县城西北部，主要为县城供水；11 座供水站分别为沙河营供水站、南张供水站、小里供水站、东牛供水站、贾光供水站、八于供水站、张市供水站、辛庄供水站、大河供水站、平王供水站和李小王供水站，水源均为深层地下水，为周边镇村供水。少数村庄如小野桥村、小北张村、苏李庄村等使用村庄自备井供水，水源为深层地下水。

目前，容城县基本实现自来水普及率 100%，能够保证城乡居民 24 小时用水，但存在供水水源较为单一、给水管网老旧、饮水安全隐患大等突出问题。

（2）排水系统

容城县有 1 座污水处理厂，位于县城西南、荣乌高速公路以南，主要处理县城的生活污水、生产污水及周边乡镇的生产污水，出水水质满足Ⅰ级 A 标准。县城主要街道敷设有污水管网，县城周边乡镇的企业也有污水管网直通县城污水处理厂。容城县现状排水机制为雨污合流制，排水系统存在较多问题。城区污水管网未全覆盖，雨季污水量远超污水处理厂的处理能力，缺少中水回用的相关措施。除留通、李郎两个村庄外，各乡镇和村庄几乎没有自己的污水处理设施，这两个村庄的污水处理设施也存在维护不力问题。县城污水处理厂附近的生产污水通过管道进入污水厂处理，而居民生活污水还处于自然排放状态。

（3）燃气系统

容城县县域内有天然气调压站 1 座，位于县城东部；有液化天然气站 12 座，均地处荣乌高速公路以北，分别位于南张村、小北张村、沙河村、贾光村、东张楚村、城子村、南陈杨庄村、南河照村、张市村、南剧村、辛庄村和猛进庄村。燃气系统实现了管道入村，基本解决了荣乌高速公路以北居民的天然气使用问题。

容城县燃气供应区域的供应不平衡，荣乌高速公路以北的城镇和村庄基本能够实现管道天然气全覆盖，而荣乌高速以南的区域除县城外基本无管道天然气，居民使用的燃气多为瓶装液化气。总体来看，随着全县清洁能源的普及，容城县已建成的天然气供应设施能部分满足全县各乡镇及村庄的能源需求，但由于供应能力较低，不能完全保证城乡居民的生产生活需求。

（4）供热系统

容城县以地热供热和燃气供热为主。荣乌高速公路以北的区域基本实现了清洁能源供暖，大部分地区实施了煤改气工程，少部分地区实施了煤改电工程，供热能源采用液化天然气和电能，供暖方式为分散供热，县城部分小区实现了集中供热。荣乌高速以南的区域尚未实施煤改气、煤改电工程，大部分村庄采用清洁煤供暖，供暖方式为分散供热。县城以地热供暖为主，近年来累计建设换热站 9 座（祥和雄安新区站、谷丰印象站、博奥财富广场站、金台新城站、领秀城站、中金花园站、南城行政服务中心站、鑫海花园站、新容花园站），供暖能力约达 120 万平方米，实现累计供暖面积近 117 万平方米。南城公建项目采用了节能环保的先进工艺，采取“采灌均衡，间接换热”的先进工艺模式，井口出水温度均在 50 ℃以上，投入运营的换热站均实现了地热尾水 100% 回灌。

（5）通信系统

容城县由中国联通、中国移动、中国电信 3 家企业提供通信服务，已实现光纤网络和通信信号的全域覆盖。全县现有接入机房 60 多个、2G 基站 300 多个、3G 基站 140 多个、4G 基站 900 多个，它们已经覆盖全县域。电信公司已经在容城县设立了 29 个 5G 基站，使县域网络更加迅捷。县域光纤到户率达 90% 以上。邮政营业网点主要布局于县城和各乡镇，能够基本满足城乡居民的需求。

目前，容城县的通信系统还存在一定的问题，主要是城乡通信基础设施发展不平衡，距离县城较远的部分村庄由于规模较小，接入带宽的能力较低。通信基础设施主要由运营商进行投资建设，主要目的是满足运营商自身的业务需求，存在缺少总体规划、通信基础设施的建设和市政规划相互脱离、通信基础设施建设和城市发展不匹配等问题，影响通信基础设施建设的有效性。此外，由于城乡居民对通信基础设施的认知度不够，人口稠密地区特别是县城的部分基础设施落地难。

2.2.3 安新县

1. 综合概述

（1）空间特征

安新县地处北纬 38° 43′ ~39° 02′、东经 115° 38′ ~116° 07′，位于河北省中部，属京、津、冀腹地。安新县东与雄县、任丘相连，南与高阳接壤，西与清苑、徐水交界，北与容城毗邻。安新县县域东西横距 35 千米，南北纵距 31 千米。安新县位于雄安新区西南部，所辖安新镇、三台镇的大部分区域及大王镇全域位于雄安新区起步区范围内，共同构筑起步区“北城、中苑、南淀”的形态格局；同时，外围五组团中的安新组团和寨里组团也位于安新县境内。2018 年，全县户籍人口为 50.75 万人，县域总面积约为 781.35 平方千米。

（2）行政区划

安新县现辖九镇四乡 223 个行政村。九镇包括安新镇、三台镇、老河头镇、刘李庄镇、大王镇、安州镇、端村镇、赵北口镇、同口镇。四乡包括圈头乡、寨里乡、芦庄乡、龙化乡。

2. 道路交通

（1）交通干道

截至 2018 年 7 月，安新县有省道 3 条、县道 2 条、乡道 16 条，加上村道、专用道（含龙化乡），道路总里程为 585.85 千米。现有省道分别为保新公路（S334，即白洋淀大道）、保沧公路（S331）和容蠡线（S235）。保新公路（S334）在安州镇西分成新旧两条线路，西偏北方向为新修线路，为双向六车道，直接连通保定东站和京港澳高速；西偏南方向为旧线，可直达保定市区。保新公路在安州镇东与容蠡线并线，经安新县城向北连接荣乌高速和容城县城，在大王镇北部转向东至雄县，此路段也称保静公路，可达天津静海。保沧公路（S331）紧贴西南县界经过芦庄乡，可达保定市区和沧州市区。容蠡线（S235）是安新境内连接保沧高速和荣乌高速的南北向重要通道。

县道为徐新线和雄鄚线。徐新线位于县域西北部，在县城北接省道 S334（白洋淀大道），向西经三台镇至徐水区。雄鄚线位于东部县界附近，从雄县经赵北口镇镇区至鄚州镇，连接 106 国道。安新县南部规划建设津石高速，途经龙化乡，境内长度约为 10 千米，安新境内不设出入口。津石高速是雄安新区规划纲要提出的“四纵三横区域高速公路网”中的三横之一，于 2016 年 10 月开工建设，2019 年建成通车。安新县外围是由北部荣乌高速、东部大广高速、南部保沧高速和津石高速、西部京港澳高速互通连接形成的高速外环。目前，安新县与北、西、南方向的高速公路可直接联系，由于淀区分割，向东与大广高速无法直接联系，需绕行雄县。

县域内部交通网络不够完善，县乡公路技术等级较低，难以满足交通需求。受白洋淀水域影响，仅保新公路（S334）、容蠡线（S235）和徐新公路可联系周边地区，省道、县道、乡道之间的联系和支撑不足，增加了运输成本。刘李庄镇、龙化乡、赵北口镇被水域分隔，与安新县城及周边乡镇联系不便，居民出行需绕行数十千米或依靠轮渡。长途客运站位于安新县城，规模较小、班次较少，且班线目的地单一，大量班线通向保定，少量班线通往北京和石家庄等地。

（2）镇村交通

镇村道路均已硬化，尤其是已开展美丽乡村建设的村庄道路建设水平较高。镇村道路不但承担交通和布设各类市政管线的功能，也是村庄空间结构的基本骨架，影响着村庄形态和内部空间。村庄道路为村民日常交往提供了空间，街道、巷弄是人们进行社交的主要场所。淀区内村庄路网的平面布局形态多为自由式，路线随地形弯绕起伏。

（3）淀区交通

白洋淀淀区拥有各类船舶 10 000 余条。生活用船主要为手划木船、钢质渡船和钢质客货船。沿白洋淀零星分布的码头多数存在旅游和生产功能混杂、设施落后、周边环境不佳等问题，影响了水上运输安全和旅游品质。纯水村被水面包围，对外交通联系主要依靠水路，部分水路不畅通使淀区的对外联系不畅。水路交通工具主要有快艇、货物运输船、小型客运船和木船。

（4）城乡公交

安新县现有城乡公交线路 15 条，城乡公交车辆 148 辆，总里程达 355.2 千米，覆盖安新镇、安州镇、大王镇、三台镇、同口镇、刘李庄镇、端村镇、寨里乡和圈头乡等乡镇，仅县城和刘李庄镇有专用场站。现状公交线网的布设未充分考虑客流需求，未覆盖全部乡镇，存在运力不足、分配不合理等问题。

3. 市政基础设施

（1）给水系统

安新全县均由自来水供水，其中，县城水源为南水北调引江水和地下水，南水北调分水量为 700 万立方米 / 年。地表水输水管道从天津北城分水口取水，水经容城南水北调泵站送至安新县城高速引线西侧（京新风景园小区西侧 50 米）。县城有地表水厂 1 座。

（2）排水系统

安新县城排水系统采用雨污合流制，污水经污水处理厂处理，直接排放到大张庄排干渠。安新县污水处理厂位于县城北郊中六村西。县城共有 4 个排水泵站，包括 3 个雨污合流泵站、1 个雨水泵站。

（3）供电系统

安新县境内共有 1 座 220 千伏变电站，即白洋淀站。该变电站是河北南网第一座数字化户内气体绝缘变电站（GIS），容量为 2×180 兆伏·安，坐落在安新县安州镇。安新县现有 110 千伏变电站 6 座，总容量为 463 兆瓦；有 110 千伏线路 12 条，线路总长度为 126.66 千米，全部为架空线路，其中，农村地区有 6 条线路，长度为 73.63 千米。110 千伏电网以 220 千伏变电站为支撑，以链式接线为主、双辐射式接线为辅。

（4）燃气系统

安新县的气源主要有 3 种：液化天然气（LNG）、压缩天然气（CNG）和管道天然气（NG）。管输气源为霸保线，天然气管网规模达 170 千米，现有民用户 20 000 户、工业户 20 户、商业户 164 户，用户在管道沿线上呈带状分布，居民用户燃气普及率为 25.24%。全县有天然气门站 2 座，一座位于老河头镇北喇喇地村，为 NG 门站，占地面积约为 0.9 公顷，供气规模为 52 万立方米 / 日，主要服务安新县城外周边区域；另一座位于安新县城，县城内现状 CNG、LNG 减压站位于建设北大街西侧 200 米、大张庄主排干渠南侧、京新小区东侧、温泉花园北区西侧，占地规模为 0.56 公顷，供气规模为 48 万立方米 / 日，服务范围为安新县城，天然气管网规模达 79 千米，基本实现县域全覆盖，居民用户燃气普及率接近 100%。

（5）供热系统

安新县城以天然气锅炉集中供热为主，以天然气壁挂炉、电力采暖、空气源热泵等供热方式为辅，基本满足现状居民的用热需求，但天然气锅炉气源的可靠性较差。安州镇、赵北口镇、大王镇等新建住宅小区采用地热资源供暖，但当前缺少地热尾水回灌或回收措施，造成地热资源浪费。多数村镇采用一家一户的小火炉采暖方式，燃料为净化后的兰炭，取暖卫生条件差、供暖质量低。

（6）通信系统

2017 年，安新县由中国联通、中国移动、中国电信 3 家企业提供通信服务，拥有核心机房 3 处（均位于县城）、区域汇聚机房 20 处、一般接入机房 216 处；全县有邮政营业网点 13 个，邮路 6 条，邮路长度为 435 千米，2017 年邮件业务总量为 2 456 万件。

2017年底，县城有固话用户1.53万、移动电话用户6.5万、互联网宽带用户2.3万，有城区通信基站113座（物理站址71座）、中心机房1座，有邮件处理中心1个、投递部1个，主、次干道均已建通信管道，管孔容量大多在4至12孔之间。安新县已完成乡镇环网自主路由建设，实现县、乡、村光纤全覆盖，完成市县一体化的全业务开展。

2.3 雄安新区枢纽综合评价

2.3.1 雄安新区枢纽运行情况

1. 铁路车站

雄安新区内部及周边的铁路枢纽站主要有白洋淀站、白沟站、保定站、保定东站、徐水站、霸州站和雄安站等，见表 2-9。

表 2-9 雄安新区及周边铁路客运站一览表

序号	所在线路	车站名称	类型	车站等级	布置形式	站房面积/平方米
1	津保铁路	白沟站	客、货运	一等	2 台 6 线	3 500
2		白洋淀站	客、货运	一等	2 台 4 线	3 500
3		霸州西站	客、货运	三等	2 台 4 线	3 500
4	京广高铁	保定东站	客运	一等	2 台 6 线	15 000
5	京广铁路	保定站	客、货运	一等	5 台 10 线	—
6		徐水站	客、货运	三等	2 台 6 线	—
7	京九铁路	霸州站	客、货运	三等	2 台 10 线	—
8		任丘站	客、货运	二等	2 台 7 线	—
9	京雄城际	雄安站	客运	一等	13 台 23 线	150 000

(1) 白洋淀站

白洋淀站（图 2-9）位于雄安新区容城县，与“华北明珠”白洋淀码头相距 17 千米，属中国铁路北京局集团有限公司管辖，于 2015 年 6 月底开通运营，属津保铁路车站，建筑面积为 3 446 平方米。白洋淀站距离白沟站 20 千米，距离保定站 43 千米，距离天津西站 115 千米。白洋淀站的站场规模为 2 台 4 线，日到发车次为 28 趟，年客流量约为 40 万人次。白洋淀站设置公交换乘站点，可通达容城县城区域、白洋淀景区。

白洋淀站至北京市区、天津市区、石家庄市区和保定市区的通达时间分别约为 90 分钟、50 分钟、60 分钟和 20 分钟。

图2-8 白洋淀站

（2）白沟站

白沟站位于雄安新区雄县朱各庄镇东王槐村西南部，属中国铁路北京局集团有限公司管辖，于 2015 年 12 月底开通运营，属津保铁路车站，建筑面积为 3 500 平方米。白沟站距离保定站 66 千米，距离天津西站 96 千米。白沟站的站场规模为 2 台 6 线，日到发车次为 26 趟，年客流量约为 30 万人次。

白沟站至北京市区、天津市区、石家庄市区和保定市区的通达时间分别约为 80 分钟、50 分钟、60 分钟和 30 分钟。

（3）保定站

保定站（图 2-9）位于保定竞秀区，1899 年 2 月正式开通运营，建筑面积为 4.2 万平方米，站场规模为 5 台 10 线，是京广铁路的中间站，也是津保铁路的始发终到站。车站设计最高聚集人数为 6 000 人，具备年发送千万人次旅客的能力。

图2-9 保定站

保定站至北京市、石家庄市的通达时间均约为 90 分钟，至天津市的通达时间约为 3 小时。

（4）保定东站

保定东站（图 2-10）位于保定市清苑区开泰街，于 2012 年 12 月底开通运营，建筑面积约为 2 万平方米，车站等级为一等站，位于京广高速铁路、京昆高铁雄忻段、津保铁路、雄石城际铁路、雄安轨道快线 R1 延长线的交汇处。保定东站的站场规模为 2 台 6 线，日到发车次为 136 趟，年客流量约为 260 万人次。

保定东站至北京市、天津市和石家庄市的通达时间分别约为 50 分钟、70 分钟和 30 分钟。

图2-10　保定东站

（5）徐水站

徐水站（图 2-11）位于保定徐水区，于 1899 年开通运营，车站等级为二等站，主要途经铁路为京九铁路、津保铁路。徐水站的站场规模为 2 台 6 线，日到发车次为 28 趟。

徐水站至北京市和石家庄市的通达时间均约为 2 小时，到天津市的通达时间为 3 小时。

图2-11　徐水站

（6）霸州西站

霸州西站（图 2-12）位于河北省廊坊市，于 2015 年 12 月开通运营，车站等级为三等站，主要途经铁路为津保铁路。霸州西站的站场规模为 2 台 4 线，日到发车次为 35 趟。

霸州西站至北京市的通达时间为 70 分钟，至石家庄市的通达时间为 90 分钟，至天津的通达时间为 30 分钟。

图2-12 霸州西站

（7）雄安站

雄安站（图 2-13）位于雄安新区昝岗镇，主要途经铁路有京雄城际铁路、丰雄商高速铁路、津保铁路、雄忻铁路等，总建筑面积为 47.5 万平方米，站场总规模为 13 台 23 线，已于 2020 年底投入使用，是京津冀地区路网性的主客站、交通枢纽站。

图2-13 雄安站

雄安站可实现雄安新区与北京市、天津市半小时交通圈，与石家庄市 1 小时交通圈，将进一步完善京津冀区域高速铁路网结构，便利沿线群众出行。

2. 客运站

（1）雄县汽车站

雄县现有 1 个二级客运站，即雄县汽车站（图 2-14），设计旅客发送量为 500 人次 / 日。2019 年，其营运车辆有 43 辆，旅客发送量为 14.8 万人次，已实现联网售票和电子支付。

图2-14　雄县汽车站

（2）容城县汽车站

容城县现有 1 个二级客运站，即容城县汽车站（图 2-15），设计旅客发送量为 3 000 人次 / 日。2019 年，其营运车辆有 37 辆，旅客发送量为 10.6 万人次。

图2-15　容城县汽车站

（3）安新县汽车站

安新县现有 1 个二级客运站，即安新县汽车站（图 2-16），设计旅客发送量为 2 500 人次 / 日。2019 年，其营运车辆有 67 辆，旅客发送量为 29.1 万人次，已实现联网售票和电子支付。

图2-16　安新县汽车站

3. 物流节点

雄安新区周边有 4 个物流节点，其中白沟物流中心入驻企业近百家；徐水物流园已入驻中国邮政保定分公司、顺丰速运等企业，建设标准较高；高碑店农副产品物流园重点打造了 21 万吨级华北现代冷链物流园；保定国际保税物流中心主要包括检验检疫及信息办公楼、海关监管场地、保税仓库、室外堆场、运输配套设施等，设计年货物集装箱运量 40 万标准运输单元（TEU）、散杂货 50 万吨，具体情况见表 2-10。

表 2-10　雄安新区周边 4 个物流节点情况

序号	物流节点名称	服务范围	占地面积 / 万平方米	与起步区距离 / 千米
1	白沟物流中心	工业品	23.8	15
2	徐水物流园	工业品	2	20
3	高碑店农副产品物流园	农产品（大型冷库）	139	80
4	保定国际保税物流中心	保税仓库	30	40

4. 机场

（1）北京大兴国际机场

北京大兴国际机场（图 2-17）位于北京市大兴区榆垡镇、礼贤镇和河北省廊坊市广阳区之间，距雄安新区 55 千米，距北京城市副中心 54 千米，距北京首都国际机场约 67 千米。该机场定位为“大型国际枢纽机场”、国家发展的一个新动力源、支撑雄安新区建设的京津冀区域综合交通枢纽、4 F 级国际机场。机场规划用地 27 平方千米，总建筑规模为 140 万平方米，2019 年 9 月 25 日正式投运。目前，该机场建有“三纵一横”4 条跑道、机位 268 个，可满足 2025 年旅客吞吐量 7 200 万人次、货邮吞吐量 200 万吨、飞机起降量 62 万架次的需求。其远期规划为年旅客吞吐量 1 亿人次以上，年货邮吞吐量 400 万吨，飞机起降 88 万架次。航站楼地上、地下一共 5 层，轨道交通在航站楼地下 2 层设站，地下 1 层是广场式的换乘中心，乘客可以换乘高铁、地铁、城铁等；地上 1 层是国际到达层；2 层是国内到达层；3 层是国内自助层，快速通关；4 层是国际出发和国内行李托运层。

（2）天津滨海国际机场

天津滨海国际机场（图 2-18）位于天津市东丽区，距天津市中心 13 千米，是中国国际航空物流中心、国际定期航班机场、对外开放的国家一类航空口岸和中国主要的航空货运中心之一，为 4E 级民用国际机场。机场总建筑面积为 36.4 万平方米，货库面积为 7.4 万平方米，前身为天津张贵庄机场，始建于 1939 年 11 月，1950 年 8 月 1 日通航，2007 年完成一期扩建工程，2014 年 8 月完成二期扩建工程。T1 航站楼结构布局为两层式结构，局部 3 层，主楼大厅局部有 4 层平台作为办公及功能区。1 层主楼为到达厅，2 层为出发层，可满足年旅客吞吐量 1 000 万人次的需求；T2 航站楼结构布局为地上 2 层（局部 5 层），地下 2 层，旅客年吞吐能力为 1 500 万人次。

图2-17　北京大兴国际机场
图片来源：https://www.sohu.com/a/491503358_100133539

根据规划，天津滨海国际机场将拥有 3 个航站楼，修建第 3 条跑道，满足旅客年吞吐量 4 000 万人次、货邮吞吐量 400 万吨的需求。该机场还将引入京津城际铁路、城市地铁线路，贯通京、津、冀高速公路，成为集轨道交通、道路交通与航空运输为一体的，与海港互动的现代化国际机场，以实现“北方国际航空物流中心和大型门户枢纽机场”的远景目标。

图2-18 天津滨海国际机场

图片来源：http://tianjinwe.enorth.com.cn/system/2018/11/12/036370360.shtml

（3）石家庄正定国际机场

石家庄正定国际机场（图 2-19）位于河北省石家庄市正定县，距石家庄市区 32 千米，是京津冀城市群的重要空中门户、北京首都国际机场的备降机场、区域航空枢纽、中国北方重要的国际航空货运中转基地，为 4E 级民用国际机场。石家庄正定国际机场建有两座航站楼，分别为 T1（国际及地区）、T2（国内），共 20.9 万平方米，货运区面积为 2.5 万平方米；可满足年旅客吞吐量 2 000 万人次、货邮吞吐量 25 万吨的需求。石家庄正定机场于 1995 年 2 月 18 日正式开航。1996 年 3 月，石家庄航空口岸正式对外开放。2008 年 7 月，石家庄正定机场更名为“石家庄正定国际机场”。

图2-19 石家庄正定国际机场

2.3.2 雄安新区客货运输需求及特征

1. 需求特征分析

1）新建地区特征明显，出行总量持续快速增长。雄安新区现状人口规模为 125 万人，2035 年交通服务人口规划约为 350 万人，2050 年按 500 万人进行远景预留。雄安新区新增人口为外部迁入人口，此类人群对外公务、商务、旅游等出行比较活跃，除商务、公务等出行以外，还存在一定的通勤、探亲等出行。随着人民生活水平的不断提高，人均出行次数将不断增加，大量旅游与商务出行需求增加，人口总量和人均出行次数叠加增加，使雄安新区未来出行总量持续快速增长。

2）出行圈层化特征明显，对外与北京联系最为紧密。根据雄安新区出行特征和空间距离，人们的交通出行可分为 3 个圈层，其中，全国及全球范围（200 千米以上）出行以商务、公务等出行为主；京津冀范围（50~200 千米）出行以公务、商务、休闲旅游等出行为主，且与北京方向的联系最为紧密；雄安新区内部及周边区域（50 千米以内）出行以公务、商务、生活休闲、通勤通学等出行为主。雄安新区作为非首都功能疏解集中承载地，未来与北京联系紧密，城际交通呈现城市化特征。雄安新区和北京之间的出行需求约占雄安新区对外出行需求的一半，出行目的地主要集中在中关村、金融街、中央商务区（CBD）等重点功能区；出行类型以公务、商务、休闲旅游等为主，有一定的通勤需求，对时间敏感性、出行的便捷性、舒适性要求较高。

3）雄安新区内出行组团化特征明显。雄安新区坚持组团式发展，规划布局“一主、五辅、多节点”的城乡空间格局。“一主”即起步区，是雄安新区的主城区，起步区内又分东西向 5 个城市组团。“五辅”即雄县、容城、安新县城及寨里、昝岗 5 个外围组团，各自相对独立发展。“多节点”即特色小城镇和美丽乡村，实行分类特色发展。

各个组团内部用地功能混合，职住相对均衡，有效降低了长距离跨组团的出行需求比例。在“一主、五辅”范围内，规划形成了以起步区为核心，以东西向昝岗—雄县—起步区五组团—寨里走廊为主要联系的通道，组织组团间的交通联系。

4）绿色集约的交通方式将成为出行服务主体。雄安新区人员对外出行与全国及全球的联系以高效快速的航空和高铁方式为主，其中航空联系的约 3/4 通过轨道交通接驳；与京津冀地区的联系以城际轨道交通为主导；在与北京间的出行中，轨道交通占比约为 2/3；在与京津冀其他地区间的出行中，轨道交通占比约为 1/2。

雄安新区内组团间出行以城市轨道、常规公交等公共交通为主，组团内出行以慢行交通 + 公交为主。其中，规划起步区“公交 + 自行车 + 步行”绿色出行方式占 90%，公交交通占机动化出行的 80%。

5）不同时期货运需求特征差异显著。雄安新区在集中建设期，货运需求以建材类为主，主要有钢材、水泥、砂石等，2020—2025 年，其年均建材需求量约 1 亿吨，来源地以雄安新区周边为主。建材由就近区域供应，部分需远距离运输，主要采用公路运输，铁路满足小部分运输需求。城市建设还需要瓷砖、板材、地板、玻璃、五金、管线等材料，来源地较为分散，并以小批量为主，主要采用公路运输。

雄安新区建成后，物流运输以生活性货运为主。雄安新区主要发展以绿色、智能、创新为核心的高端高新产业，大宗原材料、工业品进出较少，生产性物流规模不大，主要以高附加值、小批量、时效性货运需求为主。以社会消费品、快递、冷链等为主服务居民的生活性物流是雄安新区物流系统建设的重点，需求总量与人口规模密切相关。物流系统的发展以满足生活资料运输为主，并兼顾生产性物流。

2. 客运需求

（1）预测思路

与发展到成熟阶段的城市不同，雄安新区正处于规划建设阶段，现阶段的人口、经济等指标尚未达到规划水平，不能全面准确地反映雄安新区的未来发展状况。本次预测主要参照雄安新区总体规划和综合交通规划的成果，分析雄安新区未来规划的人口数量、土地利用情况和基础设施建设水平等因素，采取四阶段法对近期、规划期和远景期 3 个阶段的不同层次、不同运输方式客运需求进行预测，并从客运需求总量预测、起步区和组团间客运需求量预测、片区内外部客流预测以及客运出行方式占比预测等几方面展开工作。

（2）需求总量

基于对雄安新区的人口、岗位分析，按常住人口出行率为 2.8 次 /（人·日）、流动人口出行率为 3 次 /（人·日）的推算，近期启动区及外围组团日均出行总量约为 197 万人次。

参考国内外城市统计数据，本研究预测规划期 2035 年雄安新区常住人口出行率为 2.7 次 /（人·日），推算常住人口出行量为 810 万人次 / 日。流动人口出行率按 3 次 /（人·日）推算，50 万流动人口的出行总量为 150 万人次 / 日，雄安新区总出行量达 960 万人次 / 日。

参考其他城市调查统计数据，预测远景年常住人口平均出行率为 2.5 次 /（人·日）左右，流动人口出行率为 3 次 /（人·日）左右，雄安新区出行总量将达 1 300 万人次 / 日。根据上述预测，雄安新区对外出行量将达 180 万人次 / 日，内部出行总需求量为 1 120 万人次 / 日。

（3）需求分布

1）总体交通需求。雄安新区与全国各地的双向出行需求约为 60 万人次 / 日；出行方式主要为铁路、公路和航空，铁路、公路和航空的出行分担比分别为 50%、30%、20%，因雄安新区没有机场，航空出行的乘客需要换乘其他交通方式，航空转铁路与公路的比例分别为 75%、25%。乘客进入雄安新区后优先被引导选用绿色出行方式（图 2-20）。

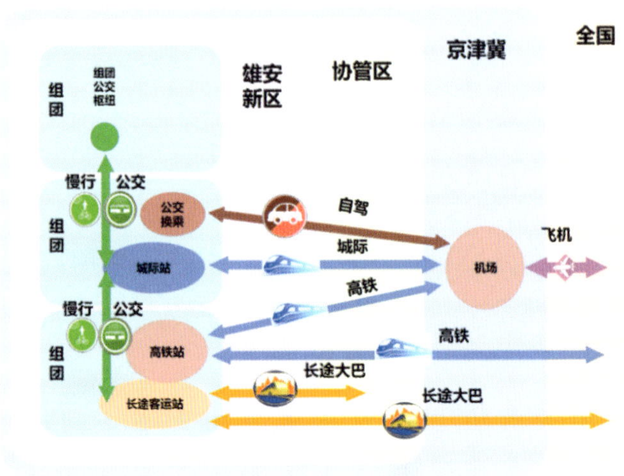

图2-20　向全国出行方式

雄安新区与京津冀地区间的双向出行需求约为 120 万人次 / 日；出行方式主要为铁路和公路，铁路和公路的出行分担比分别为 65% 和 35%；上述出行人群在进入雄安新区后优先被引导采用绿色出行方式（图 2-21）。

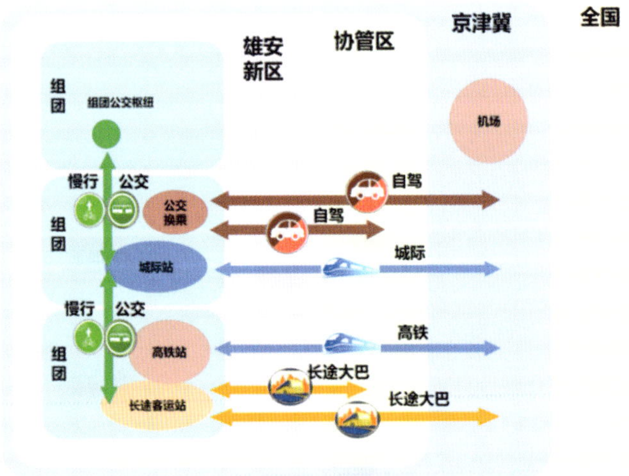

图2-21　向京津冀出行方式

2）启动区交通需求。在出行分布方面，启动区内部两组团之间联系的需求较大；启动区对外与容城及容东组团联系最为紧密，荣乌高速的截面需求为 7.5 万人次 / 日，通勤占比较高，初期应注重启动区与容城方向联系的南北向通道建设。雄县、昝岗至启动区出行需求量为 2.7 万人次 / 日（图 2-22）。

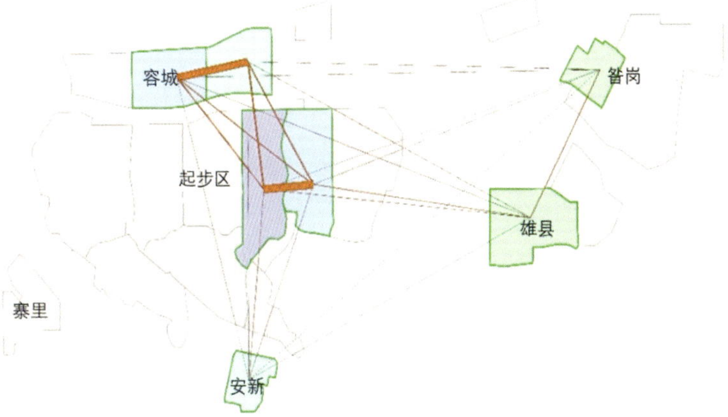

图2-22　雄县、昝岗至启动区的出行需求

3）起步区交通需求。雄安新区整体呈现以起步区为中心的空间分布，外围 5 个组团与起步区联系较为密切，其中与起步区距离较近的容城联系需求量最大，两者交通量达 40 万人次 / 日以上，其次为寨里组团，交通量均为 12 万人次 / 日；雄县、昝岗组团的交通量均约为 10 万人次 / 日。

起步区、容城组团内部交通需求均呈现东西向带状走廊特征，与其带状空间布局结构相吻合；起步区南部“中苑”地区整体开发规模较小，功能相对单一，出行总需求量较小，内部出行比例较低（图 2-23）。

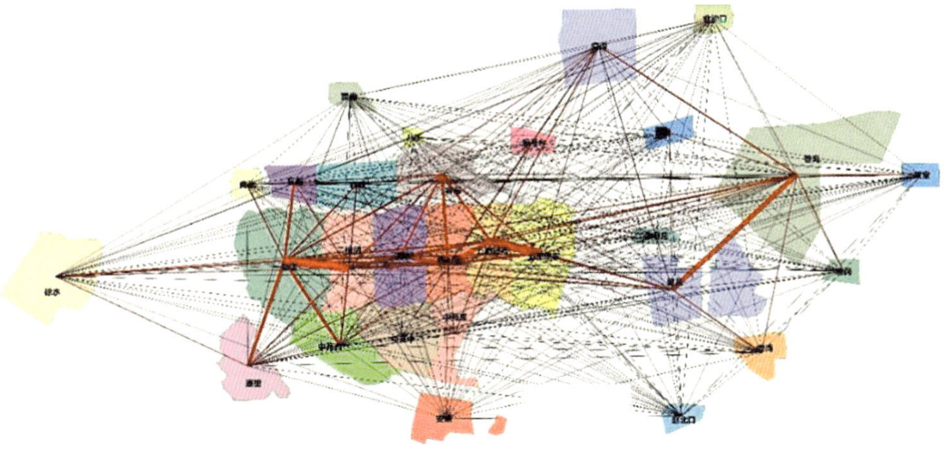

图2-23　起步区、容城组团内部交通需求

雄安新区整体呈现一体化发展态势，起步区交通需求相对集中，起步区与周边组团联系较为紧密，其中与容城方向联系需求最大，荣乌高速截面双向需求量达 100 万 ~120 万人次 / 日。雄县、昝岗组团距离起步区较远，未来白沟引河东侧人口将达 150 万左右，与起步区形成东西一主一副格局，主副城之间联系的白沟引河截面双向需求将达到 60 万 ~70 万人次 / 日。

起步区出行需求整体呈东西带状分布，与城市空间布局基本一致，5 个组团之间联系紧密，特别是相邻组团之间联系需求量较大，5 个组团之间 4 个联系截面出行双向需求量达到 70 万 ~80 万人次 / 日，其中中间两个截面需求量略高于东西两个截面（图 2-24）。

（4）客运出行方式划分

1）对外交通。由于雄安新区内部没有机场，所以雄安新区的对外出行主要依托轨道和公路。雄安新区对外出行的轨道和公路分担率分别为 65% 和 35%，其中轨道分担的 65% 中的 15% 为轨道转航空出行，公路分担的 35% 中的 5% 为公路转航空出行，以此满足雄安新区的航空出行需求。

2）内部交通。在充分考虑雄安新区组团内部“绿色交通出行比例达 90%，公共交通占机动化出行比例达 80%”政策目标的基础上，起步区内部和各组团内部的公共交通出行比例为 40%，慢行交通比例为 50%，小汽车出行比例为 10%。

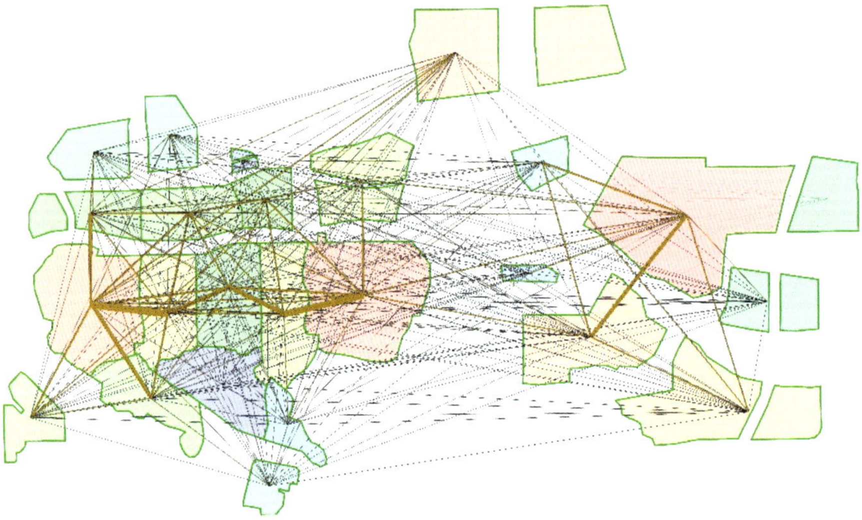

图2-24　组团之间联系需求量较大

3. 货运需求

雄安新区的发展初期是基础建设高峰期，产生大量建材物流需求，同时，基础设施的逐步完善支撑人口结构优化，推动产业转型发展，产生多元化生活物流需求和高质量生产物流需求（图 2-25）。

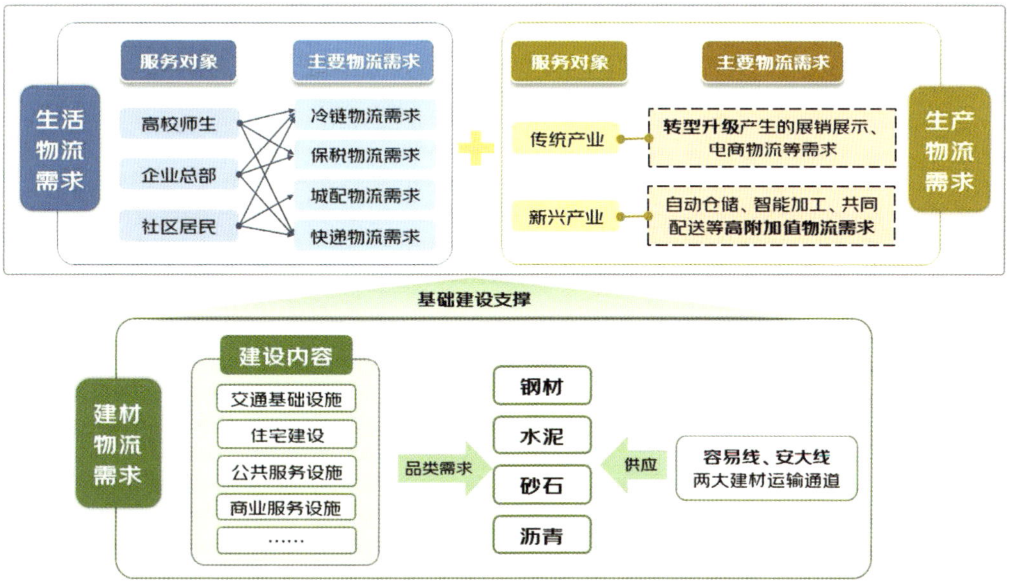

图2-25 雄安新区物流需求

（1）建材物流需求

雄安新区未来 10 年都处于基础建设高速发展阶段，交通基础设施、住宅、公共服务设施、商业服务设施等建设有序推进，对钢材、水泥、砂石、沥青等建材物流需求较大。2021 年雄安新区建材和钢材需求量约为 1 000 万吨，主要通过容易线（容城至易县）、安大线（安新至大册营）两大公路运输通道供应。

（2）生活物流需求

雄安新区 2021 年常住人口为 127 万人。雄安新区营造优质的发展环境和创新氛围，不断增强北京非首都功能承接能力和人口吸引力。到 2025 年，雄安新区高校疏解集中承载地、医疗及企业总部集聚区基本建成，科研院所、金融机构、事业单位疏解承接有序推进，雄安新区常住人口将达 190 万人。2035 年，雄安新区常住人口将达 300 万人，流动人口达 50 万人。人口规模增长的同时，高校、国企等的落地承接会带来人口结构变化，产生多元化的生活物流需求，包括冷链物流需求、保税物流需求、城配物流需求以及快递物流需求。

1）冷链物流需求。2021 年，全国食品冷链物流需求量为 3.02 亿吨，主要冷链产品人均消费水平为 355 千克 / 年。2035 年，雄安新区将建成 350 万人规模的大城市，食品的冷链流通率超 95%，年冷链物流需求量超过 120 万吨。

2）保税物流需求。2021 年，雄安新区进出口总值为 20.2 亿元，在雄安新区人口增长、人口结构变化、全球线上消费增加等多因素影响下，雄安新区跨境电商需求旺盛，带动保税物流需求增长。

3）城配物流需求。雄安新区城配物流需求向多品种、小批量、高频次转变，不同货主的城配需求呈现个性化差异。同时，居民消费能力的提升、新兴产业的布局等为城市配送发展提供支撑，城配物流需求快速增长。

4）快递物流需求。2020 年，雄安新区快递业务量达 4 395.9 万件，邮政业务量达 100 947 万件。随着高校、国企等的入驻以及电子商务的快速发展，雄安新区快递物流需求增长空间巨大，同时雄安新区对快递物流服务提出了更高要求。

（3）生产物流需求

1）传统产业转型升级物流需求。雄安新区的传统产业包括纸塑包装、压延制革、电线电缆生产、服装及毛绒玩具制作等产业。为顺应发展要求，雄安新区积极推进传统产业的关停、外迁和转型任务。雄安新区内存量传统产业采用“企业总部 + 生产基地”模式，向设计、营销等转型，产生展销展示、电商物流等转型升级物流需求，如雄安新区利用容城县晾马台镇毛绒玩具产业条件，打造毛绒玩具电商直播基地，基地内电商直播商户有 300 余家，日发货量超 5 万单。

2）新兴产业高附加值物流需求。雄安新区积极布局新一代信息技术产业、现代生命科学和生物技术产业、新材料产业、高端现代服务业、绿色生态农业等高端高新产业，打造一批国际知名、产业规模持续扩大、创新能力显著提升、集聚效应明显增强的高端高新产业集群。雄安新区服务新兴产业发展，面向新材料样品、感知芯片、采集设备等高精尖产品，提供自动仓储、智能加工、共同配送、物流金融以及大数据服务等高附加值物流服务。

2.3.3 枢纽综合评价及发展目标

1. 交通系统运行综合评价

（1）交通基础设施规模偏小

受自然地形条件等因素影响，雄安新区综合交通基础设施规模偏小，路网总能力不足，主要节点间联系通道较少，特别是雄安新区南部与北部联系线路较少。公路方面，雄安新区公路网面积密度为 109.3 千米 / 百平方千米，面积、人口综合密度为 41.1 千米 /（百平方千米·万人）$^{0.5}$，分别比周边协调管控区低 22.8%、12.6%；扣除白洋淀淀区面积，雄安新区公路网面积密度为 137.8 千米 / 百平方千米，面积、人口综合密度为 46.2 千米 /（百平方千米·万人）$^{0.5}$，与周边协调管控区路网密度水平基本相当。

（2）交通基础设施标准较低

雄安新区综合交通基础设施标准偏低，路网运行效率、安全水平和服务品质较低。铁路方面，雄安新区缺少对外联系的高速铁路，境内津保铁路为国铁 I 级、客货混跑铁路，设计速度为 200 千米 / 小时。公路方面，雄安新区境内高速公路平均车道数为 4.6，比周边协调管控区低 1.2；普通干线公路二级及以上的比例为 92.2%，比周边协调管控区低 5.3%；农村公路四级公路占比为 78.1%，且路面宽度不足，仍有 20% 以上建制村的对外联系道路宽度低于 4 米，部分路段出现龟裂、路基沉陷等，影响通行。

（3）交通路网畅通水平不高

铁路方面，雄安新区及周边干线铁路能力基本饱和，京广客运专线、京广铁路、京九铁路能力利用率分别为 88%、93%、83%。津保铁路受京广客运专线、京广铁路能力的限制，客货运需求受到抑制，整体开行列车数量较少，仅开行客车 41 对。公路方面，雄安新区及周边主要干线公路处于饱和或接近饱和运行状态，过境雄安新区的荣乌高速、大广高速拥挤度分别为 0.97、0.8，国道 G112、省道津保北线拥挤度分别为 1.24、1.05；雄安新区周边的京港澳高速、沧榆高速拥挤度分别为 0.72、1。

（4）交通场站枢纽功能较弱

雄安新区各种交通方式独立发展，缺乏系统整合，境内没有综合客运枢纽和大型物流园区。现有的 2 个铁路客运站规模较小，无公路客运站衔接。通往北京方向的动车组列车仅有 4 对。现有的 3 个公路客运站均为二级客运站，且建设年代较早。对外客运班线主要通往北京、天津、保定，石家庄、沧州、德州、济南、唐山、张家口等方向的发车班次较少。目前，营业性公路客运逐年萎缩，公路客运站旅客发送量较少，仅为设计能力的 10.7%（雄县 6.8%、容城 9.1%、安新 17.1%）。

2. 枢纽系统运行综合评价

铁路枢纽方面，雄安站的开通对京津冀协同发展、疏解北京非首都功能以及雄安新区建设发展意义重大。白洋淀站和白沟站目前运营状态良好，已成为现状区域交通出行的重要节点。综合分析雄安新区现有汽车客运枢纽现状，其普遍存在以下问题。

1）枢纽换乘衔接不便。受地理位置、升级改造资金投入不足、衔接交通方式服务质量低等多方面因素影响，客运站无法与城市公交和出租客运等高效便捷接驳。

2）枢纽运营模式落后，经济效益较差。目前，各枢纽乘客出行率较低，2017 年以来客运站运量及收入呈逐年递减趋势，2019 年雄县汽车站、容城县汽车站、安新县汽车站均为亏损经营状态，导致客运企业在符合行业规定的前提下资金投入逐年降低，设备更新频次降低，形成恶性循环，运输经营难以为继。

3）客货运营分属两个体系，缺乏一体化运管体系。客、货运布局及运营相对独立，无法有效配合，一体化程度较低，运输潜力有待进一步发掘。

4）车站设施智能化程度低。站房设施老旧、车辆陈旧、车站配套不足，智能化水平低，乘客候车乘车舒适性差，服务水平低，已无法满足广大人民群众日益增长的高品质出行需求。

3. 发展目标

（1）2023 年发展目标

雄安新区结合轨道交通建设与高速公路网建设，重点开展至北京的对外综合交通枢纽体系建设，同步开展至天津与保定方向的对外综合交通枢纽体系建设；配合内部发展需求，建设雄安新区内部交通枢纽，实现雄安新区建成综合交通枢纽的常态化、实质性运作，基本满足内外交通出行需求，起到疏解北京非首都功能的“先行官”作用。

（2）至 2025 年发展目标

雄安新区建设完成“三主两辅”城市级综合客运枢纽以及内外交通廊道衔接节点重要组团级枢纽，配合各组团与特色小镇建设开发进度要求，做好组团级枢纽与单元社区枢纽的优先配套建设，进一步增加组团级枢纽接驳能力与单元社区枢纽覆盖范围，满足雄安新区不断增长的内外出行需求，助力雄安新区有序承接非首都功能疏解，充分融入并带动京津冀一体化发展。

（3）至 2035 年发展目标

雄安新区基本建成多层级、一体化的现代综合交通枢纽体系，形成城市、组团、单元社区、公交驿站 4 级枢纽体系架构，依托新区综合立体交通网共同构建形成便捷、安全、绿色、智能的交通网络，实现多种交通方式的顺畅换乘和无缝衔接，使综合交通枢纽现代化水平居于全国前列，“全国样板”示范引领效应充分发挥，同时对落实疏解北京非首都功能、带动京津冀区域协同发展发挥重要作用。

（4）至 2050 年发展目标

雄安新区全面建成国际领先水平的现代综合交通枢纽体系，使现代综合交通枢纽成为带动区域经济发展的新增长极，成为促进京津冀协同发展的重要支点。雄安新区现代综合交通枢纽具体发展目标见表 2-11。

表 2-11 雄安新区现代综合交通枢纽具体发展目标

目标层	准则层	指标层	指标值（远景年）
设施规模合理	能力供给	中转旅客量	大于 200 万人次 / 日
		建筑规模	大于 200 万平方米
	空间布局	400 米覆盖面积占比	100%
		400 米覆盖人口占比	100%
		400 米覆盖岗位占比	100%
接驳便捷高效	服务水平	旅客换乘中转时间	小于 15 分钟
		交通服务设施完善程度	100%
	衔接一体	旅客接驳步行距离	150 米
运行安全可靠	功能可靠	负荷度	小于 100%
	安全保障	无障碍设施覆盖率	100%
系统绿色智能	网络智能	智慧枢纽数量占比	100%
	绿色发展	公共交通设施建筑规模占比	大于 35%
		慢行接驳交通设施建筑规模占比	大于 5%
	资源集约	站城共享率	40%

第 3 章

前景展望

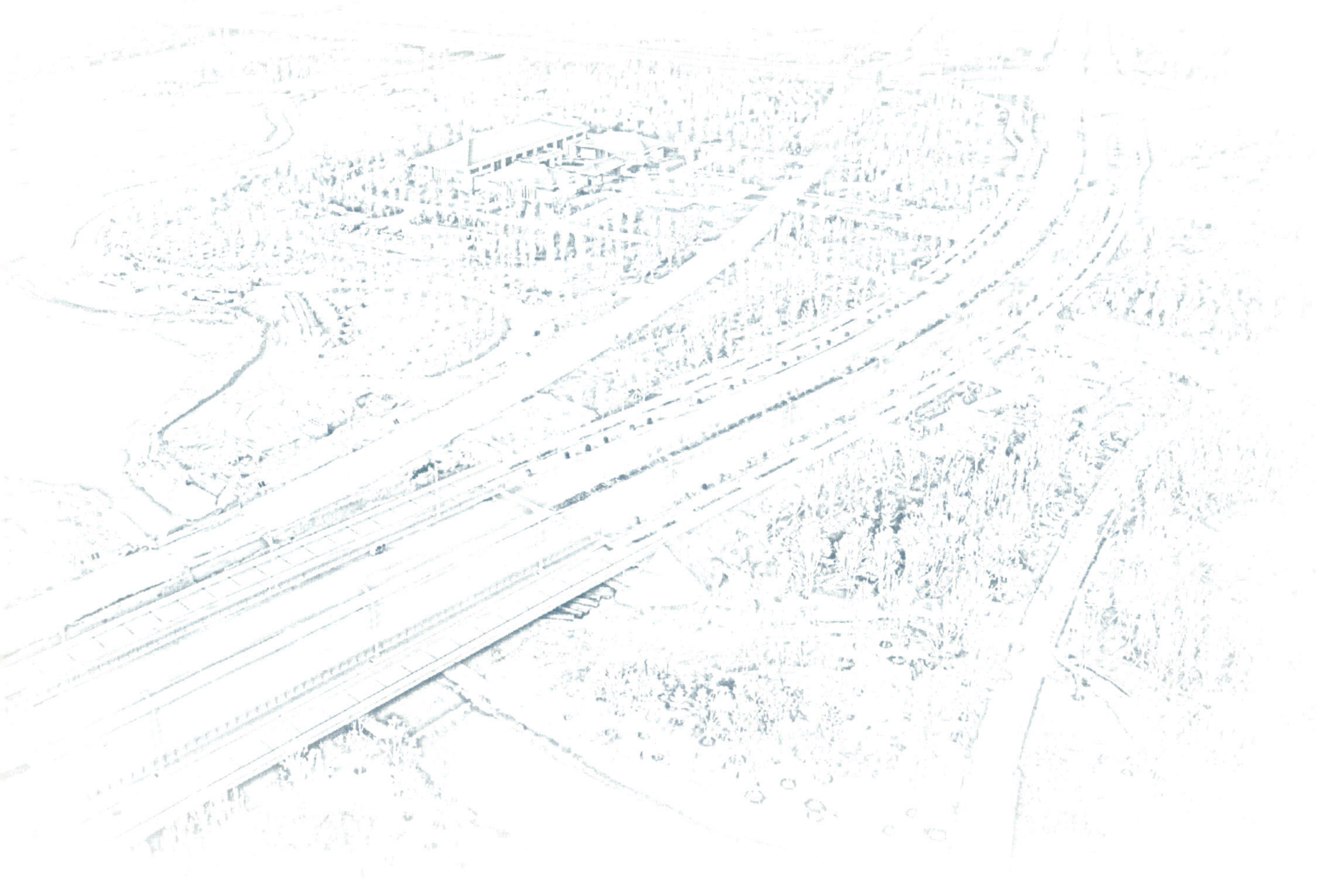

枢纽是交通转换的中心环节和关键纽带。综合交通枢纽不仅在完善综合交通运输网络、提升客货运输效率、降低物流成本等方面具有重要作用，也承担着交通功能与经济、社会、文化等城市功能的融合任务，其布局建设直接影响城镇空间形态和区域协调发展。综合交通枢纽未来将承担起区域交通中心或城市发展功能中心的作用，其最大特点是功能的复合化，交通枢纽与城市功能区相互融合，在功能上，逐步从运输枢纽向组织枢纽综合体演变。在传统枢纽布局中，枢纽与功能区分离，一方面受交通承载能力的制约，与枢纽分离的功能区难以实现真正高密度、高强度开发，降低了土地资源的利用效率；另一方面，枢纽自身主要承担交通功能，服务城市的开发建设功能利用不足。由于城市发展的需要，现代综合枢纽周边区域的高密度、高强度开发，高效集约利用的土地资源使枢纽与城市其他功能之间逐渐没有了明显的界限之分，枢纽在保留并发展传统交通功能的同时，城市功能日益加强。

雄安新区是疏解北京非首都功能的集中承载地，也是京津冀区域协同发展协调发展示范区，与区域周边有着越来越紧密、频繁的联系。2021年，多部门联合印发了《现代综合交通枢纽体系“十四五”发展规划》，规划将雄安新区定位为全国性综合交通枢纽城市，与北京、天津等国际性综合交通枢纽城市形成错位发展格局。规划建设应重点围绕提升跨区域人员交流和国家战略物资的中转组织集散作用，并支撑国家应急救援系统运输组织、货物快速投递和国家物流发展等。

上位规划多层级综合交通枢纽体系功能实现的基本依托是城市内部的枢纽。通过系统规划内部布局，枢纽承接本区域内运输需求，做好“最后一千米”服务。合理的内部枢纽港站规划布局应服从枢纽集群、枢纽城市的战略规划目标，符合规划区域的总体规划和生产力分布格局，满足社会经济发展的运输需求，尤其要考虑铁路、公路、水路、航空等各种运输方式间的无缝衔接要求，保障旅客联程运输、货物多式联运的连续、顺畅、高效，提高综合交通运输系统的整体效率。

雄安新区的交通运输将由传统县域交通向现代化交通运输系统转变，枢纽规划要促进布局合理、衔接顺畅、转运高效、服务优质的交通枢纽体系的建设，以支撑国家战略实施、适应未来客货运输需求为目标，依托京津冀城市群，提升周边的辐射带动能力，加强对综合运输大通道和全国性综合交通枢纽的支撑。

3.1 客运枢纽体系不断完善

完善的交通体系是雄安城市发展的重要支撑。城市客运枢纽是城市的客流集散中心，承担着城市客流换乘的功能，需要兼具城市空间利用的功能，起到城市框架扩展及土地开发导向的作用。在为旅客提供客运组织、客流中转集散和城市市内交通与市域交通对接功能的同时，城市客运枢纽逐渐承担起越来越多的城市服务功能。

近年来，城市客运枢纽逐渐演变成集商务、商业、娱乐与交通枢纽等现代化服务产业为一体的大型综合体，其城市复合功能区的作用凸显。综合交通枢纽具有兼顾支持城市开发建设、文化传播的功能作用，其的开发建设作为契机促进了城市向多中心空间结构的转换。枢纽综合多样化的功能、多维性的空间丰富了城市环境和建筑内涵。在城市发展战略的引导下，综合枢纽以交通功能为核心，有序组织和整合其他城市功能，逐渐发展成城市新的增长极。

枢纽规划应依据地区经济社会发展规划、国土空间规划、综合交通体系规划等相关上位规划要求，充分考虑城市定位、城市形态、交通功能、运输需求及能力等影响因素，研究区域范围内枢纽的功能体系和分工，初步确定各类枢纽的日标定位、服务功能、配置要求和建设规模，结合规划建设条件明确枢纽位置。

同时，枢纽规划理念由构建传统的“中转、到达、发送”等一般性功能交通枢纽体系，向构建“助力城市生长、引导交通生态、支撑区域发展、枢纽协同运作、服务一体智能”的综合性枢纽体系转变。

3.1.1 客运枢纽体系构建

鉴于雄安新区发展定位与地理位置的重要性，综合客运枢纽体系应重点统筹融合铁路、公路为一体，外部紧密衔接大兴国际机场，内部兼顾水上交通需求。不同性质的客运需求在时间、距离、费用以及个性化服务等方面各不相同，不同交通模式的客运流存在较大差异，各种交通方式自身也存在不同层级体系，上述情况决定了客运综合枢纽体系必须是多层级、一体化的，并且要在节点上实现更高层面的供需动态平衡，从而提升城市的交通韧性。

1. 综合客运枢纽布局规划原则

按照“世界眼光、国际标准、中国特色、高点定位”的总体要求，贯彻“创新、协调、绿色、开放、共享”新发展理念，雄安新区以服务地区经济和社会发展为目标，加快构建综合交通运输体系，构建多层级、一体化综合交通枢纽体系。

1）适度超前，引领发展。雄安新区保持公共交通服务快速发展，强化综合客运枢纽对区域交通的衔接转换功能和对城市空间发展的引导功能，提升综合客运枢纽服务能力和服务品质，推动城乡客运一体化发展。

2）合理布局，统筹发展。雄安新区构建与区域发展相协调的客运枢纽体系；按照不同城市组团的特点和功能定位，合理确定各类综合客运枢纽的配套与衔接设施，形成因地制宜、统筹发展的枢纽空间布局形态与体系。

3）近远结合，有序发展。雄安新区兼顾地区发展使命、交通网络与枢纽衔接特点，统筹规划、分步推进综合客运枢纽建设；近期重点规划建设与高铁、城际铁路、对外公路相配套的综合客运枢纽，随着组团的发展逐步完善各具特色的综合客运枢纽体系。

4）集约利用，可持续发展。雄安新区集约、节约利用土地资源，充分利用既有场站，加强不同交通方式场站、不同服务属性用地的有效整合与衔接，加强与城市基础设施的协调配合，促进交通与土地资源高效集约利用。

5）适应城市经济、社会的发展水平。综合客运枢纽作为基础公共服务设施，规划建设要符合经济发展水平，也要服务城市经济、社会发展，紧密结合发展特征要求，满足经济社会对交通的整体需求，以支撑和保障城市发展。

6）符合国土空间规划。综合客运枢纽作为交通与城市的双重节点，对区域及城市的空间布局、土地利用有着深远影响；其规划建设要注重枢纽与交通网络的协调配合，也要符合国土空间发展战略；要科学划定枢纽影响区域和控制范围土地利用功能，促进枢纽与城市互动与联系，重视公共空间系统优化与站城关系重构，最终实现站城一体化发展。

7）融入综合交通运输体系规划。枢纽作为内外交通、不同方式交通衔接的重要节点，首先应按照综合交通枢纽的总体发展要求，确定综合客运枢纽的支撑功能和发展定位；其次充分考虑区域、城市交通路网特点及客流分布特征，使综合客运枢纽布局有利于旅客聚集与疏散，满足对外出行的时效性要求，充分考虑不同枢纽之间的相互协调，充分考虑其与轨道、公交、城市道路之间的衔接。

8）构建多层级枢纽体系。客运枢纽布局规划首先要研究规划区域在国家和区域中的定位，以此为依据确定规划范围内客运枢纽应具备的整体功能；然后按照规划范围内各个组团节点的区位条件、社会经济发展水平、交通网络设施、客流需求规模等要素，分析确定规划范围内客运枢纽的功能层次、分工及作用。

2. 综合客运枢纽布局模式选择的影响因素

综合客运枢纽的选址方案主要基于城市定位、城市形态、交通功能、运输能力 4 个方面的综合影响。城市定位和城市形态是影响枢纽所依托城市在全国或区域综合交通运输系统中重要性的关键因素，交通功能和运输能力是决定一个城市节点能否成为综合交通枢纽的主要因素。

1）城市定位。城市定位指的是综合交通枢纽所依托城市的行政等级、人口数量、经济因素（包括经济总量和经济影响力）、城市的发展规划以及在全国和区域中承担的作用。城市定位是一座城市影响力、竞争力和发展潜力的重要表现，是其综合实力的体现。综合交通枢纽的城市定位决定着城市在综合交通运输系统以及全国和区域中的重要性。城市定位对综合交通枢纽选址规划的影响还体现在枢纽所依托城市能否实现综合交通枢纽的全部功能。

2）城市形态。城市的形态与规模决定了城市的性质、规模、城市用地功能分区、城乡发展和经济发展的方向，决定着该城市节点交通站场的分布与特征，如站场的数量、布置方式和位置，这也是日后会严重影响和制约城市发展的重要因素。因此，城市形态间接影响了综合交通枢纽的运输能力和交通功能。

3）交通功能。综合交通枢纽的交通功能主要表现在城市交通线路的种类、数量、枢纽技术等级、其在综合交通运输系统中的重要度、城市既有交通线路基础以及交通的吸引和辐射范围。交通功能是影响综合交通枢纽选址的最重要因素。交通线路的种类代表着该城市节点是否属于多种交通方式的交会处。交通线路的数量、技术等级以及在综合交通运输系统中的重要度决定了该城市的交通线路在全国和区域路网中的重要性。城市既有交通线路基础决定了城市路网的基础，也体现了城市节点的发展与建设难度。交通吸引和辐射范围指的是枢纽对其他枢纽或周边城市的影响范围，也体现了枢纽在综合交通运输系统中的重要性。

4）运输能力。运输能力包括旅客的到发量、通过量、周转量、运输技术和设施设备。枢纽运输能力是其交通功能实现的基础。交通功能的完善程度决定了枢纽运输能力的大小。到发量、通过量、周转量则具体量化了枢纽运输能力的大小。运输技术与设施设备是运输能力的支撑与保证。因此，运输能力是衡量综合交通枢纽所依附的城市能否充分发挥其综合交通枢纽作用的重要指标，较强的运输能力也是高层级综合交通枢纽所应具备的必要条件。

3. 综合客运枢纽布局分类

目前，国内的综合客运枢纽分类方法并不统一，国家和地方有不同的分类依据和方式。

（1）国内相关分类方式

- **国家综合客运枢纽分类方式**

1）按主导方式分类。交通运输行业标准《综合客运枢纽分类分级》（JT/T 1112—2017）按照主导方式不同，将具备两种及以上对外运输方式的综合客运枢纽划分为铁路主导型、公路主导型、水运主导型和航空主导型 4 种类型。此种分类方式从交通行业管理角度，重点解决目前单体综合客运枢纽在设计、建设阶段公共换乘区域遵循的技术规范问题。

2）按衔接方式分类。交通运输部的《“十二五”综合客运枢纽建设规划》《“十三五”综合客运枢纽建设方案》按照枢纽衔接的运输方式，将具备两种及以上对外运输方式的综合客运枢纽划分为公铁衔接型、公铁航衔接型、公航衔接型、公水衔接型和公铁水衔接型等类型。

3）按服务或辐射范围分类。客运枢纽的服务范围是枢纽功能发挥的外在表现，是枢纽定位的参考要素。服务范围随着枢纽提供的服务水平的不同而有所变化，一般通过服务区域面积（包括核心区和外围区）和服务人口两个要素进行衡量。按照服务范围不同，枢纽一般可分为国家级、省级和市县级 3 个级别。按辐射范围，客运枢纽分为国际型、省际型、城际型和城乡型。

4）按位置特性分类。按照所在城市的区位，综合客运枢纽和城市换乘枢纽可划分为中心区枢纽、边缘地区枢纽和市郊枢纽 3 类。

各种分类方法及适用条件如表 3-1 所示。

表 3-1　既有综合客运枢纽分类方式及适用条件

分类指标	具体说明	分类方式	适用性
主导方式	按照枢纽主导方式分类	铁路主导型、公路主导型、水运主导型、航空主导型	适用于具备两种及以上对外运输方式的枢纽，但不包含城市换乘枢纽
衔接方式	按照枢纽衔接的运输方式分类	公铁衔接型、公铁航衔接型、公航衔接型、公水衔接型、公铁水衔接型	适用于明确项目方式特点，但不便于明确管理责任主体的枢纽

续表

分类指标	具体说明	分类方式	适用性
服务或辐射范围	按照服务区域面积和服务人口分类，是枢纽功能发挥的外在表现	按服务范围，分为国家级、省级、市县级；按辐射范围，分为国际型、省际型、城际型和城乡型	适用于明确影响力，确定项目定位，但服务范围需主观判断的枢纽
位置特性	按照枢纽所在城市的区位分类	中心区枢纽、边缘地区枢纽、市郊枢纽	用于城市客运枢纽布局，指导城市总体规划，但不便于提出统一建设要求

● **上海市综合客运枢纽分类方式**

上海市根据市域范围内客运枢纽所承担的交通功能和规模大小，分为以下 4 种类型。

A 类是以大型对外交通设施为主体的综合客运交通换乘枢纽，即以航空、铁路等的大型对外交通设施为主体，配套轨道交通车站、公交枢纽站、社会停车场库、出租汽车营业站等市内交通设施，从而形成的市内外综合交通换乘枢纽。

B 类是以市内公共交通设施为主体的综合客运交通换乘枢纽，即以轨道交通站点和常规公交为主体，配合其他交通设施（包括出租汽车营业站、社会机动车辆停车场库和汽车客运站等）的枢纽站。

C 类是以轨道交通和机动车换乘为主体的 P+R 停车换乘枢纽。

D 类是以单纯常规公交换乘站点为主体的枢纽。

● **江苏省综合客运枢纽分类方式**

江苏省对外客运枢纽按出行范围和组织形式可分为国际客运枢纽、国内中长途客运枢纽和城际中短途客运枢纽 3 种类型。

3 种不同类型主要考虑未来江苏省在出行供给方式上会有所调整，将形成民航机场、客运专线、城际铁路、公路、水运多种方式合理定位的综合客运体系。在以上综合客运枢纽分类的基础上，再考虑各种交通方式的特点，并以总量控制为原则，进行规模定级。枢纽可划分为 4 级：特大型枢纽，以服务江苏省域及周边地区至国际国内的长途出行为主；大型枢纽，以服务江苏全省或枢纽所在城市及周边相邻其他城市至全国的长途出行为主；中型枢纽，以服务枢纽所在城市的市域城际客流出行为主；小型枢纽，以服务枢纽所在城市部分区域中短途对外出行为主。

● **重庆市综合客运枢纽分类方式**

综合客运枢纽层次性分析是运输组织分析的基础和前提。综合客运枢纽一般指多条（两条及以上）综合运输通道的交会点，多数均依托不同层级和规模的城镇，在跨区域客货流集散、中转中功能突出。在满足国家综合客运枢纽分类划分标准和借鉴上海、江苏关于综合客运枢纽分类分级方案的基础上，根据重庆市客运需求层次、综合客运枢纽的功能及重庆实际情况，重庆市综合客运枢纽划分为国际型、区域型和一般型 3 类。

● **小结**

枢纽规划和分类、分级需支撑城市交通战略格局和差别化城市空间发展布局，并与城市总体规划保持一致。从国内经验可以看出，公共交通枢纽分类没有一个统一的标准，各个城市都按照自己的发展需要和城市本身特点来对公共交通枢纽进行分类，但是分类考虑的基本要素是相似的，可以总结为以下几点：

➢ 枢纽所处的城市区位，与城市土地利用的关系；

➢ 枢纽的功能定位；

➢ 枢纽换乘模式种类、数量及换乘客流量。

枢纽的分级可以改善出行模式选择，增强公交的地位和改善公交的形象，不同枢纽服务功能不同以及区位不同，便于不同类型的乘客进入和使用。

（2）雄安新区综合客运枢纽的分类方式

综合客运枢纽从城市需求角度，以发挥交通引导城市发展、调整城市结构的作用为思路进行布局。随着城市空间的扩大、交通运输的发展变化以及枢纽需求的增长，由于功能分工而形成的多中心综合客运枢纽布局发展已成必然。依据功能进行综合交通枢纽布局和结构调整，未来我国建设的重点是服务于高速铁路及城际铁路的城际交通和城市交通一体化的综合交通枢纽。

根据交通发展战略，雄安新区按照多节点、网络化要求，依托高铁、城际站，强化路网对接和多种交通方式衔接。根据出行特征和空间距离，雄安新区的交通出行可划分为 3 个圈层：全国及全球范围（200 千米以上）以商务、公务等出行为主的圈层；京津冀范围（50~200 千米）以公务、商务、休闲旅游等出行为主的圈层，且与北京方向的联系最为紧密；雄安新区内部及周边区域（50 千米以内）以公务、商务、生活休闲、通勤通学等出行为主的圈层。

枢纽内外不同的出行方式对应不同的出行时效要求、衔接功能、服务对象及连接廊道。雄安新区现代综合交通枢纽有多种类别，构成了多层级的综合交通枢纽。按照出行距离及类型需求，雄安新区枢纽分为对外衔接型及内部联系型两类。

对外衔接型枢纽主要连接廊道对应的是铁路方式，功能定位为高铁、城际轨道及其配套的长途客运与内部公共交通的便捷转换，重点服务对象是高铁站、城际轨道站及公路客运的客流。

内部联系型枢纽分为组团型、单元社区型及驿站型 3 类。考虑白洋淀的水运特色，组团型交通枢纽分为组团型公交枢纽和码头型枢纽，作为外部小汽车交通与内部公共交通的转换中心及水陆交通转换中心。

组团公交型枢纽通过组团之间的公交廊道将外来小汽车屏蔽于各组团外部，进而实现对外交通绿色出行的目标，重点服务雄安新区小汽车客流及各组团之间公交廊道出入口的客流，依靠组团之间的快速公交廊道连接。码头型枢纽依靠白洋淀水运廊道实现内部连接，减少环淀组团之间的绕淀出行，保留水运出行特色。

单元社区型枢纽主要实现组团内部出行，是公交与公交、公交与慢行交通之间的转换节点，服务社区中心生活圈范围内的居民出行，主要依靠组团内部公交廊道的连接。

公交驿站用于组团内居民公交候车，主要服务于雄安新区内公交候车居民，主要连接廊道为公交线路。

雄安新区综合客运枢纽层级划分如表 3-2 和图 3-1 所示。

表 3-2 雄安新区综合客运枢纽层级划分结果表

体系划分	类别划分		功能定位分类	服务对象	主要连接廊道
对外衔接型	城市型		高铁、城际轨道、长途客运与雄安新区公共交通的便捷转换	高铁站、城际轨道以及公路客运客流	铁路沿线
内部联系型	组团型	组团公交型枢纽	小汽车与雄安新区组团公交衔接	雄安新区小汽车客流、各组团之间公交廊道出入口客流	组团之间公交廊道
		码头型枢纽	雄安新区内部水陆衔接	安新码头、温泉城码头客流	白洋淀水运廊道
	单元社区型	单元社区型枢纽	公交与公交及慢行衔接	社区中心生活圈范围居民	组团内部公交廊道
	驿站型	公交驿站型枢纽	组团内居民公交候车	雄安新区内公交候车居民	公交线路

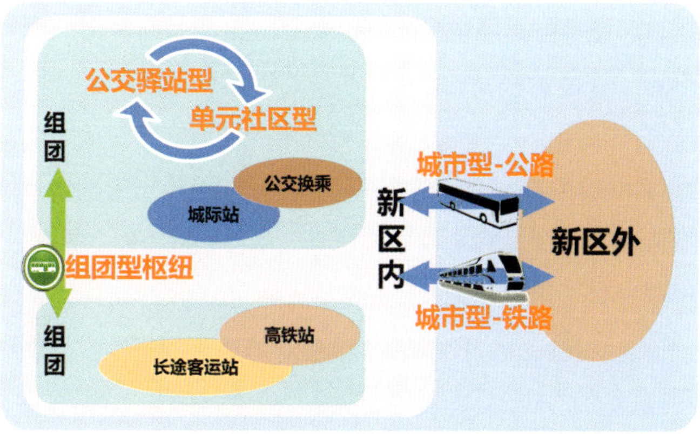

图3-1 雄安新区综合客运枢纽体系示意

4. 综合客运枢纽总体布局

（1）常规客运枢纽布局模式

综合客运枢纽总体布局一般根据城市出行需求进行规划设计，我国综合客运枢纽的布局模式分为以下 3 种。

1）一主多辅式。该模式由一个规模较大且服务范围较广的主站和若干个规模较小且服务范围较窄的辅站组成。其中，主站有通达城市各个区域或各个辅站的交通。主站和辅站互补，构成一个不可分割的整体。其更适合于块状、星形城市，是最为常见的城市客运枢纽布局模式。

2）多主多辅式。该模型类似于一主多辅式，由多个主站和多个辅站组成。与一主多辅式相比，其主枢纽站的数量及功能类型更多。该模式更适合大型城市、星形城市、多中心城市，也适合多个城市群协同使用。

3）协同发展式。此模式的枢纽站大小、模式几乎相同，没有辅站或子站点，各站之间是并行和独立的。其适用于交通出行与吸引相对均衡的城市，分散组团式城市也适合采用该模式。

（2）雄安新区综合客运枢纽布局模式

雄安新区作为未来交通出行与吸引相对均衡的城市，其综合客运枢纽总体布局应当选择适宜城市协同发展的布局模式。布局模式应当首先选择服务于北京，达到促进非首都功能疏解的作用；其次需要考虑协同京津冀“功能互补、区域联动、轴向集聚、节点支撑”的布局思想；最后应有助于促进枢纽周边基础设施建设，形成以枢纽为中心的周边经济圈的战略布局模式。

总体布局按照多节点、网络化要求，将雄安新区内综合客运枢纽分为城市型、组团型、单元社区型、公交驿站 4 级。

1）城市型枢纽。城市型枢纽依托高铁、城际铁路及公路客运，强化路网对接和多种交通方式衔接，构建“三主两辅”的格局。“三主”为雄安高铁站、雄安城际站、小里站；“两辅”为既有的白洋淀站、白沟站。其实现多种交通方式在空间、时间上的无缝衔接和顺畅换乘，打造旅客联程联运服务；依托高速路网，构建雄安新区对外城市级公路客运枢纽，承担雄安新区对外的小汽车停放换乘与城际公交换乘等功能，提供旅客公路客运服务。

2）组团型枢纽。其采用“环抱式”布局，沿组团边缘的对外骨干道路布设，综合布局公交停保场、首末站和社会车辆停车场，承担小汽车停车换乘及公交首末站、停车保养等功能。

3）单元社区型枢纽。其采用“棋盘式”布局，与单元社区中心集约共建、分散布设，优先保障“公交—公交”“公交—慢行”便捷换乘衔接，鼓励枢纽与建筑结合设置。

4）公交驿站。公交驿站依托路网采用“棋盘式”布局，根据道路条件采用直列式或港湾式进行建设，在传统公交停靠站功能的基础上，根据定线公交及弹性公交站点需求，利用相邻用地的公共服务及商业空间，配建或单独建设室内候车设施。

3.1.2 城市型枢纽区域联动

雄安新区综合考虑城市形态与发展规划、交通需求分布区域与辐射方向，统筹各种运输方式基础设施设置，到 2035 年规划建设 5 个城市型枢纽。其中，实现铁路、公路客运与城市公共交通便捷换乘的枢纽有 3 个，分别为雄安高铁站综合客运枢纽、雄安城际站综合客运枢纽以及白洋淀站综合客运枢纽。服务铁路与城市公共交通有效衔接的枢纽有 2 个，分别为小里站枢纽和白沟站枢纽。城市级枢纽规模见表 3-3，城市型枢纽总体布局详见图 3-2。

表 3-3 城市型枢纽规模汇总

名称	所在区域	建筑面积 / 公顷	占地面积 / 公顷
雄安高铁站（雄安东站）	昝岗	47.52	60
雄安城际站（雄安站）	启动区	16	20
小里站	第一组团	8	12
白洋淀站	容城	5	8
白沟站	雄县	5	8
合计	—	81.52	108

1. 雄安高铁站（雄安东站）

雄安高铁站（雄安东站）综合客运枢纽（图 3-3、图 3-4）位于昝岗组团，是雄安新区重要的高铁门户车站和雄安新区高铁、城际线路的组织中心，远期集高铁城际、公路客运、旅游大巴、城市轨道交通、城市公交等多种交通方式于一体，打造集约布置对外多种交通方式的、内外交通衔接转换顺畅的综合交通枢纽。枢纽内各类设施统一规划设计，同步实施。

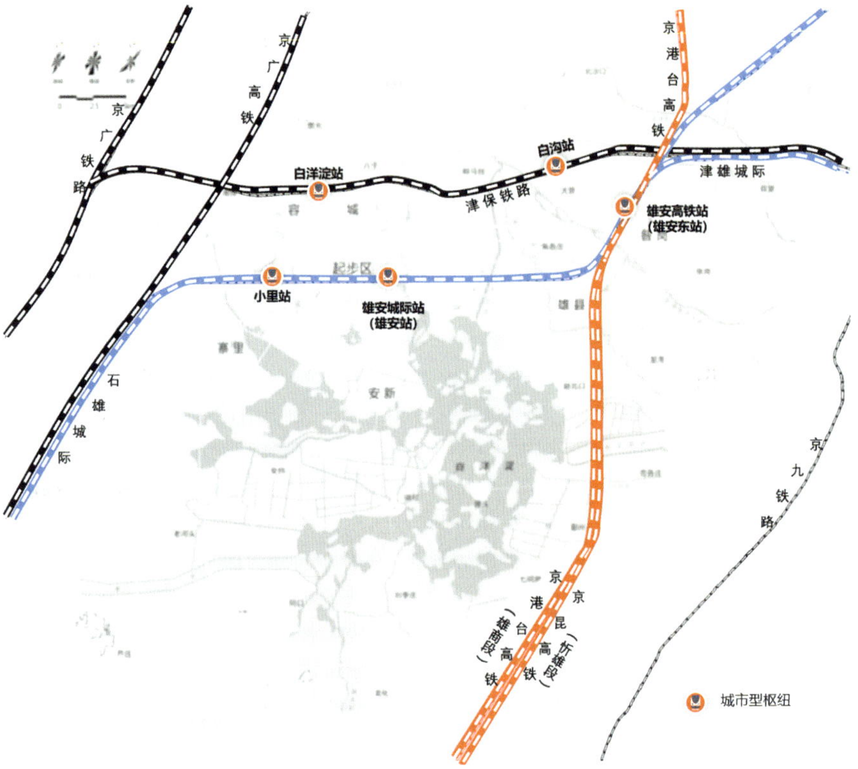

图3-2　城市型枢纽总体布局

雄安高铁站站场规模为 11 台 19 线，分为两场，其中京港台高铁、京雄—石雄城际和津保铁路联络线合为一场设置，规模为 7 台 12 线；津雄城际与京昆高铁雄忻段合为一场，规模为 4 台 7 线，总建筑面积为 47.52 公顷，占地面积约为 60 公顷。线路引入京港台高铁、京雄—石雄城际、津雄城际—京昆高铁雄忻段、津保铁路联络线、雄安新区至大兴国际机场轨道快线等多条线路，同时城市轨道预留接入条件，便捷联系起步区、雄县及周边组团。

雄安高铁站与周边城市空间紧密融合，枢纽功能与城市功能互联互通，站城一体开发，加强运输方式融合，最大限度减少旅客换乘距离，积极创新候车模式，提高乘车效率和出行体验，引进旅客自助进站、站台电子地标、站内导航、安检互认等智能车站系统，着力打造智能型车站典范。

依托国家高铁网，雄安高铁站实现雄安新区与山东半岛、中原、辽中南城市群主要城市济南、郑州、沈阳高铁 2~3 小时可达，与长三角、关中、长江中游城市群主要城市上海、南京、杭州、武汉、西安等高铁 3~5 小时可达，形成雄安新区便捷联系全国的对外轨道交通格局。

图3-3 雄安高铁站位置示意

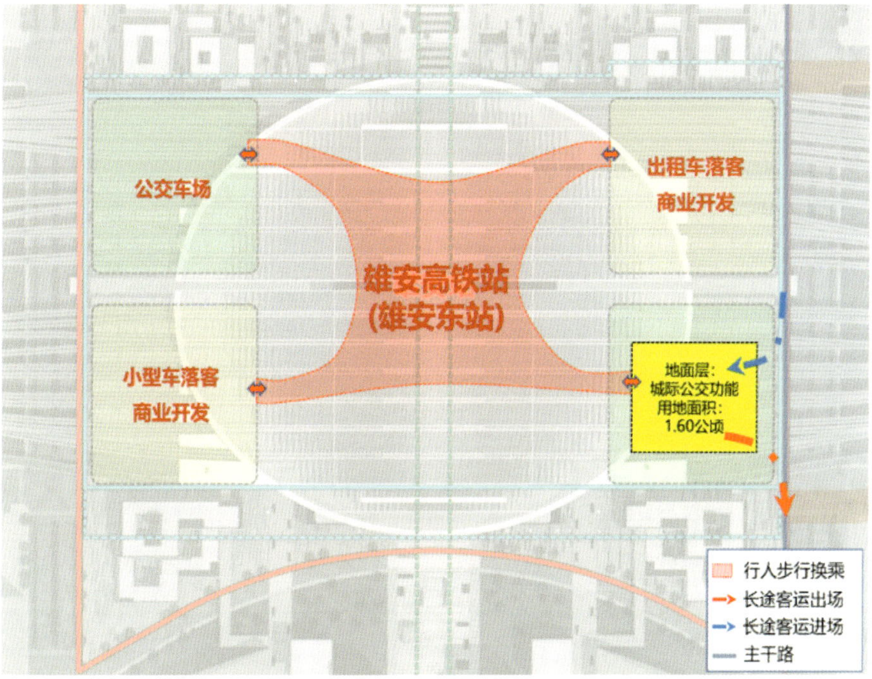

图3-4 雄安高铁站主要功能布局示意

2. 雄安城际站（雄安站）

雄安城际站（图 3-5）是京雄—石雄城际线路上的重要站点，以联系京津冀城际功能为主，位于雄安新区起步区东西轴线上，位于启动区南侧，是按照一体化立体开发模式协同建设的城市型枢纽，总建筑面积 16 公顷，占地面积约为 20 公顷。枢纽对内服务范围覆盖起步区、安新、寨里及周边各特色小镇，对外承接石家庄和保定方向、北京方向等雄安新区西部及北部京津冀部分地市的进出雄安新区需求，同时满足雄安城际站（雄安站）与大兴国际机场到发客流的中转换乘需求。

雄安城际站兼顾高铁物流功能，预留物流快递作业空间，为发展高铁货运预留空间条件。雄安城际站按 4 台 6 线控制，所有列车全部停站，预留北京方向列车始发终到条件，适当增加铁路站台宽度，预留站台候车条件。站台引入自然光，提升地下车站的通透性。城际铁路和城市轨道站台适当拉开间距，预留功能扩展空间。

3. 小里站

雄忻高铁东西向穿越起步区，沿东西轴线地下敷设，规划在第一组团设小里站。小里站规划为地下站，位于雄安站西侧约 10 千米，总建筑面积 8 公顷，占地面积约 12 公顷，规划 2 台 4 线，预留跨站不停车条件。站内设有城际轨道、城市轨道以及城市公交。

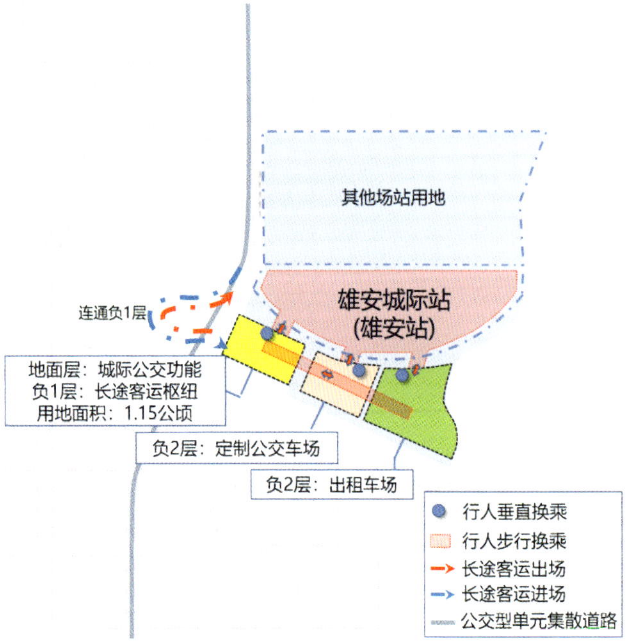

图3-5 雄安城际站

小里站建成后，将实现城际铁路在雄安新区内多组团设站，与城市组团中心耦合布局、站城一体化开发；可提供高频次、高可达性城际轨道交通服务，是京津冀城际铁路联系主站、雄安新区与京津冀核心城市直联直通的客运服务中心。

4. 白洋淀站、白沟站

白洋淀站、白沟站作为现状津保铁路沿线车站，规划为雄安新区两个辅助铁路枢纽，服务雄安新区北部外围组团，同时兼顾货运物流。白洋淀站和白沟站扩能改建，建筑面积均为 5 公顷，占地约 8 公顷。两站均预留建设综合交通枢纽的条件，依托既有铁路线，考虑未来提供长途客运、外来车辆接驳换乘、城市交通服务、货运物流中转等功能，成为服务雄安新区北部外围组团的枢纽节点。白洋淀站与白沟站充分利用津保铁路及其与京广高铁、京九铁路的连通条件，兼顾雄安新区与北京方向、天津方向和京广高铁沿线城市的联系，成为雄安新区北部重要的对外联系辅助车站。

白沟站规划新建铁路物流基地，服务雄安新区货物运输，承担生产生活性货运功能。配套新建的白沟站分拨中心主要服务雄安新区高端高新产业发展，兼顾为起步区、昝岗组团、雄县组团提供生活服务，并发挥自贸区的政策优势，开展物流口岸、集装箱转运、商贸服务等业务（图 3-6）。

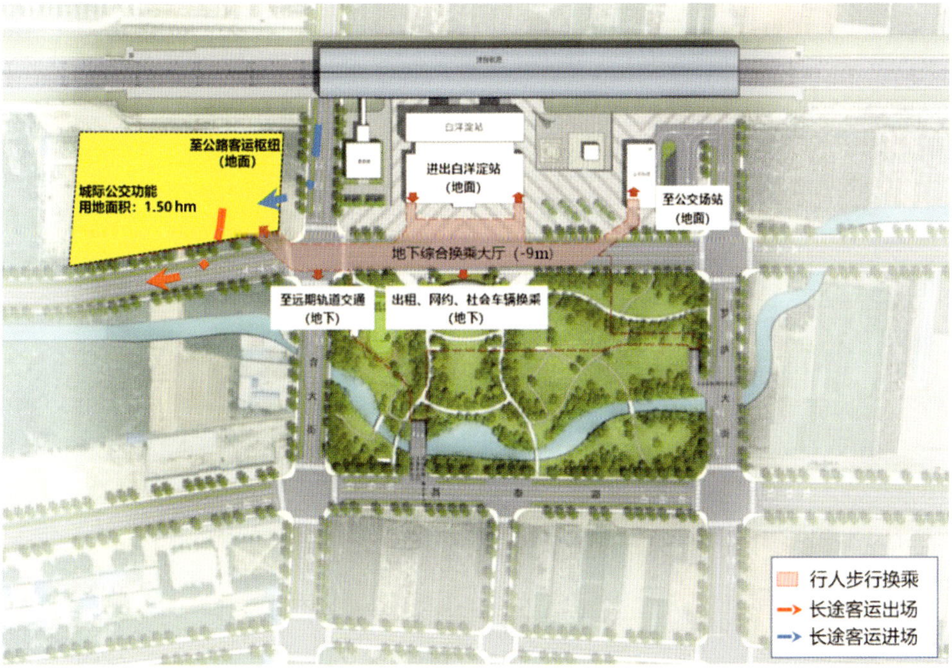

图3-6　白洋淀周边交通设施布局

5. 衔接周边机场枢纽对外交通

京雄城际、机场快线连接北京城际铁路联络线、北京轨道交通预留 R4 线等线路，实现与北京大兴国际机场、首都国际机场的便捷联系；通过津保铁路、津雄铁路与城市轨道接驳，实现与天津滨海国际机场的联系，通过石雄城际、京广高铁等实现与正定国际机场的直达联系。

3.1.3　组团型枢纽环抱支撑

雄安新区有组团型枢纽共计 36 个，分布在起步区、5 个组团及特色小镇内，按照主要功能可分为两类，A 类为组团型公交枢纽，B 类为枢纽码头。

1. 起步区

起步区范围内规划组团型枢纽 4 处，分别位于起步区第五组团东侧边缘，第一组团西侧边缘，启动区北侧、西南方向各规划一处组团型枢纽。北侧容城组团内规划有组团型枢纽，因此起步区北侧边缘可不规划组团型枢纽（图 3-7）。

图3-7　起步区枢纽位置

东侧组团型枢纽的推荐建设规模约为 30 000 平方米，西侧的推荐建设规模约为 60 000 平方米，主要服务起步区内部及对外客流，衔接城市轨道交通、城市公交及城乡公交；东南方向的组团型枢纽的推荐建设规模约为 19 000 平方米；启动区东北部的组团型枢纽的推荐建设规模约为 50 000 平方米，承担城乡干线公交到发、城市公交与城乡公交接驳换乘及公交车辆维修保障、夜间停放、发车调度等功能。

2. 容城组团

容城组团共规划组团型枢纽 3 处（图 3-8），主要服务容城组团、雄安新区内客流，兼顾京津冀都市圈客流，衔接城市轨道交通、城市公交快线干线、城乡公交干线普线、公路客运站。

容东组团枢纽以内部公交换乘及停保功能为主，位于容东组团东北部，承担公交车辆维修保障、夜间停放、发车调度等功能。地面层以换乘空间为主，地下空间主要用于车辆停放，规模为 3.2 公顷。另外两处枢纽是以小汽车停车、换乘为主要功能的公交枢纽，分别位于容城片区的 XE24 与 XN6 交叉口西南侧、容西组团西北部。集成停车场与市民服务中心主要承担内外交通衔接功能，兼顾不同公共交通方式间的接驳换乘，通过枢纽立体开发和智能运营调度，提供便捷高效的外来小汽车和城市公共交通换乘服务，为制定灵活的小汽车政策提供设施空间，同时配套商业、餐饮、定制化公交等服务设施。

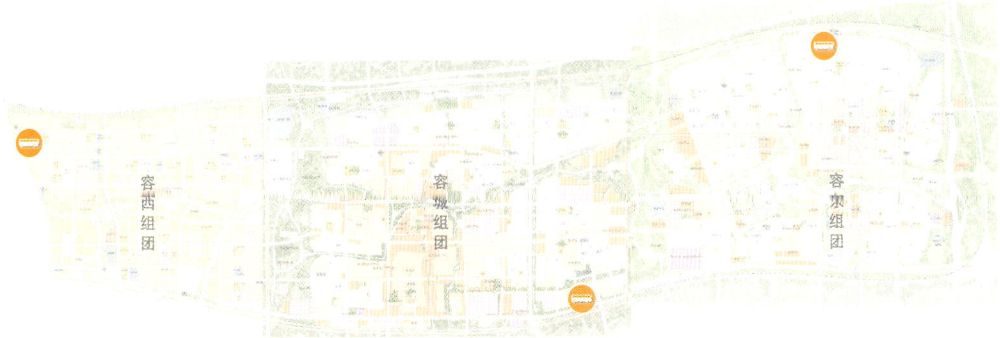

图3-8 容城组团枢纽位置

3. 昝岗组团

昝岗组团共规划组团型枢纽 2 处，主要服务昝岗组团、雄安新区内客流，兼顾京津冀都市圈铁路客流，衔接城际铁路、城市轨道交通、城市公交快线干线、城乡公交干线普线。

2处枢纽主要提供小汽车停车换乘功能，规划在昝岗组团边缘对外干路和城市路网衔接处，作为组团内外交通换乘节点，实现小汽车与公共交通转换（图3-9）。

图3-9　昝岗组团位置

4. 雄县组团

雄县组团范围内规划组团型枢纽2处，1处位于雄东片区，1处位于雄县外白洋淀沿岸，主要服务雄县组团和雄安新区内客流，兼顾京津冀都市圈客流，衔接城市轨道交通、城市公交快线干线、城乡公交干线普线及水路；同时注重枢纽服务功能的建设，推进交通枢纽与城市功能一体化开发（图3-10）。

雄东片区有组团型公交枢纽1处，主要提供小汽车停车换乘功能，位于片区东南主干路交叉处，主要承担公交停保场、首末站、社会停车场和公路客运站等职能，规模为4.0公顷。

枢纽码头依托原有温泉城码头升级改造而成。温泉城码头共布置泊位31~56个，包括游船泊位27~52个，渡船、公务泊位各2个，通过能力约为80万人次/年。温泉城码头可依托环淀景观路、区域路网实现与雄县组团的便捷联系，并通过大广高速白洋淀支线、津雄高速连通北京市、天津市，规模为3.0公顷。

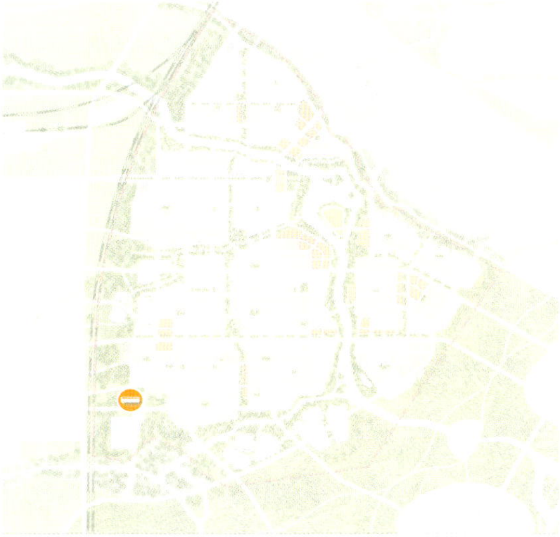

图3-10 雄东片区组团枢纽位置

5. 安新组团

安新组团范围内规划组团型枢纽 2 处，主要服务安新组团、雄安新区内客流，兼顾服务京津冀都市圈客流，衔接城市轨道交通、城市公交快线干线、城乡公交干线普线及水路。同时，安新组团注重枢纽服务功能建设，推进交通枢纽与城市功能一体化开发（图 3-11）。

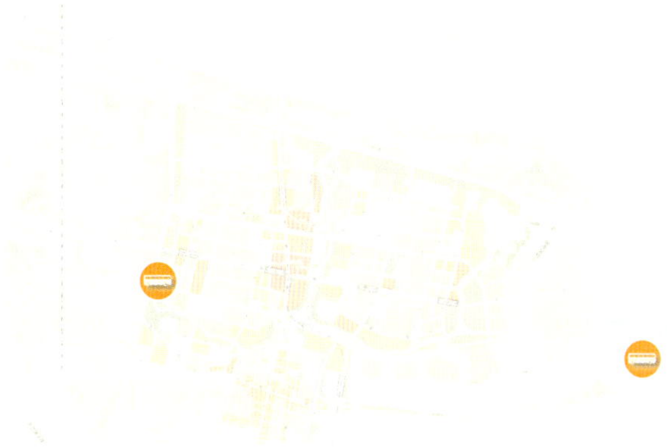

图3-11 安新组团枢纽位置

安新组团内有组团型公交枢纽 1 处，依托安新公交停保场（白洋淀大道与正义路交叉口东南侧地块）布局，面积为 2.4 公顷，统筹公交停保场、首末站、社会停车场等功能，遵循立体化开发，配套商业、餐饮、定制化公交等服务设施。地面层以换乘空间为主，地下空间主要用于车辆停放。该公交枢纽采用立体开发和智能运营调度，为外来小汽车和城市公共交通提供便捷高效的换乘服务，为制定灵活的小汽车政策提供设施基础。

安新组团内有枢纽码头 1 处，其基于现有安新码头改造而成，共布置泊位 114 个，包括游船泊位 106 个，渡船、公务泊位各 2 个，考虑未来商务洽谈、展会参观等需求，分区域布置专有接待泊位 4 个；码头通过能力约为 360 万人次 / 年。安新码头依托环淀景观路、起步区骨干道路建设，实现与安新组团、起步区、容城组团间的便捷联系，并通过京雄高速、津雄高速等连通北京、天津、保定等市，规模为 3.0 公顷。

6. 寨里组团

寨里组团（图 3-12）规划组团型枢纽 1 处，主要服务寨里组团、雄安新区内客流，兼顾京津冀都市圈客流，衔接城市轨道交通、城市公交快线干线、城乡公交干线普线。该枢纽位于寨里大道与雁翎北路交叉口的东北侧，主要服务石家庄、保定方向从京港澳高速廊道及雄安新区内部快速路至寨里的长途客运，规模为 2.0 公顷。

图3-12　寨里组团枢纽位置

组团型公交枢纽独立占地，统筹公交停保场、首末站和公路客运站等功能进行立体化开发，配套商业、餐饮、定制化公交等服务设施。地面层以换乘空间为主，地下空间主要用于车辆停放。枢纽采用立体开发和智能运营调度，为外来小汽车和城市公共交通提供便捷高效的换乘服务，为制定灵活的小汽车政策提供设施基础。

7. 特色小镇

22 个特色小镇均布设组团型公交枢纽 1 个，共计 22 个。这些枢纽以提供内部公交换乘及停保功能为主，分别位于小镇的交通运输用地上，每处枢纽的规模为 2.0 公顷，主要衔接雄安新区内公交换乘点及外部各县市。

编码为 15 的枢纽码头位于现任丘市大口子码头，布置泊位 33~58 个，包括游船泊位 27~52 个，渡船、公务、科研科考泊位各 2 个，通过能力约为 80 万人次 / 年。大口子码头依托所在区域的县、乡农村公路和大广高速、国道 G106 通达北京、任丘等市，规模为 3.0 公顷。雄安新区组团级枢纽布局及规模见表 3-4。

表 3-4　雄安新区组团级枢纽布局及规模统计表

枢纽位置	枢纽编号	建筑面积 / 平方米	枢纽功能归类	占地面积 / 公顷	枢纽位置	枢纽编码	建筑面积 / 平方米	枢纽功能归类	占地面积 / 公顷
起步区	1	60 000.0	A	4.0	雄县	10	30 000.0	B	3.0
	2	28 000.0	A	3.0		11	48 000.0	A	4.0
	3	19 000.0	A	2.0	安新	12	28 000.0	A	3.0
	4	40 000.0	A	2.4		13	30 000.0	B	3.0
容城	5	52 000.0	A	3.0	寨里	14	58 000.0	A	4.0
任丘	6	28 000.0	A	1.6	大口子码头	15	30 000.0	B	3.0
	7	28 000.0	A	1.6	昝岗	8	15 000.0	A	2.0
各个小镇	16~37	20 000.0 平方米 / 个	A	2 公顷 / 个		9	43 000.0	A	2.0
合计		977 000		81					

注：A 类枢纽为组团型公交枢纽，B 类枢纽为组团型枢纽码头；建筑面积根据枢纽各项功能计算，可结合周边地库整体、综合开发，对建筑面积进行分摊。

一主五辅组团型各枢纽在雄安新区的位置关系如图 3-13 所示。

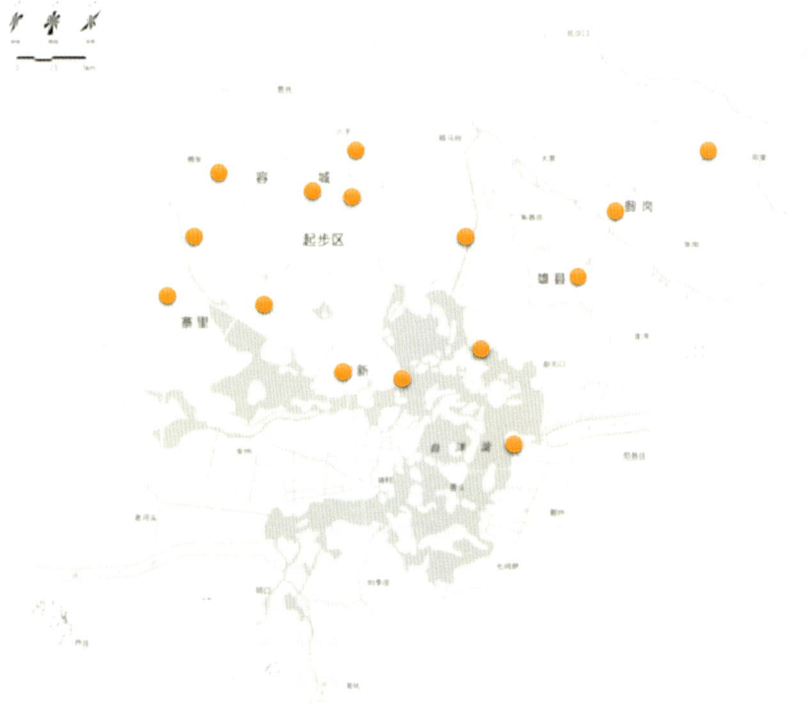

图3-13　一主五辅组团型枢纽位置

8. 组团型枢纽通用功能布局

基于各功能分区，每类组团型枢纽都有通用的功能布局。地下层作为具有停车换乘功能的停车区，兼顾机动车与非机动车停车功能。停车区域按照单向通行的方式组织场内交通流，如图 3-14 所示。

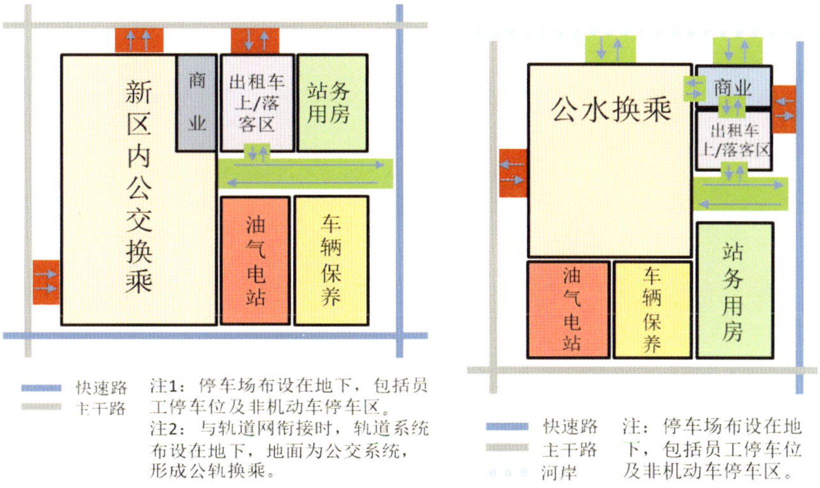

（a）　　　　　　　　（b）

图3-14　组团型枢纽功能布局

（a）组团型公交枢纽　（b）组团型码头枢纽

3.1.4　单元社区型枢纽棋盘密布

雄安新区范围内各单元社区型枢纽开发方式分为独立占地和结合单元社区中心立体开发两种。独立占地的单元社区型枢纽的面积不超过 0.6 公顷，结合单元社区中心立体开发的单元社区型枢纽的占地面积为 0.3~0.4 公顷。单元社区型枢纽数量及规模见表 3-5。主路交叉处独立占地枢纽占地面积为 66.6 公顷，立体开发型枢纽占地面积为 47.4~63.2 公顷。

表 3-5　单元社区型枢纽数量及规模

区域	主路交叉处独立占地枢纽 / 个	立体开发型枢纽 / 个	数量 / 个	占地面积 / 公顷
起步区	51.0	87.0	138.0	56.7~65.4
昝岗	6.0	4.0	10.0	4.8~5.2
容城	24.0	40.0	64.0	26.4~30.4
雄县	13.0	15.0	28.0	12.3~3.8
安新	10.0	6.0	16.0	7.8~8.4
寨里	7.0	6.0	13.0	6.0~6.6
合计	111.0	158.0	269.0	114.0~129.8

1. 起步区

起步区结合生活圈灵活布局单元社区型枢纽，见图 3-15。枢纽与社区中心耦合布局、集约共建，服务组团内公共交通换乘，兼顾社区物流配送；综合布局公交首末站、物流配送中心、共享自行车停车场等设施。换乘中心有条件地结合轨道站点布局，通过步行通道实现与地下空间的互联互通，并衔接周边停车设施，创造全天候、无障碍的步行环境；预留共享交通、需求响应式公交场站等空间。

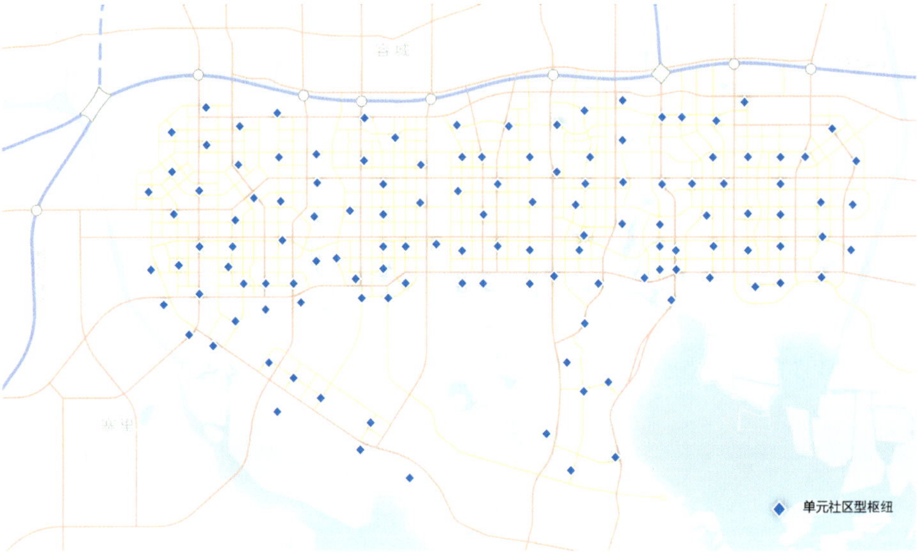

图3-15　起步区单元社区型枢纽布局示意

2. 容城组团

容城组团布局单元社区型枢纽 64 处（图 3-16），鼓励集约共建，服务组团内公共交通换乘，兼顾社区物流配送；综合布局公交首末站、物流配送中心、自行车停车场等设施，预留共享交通、需求响应型公交场站等空间。换乘中心有条件地结合轨道站点布局，通过步行通道实现与地下空间的互联互通，并衔接周边停车设施，创造全天候、无障碍的步行环境。

3. 昝岗组团

昝岗组团布局单元社区型枢纽 10 处（图 3-17），其中结合公交首末站的有 6 处，每处用地规模为 0.6 公顷，作为公交车辆的始发终点站，主要分布于较大的公交客流集散点，为首末站附近区域居民提供公交服务。

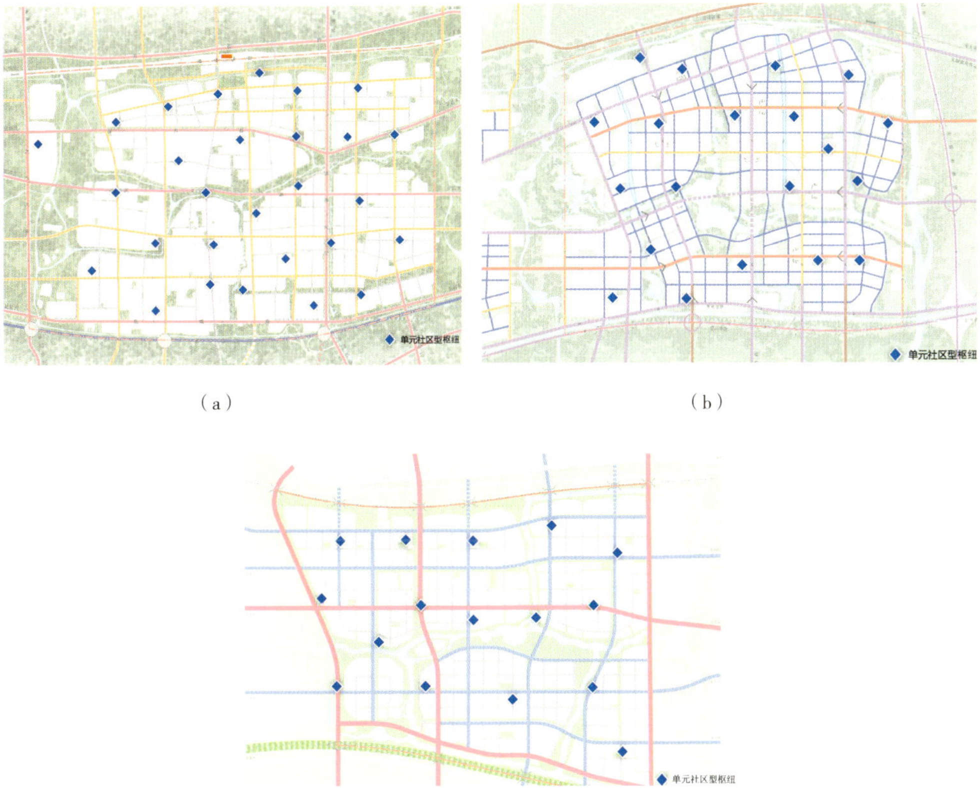

（a）（b）（c）

图3-16 容城组团单元社区型枢纽布局示意
（a）容西；（b）容城；（c）容东

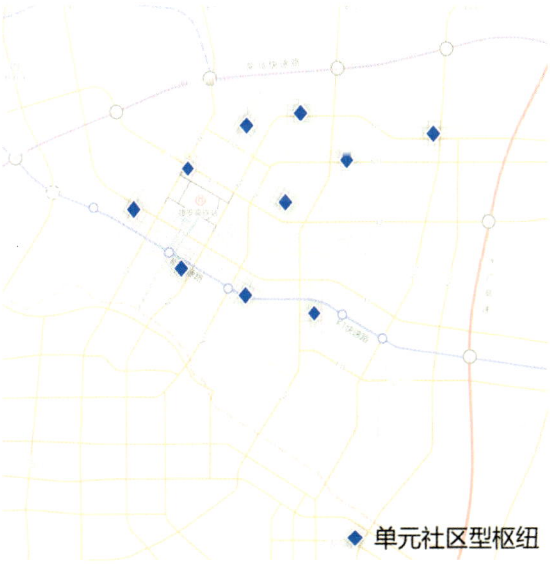

图3-17 昝岗组团单元社区型枢纽布局示意

4. 雄县组团

雄县组团根据生活圈位置，灵活布局单元社区型枢纽 28 处（图 3-18）。枢纽与社区中心布局相耦合，承担社区间联通与集散功能，通过锚固公交枢纽和单元社区型枢纽，串联公交廊道，保障公交服务，实现多种交通方式间的便捷、安全、舒适换乘，推动雄县组团居民的绿色出行。在 28 处枢纽中，有 5 处枢纽结合轨道实现换乘，其中雄县有 3 处，雄东片区有 2 处，它们位于轨道普线沿线，主要服务对应片区内的居民出行，兼顾组团内外客流；10 处枢纽结合公交首末站实现换乘，其中雄县有 6 处，雄东片区有 4 处，主要分布于较大的公交客流集散点，为首末站附近区域居民提供公交出行服务。

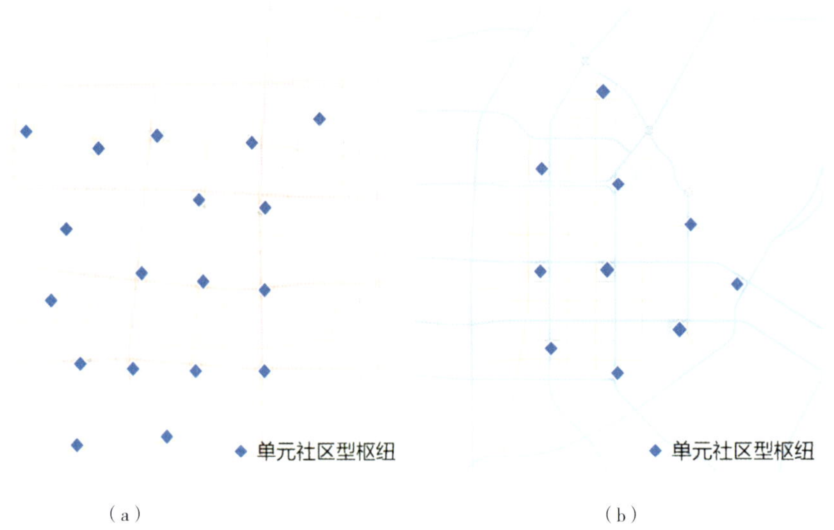

图3-18　雄县组团单元社区型枢纽布局示意
（a）雄县；（b）雄东

5. 安新组团

安新组团布局单元社区型枢纽有 16 处（图 3-19），鼓励集约共建，服务组团内公共交通换乘，综合布局公交首末站、物流配送中心、自行车停车场等设施，预留共享交通、需求响应型公交场站等空间，因地制宜地确定扩展的社区公共服务功能面积。对于有条件的单元社区型枢纽，安新组团结合轨道站点布局，通过步行通道实现与地下空间的互联互通，并衔接周边停车设施，创造全天候、无障碍的步行环境。

在 16 处枢纽中，有 6 处枢纽是结合轨道换乘站设置的，主要位于轨道沿线，服务对应片区内居民的出行，兼顾组团内外客流，同时注重枢纽服务功能建设，使相关枢纽与居民服务中心相结合，推进交通枢纽与城市功能一体化开发；有 10 处枢纽是结合公交首末站设置的，主要分布于较大的公交客流集散点，主要为首末站附近区域的居民提供公交出行服务。

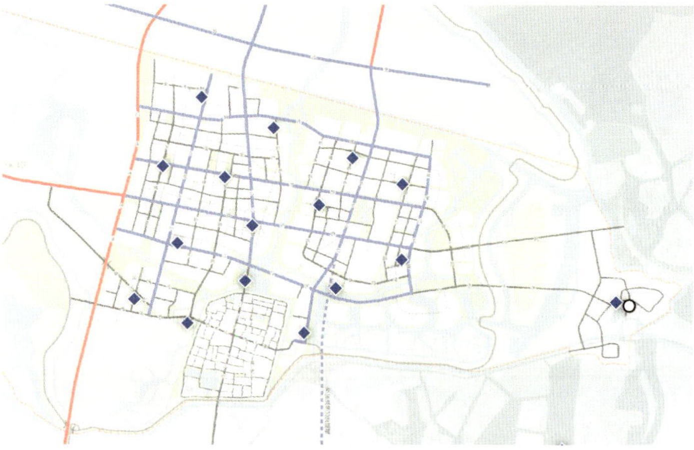

图3-19 安新组团单元社区型枢纽布局示意

6. 寨里组团

寨里组团共规划 13 个单元社区型枢纽（图 3-20）。其中，7 处枢纽是结合公交首末站设置的，采用附设式，每处建筑面积不少于 3 000 平方米，主要分布于较大的公交客流集散点，为首末站附近区域的居民提供公交出行服务。

图3-20 寨里组团单元社区型枢纽布局示意

3.2 货运枢纽功能布局持续优化

货运枢纽是集中实现货物集散、存储、分拨、转运等多种功能的物流设施群和物流活动组织中心。未来，货运枢纽将充分体现服务功能多样化，满足货物集散、中转换乘、装卸储存、多式联运、通信、生产生活辅助服务等货主、车主、运行及组织管理方面的需求，并提供其他相关辅助服务，通过发挥自身的物流功能，积极推动城市、区域的物流发展。

物流枢纽应适应当地产业的发展要求，结合城市产业园区、交通网络布局，在充分把握通过、源生和中转等不同货运需求特征基础上，分类推进物流资源整合、优化布局。以生产服务为主的物流枢纽应结合产业园区布局，以生活服务为主的物流枢纽应构建覆盖区域、城市、城乡等的多层次物流配送网络。

3.2.1 货运枢纽功能布局

1. 功能定位

雄安新区以人民为中心，不搞大进大出，不建设大型货运枢纽，不求数量，追求质量，以构建绿色、集约、高效的现代货运物流枢纽体系为目标。雄安新区的货运枢纽的功能定位如下。

1）打造中国物流创新示范高地。雄安新区发展物流与供应链新理念、新技术、新模式，创新供应链管理体系，加强物流技术创新、运营组织模式创新和管理体制机制创新，加快物流技术、物流装备和物流标准的研发，促进产业组织方式、商业模式和政府治理方式创新，形成中国物流创新示范高地。

2）创建全球智慧物流样板城市。雄安新区将物流及供应链体系与现代信息技术、人工智能技术等深度对接，加快建设物流数据基础设施，集成应用互联网、物联网和无人作业技术，发展地下、低空物流体系，通过新技术与新运营模式的双轮驱动，全面打造大数据支撑的、网络化共享的、智能化协作的智慧物流与供应链体系，建成全球领先的智慧化物流样板城市。

3）建设高品质民生物流魅力之城。雄安新区围绕民生需求，突出打造智能、立体、便利、绿色、共享的民生物流体系，为居民提供高获得感、高满意度的城市物流体验，在街坊、邻里和社区打造民生物流支撑下的高品质生活圈。

2. 枢纽分类

城市货运枢纽可按不同运输网络跨度、业务范围等进行分类，见表 3-6。

表 3-6 城市货运枢纽分类汇总

划分依据	分类	枢纽功能
运输网络的跨度	端点枢纽	以处理本地区的客货运输业为主，区域间中转运输量较少
	中转枢纽	以处理区域间不同运输线路上的客货中转或直通运输业务为主，本区域的运输业务较少
	混合枢纽	两者业务兼具
业务跨越范围	全国性公路运输枢纽	在全国性干线运输网络中起到十分重要的作用，并且是由国务院交通部门确定的公路运输枢纽
	区域性公路运输枢纽	主要经营跨省、跨区和区内客货运输业务，位于骨架与干线公路交会处，处于省际接壤地区人民政府所在城市
	地区性公路运输枢纽	主要经营跨区、跨县和县内客货运输业务，位于干线公路与直线公路交会处，处于县（市、旗）人民政府所在地
经营方式	公用型枢纽	本身无从事运营的自备运力，专门为各种运输经营者和运力拥有者提供多功能服务的客、货运站场
	自备型枢纽	主要为资深企业的运营车辆提供运输服务的客、货运输站场，属于运输企业
运输主导方式	公路运输主导型	依托公路货运站形成的综合货运枢纽
	铁路运输主导型	依托铁路货运站形成的综合货运枢纽
	水路运输主导型	依托港口货运站形成的综合货运枢纽
	航空运输主导型	依托机场货运站形成的综合货运枢纽

根据物流运营组织需要，雄安新区将物流体系分为 3 级，分别为物流园区、分拨中心和社区配送中心。

一级物流节点为物流园区，服务生产、生活所需大宗物资的存储和集散，根据主要货源方向和运输通道布局，主要服务城市仓配、冷链、快递、建材物流等。按照雄安新区规划的总体安排，其主要布局在雄安新区之外。

《雄安新区总体规划》指出，雄安新区依托保定、北京大兴国际机场等周边运输距离适中的区域物流枢纽提供区域物流服务。因此，除周边物流园区外，在京津冀范围内的区域物流基地也可为雄安新区提供物流服务，如产业园区、交通枢纽和企业仓库等，它们均为雄安新区物流体系的重要组成部分。

二级物流节点为分拨中心，服务片区内多种货物的分拣、中转和暂存，是雄安新区内部主要的物流基础设施，主要服务城市仓配物流、冷链物流、快递物流、国际物流、邮政物流、自贸区物流等需求。

三级物流节点为社区配送中心，服务社区内物流业务的配送、接收等，是物流系统的末端，结合生活圈中心、公交换乘中心集约布局，服务半径为 500 米左右。

雄安新区物流枢纽分类及功能见表 3-7。

表 3-7　雄安新区物流枢纽分类及功能

分级	功能	布局	覆盖物流类型
物流园区	服务雄安新区生产、生活所需大宗物资的存储和集散	雄安新区外围，按主要货源方向和运输通道布局	城市仓配、冷链、快递、建材物流等
分拨中心	服务片区多种货物的分拣、中转和暂存，是雄安新区内部的主要物流基础设施	按合理运距和服务范围分片区布局，服务半径 10 千米左右	城市仓配、冷链、快递、国际、邮政、自贸区等物流
社区配送中心	服务社区内物流配送、接收等，是物流系统末端	结合社区中心、公交换乘中心集约布局，服务半径 500 米左右	全类型

3.2.2　物流园区高效集散

1. 现有物流园区

雄安新区周边已有 4 处规模较大的物流园区，业务范围覆盖农副产品、工业品、邮政、保税货物等，基本能够满足近中期的物流需求。

1）保定国际保税物流中心，占地 30 公顷，主要包括检验检疫及信息办公楼、海关监管场地、保税仓库、室外堆场、运输配套设施等，设计年货物集装箱运量达 40 万 TEU（标准箱）、散杂货运量为 50 万吨。

2) 高碑店农副产品物流园区，以服务农产品物流为主，具备大型冷库，面积为 139 公顷，重点打造华北现代冷链物流园。

3）白沟物流中心，以服务工业品、箱包、服装物流为主，面积为 24 公顷。

4）徐水物流园区，已入驻邮政、顺丰等公司，面积为 2 公顷。

雄安新区现状物流园区布局如图 3-21 所示。

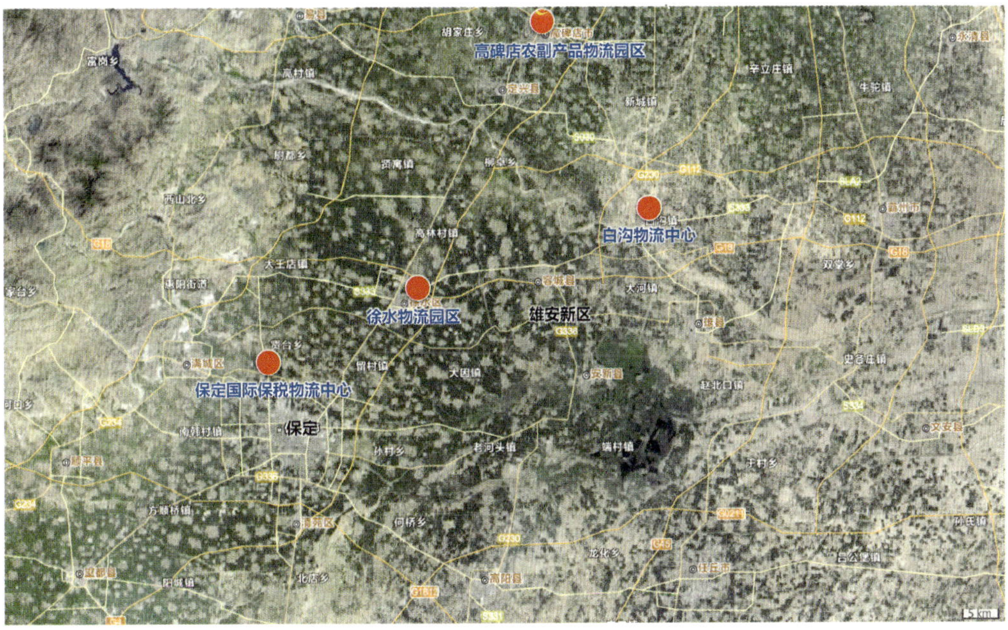

图3-21　雄安新区现状物流园区布局

2. 新建物流园区

根据雄安新区运输组织分析结果，公路货运来源主要集中在东部、北部两个方向，因此需要在雄安新区东北方向布局以公路货运为主要功能的物流园区，满足货物在雄安新区周边集结、存储和集散的需求。

雄安新区总体规划要求内部不建设大规模物流园区，为完善雄安新区物流场站设施体系、满足物流运输需求、提升应急运输保障能力，需在周边地区新建两处物流园区。

雄安新区物流园区（物流基地）主要承担外埠货物进入雄安新区的集散，为城市内部分拨中心、配送中心提供仓储和多式联运服务，是连接城市内、外的物流枢纽设施，是城市物流基础设施网络的重要节点。雄安新区新建物流园区布局如图 3-22 所示。

图3-22　雄安新区新建物流园区布局

（1）白沟物流基地

白沟物流基地由白沟铁路物流基地和白沟分拨中心组成，设置在雄安北侧白沟站范围内，投资模式为政府和社会企业共同投资。其中，白沟铁路物流基地结合白沟站打造公铁联运节点，承担部分建筑材料转运、存储功能，场站规模按远期 250 万吨年运量需求考虑，规划布局集装箱 1 线（兼长大笨重货物），快运 1 台 1 线（高铁、普铁兼顾）。近期，白沟物流基地承担外来货物存储、集散和分拨功能；随着货运需求增加、雄安新区功能完善，未来逐步发展成具有展示、交易等功能的综合性多式联运物流基地。白沟分拨中心在前期服务整个雄安新区范围内的建设发展，提供建材物流、公铁联运服务；后期，服务容东片区产业发展及居民生活，提供冷链物流及国际物流服务。

（2）朱各庄物流产业园区

朱各庄物流产业园区由朱各庄综合物流园区和朱各庄分拨中心构成，设置在雄安新区综合保税区及其配套产业区范围内，投资模式以市场化投资为主。朱各庄综合物流园区主要面向雄安新区外向型经济发展需求，服务综合保税区制造企业、商贸企业，重点布局商贸物流、快递物流、冷链物流、国际物流、仓配物流及邮政物流等服务，满足高附加值产品及原材料进出口物流需求，提高经济发展动力。朱各庄分拨中心主要服务雄安新区起步区的第四、五组团，容东片区及雄县组团产业发展及居民日常生活，提供快递物流、仓配物流、冷链物流、邮政物流、国际物流等服务。朱各庄物流产业园区周边交通便捷，依靠津雄高速可实现与外部交通路网的快速衔接，满足综合保税区货物外运需求。朱各庄物流产业园区周边交通情况如图 3-23 所示。

图3-23 朱各庄物流产业园区周边交通情况

未来，随着雄安新区产业的逐渐发展成熟，综合保税区的业务量将逐步扩大，可进一步考虑利用雄县高铁、动车所的土地拓展朱各庄物流产业园区的发展规模，以满足不断增长的物流需求。

雄安新区物流园区主要功能如表 3-8 所示。

表 3-8 雄安新区物流园区主要功能

物流园区	功能要素							
	商贸物流	快递	仓配物流	冷链物流	国际物流	邮政物流	建材物流	公铁联运
白沟铁路物流基地		✔	✔	✔	✔		✔	✔
朱各庄综合物流园区	✔	✔	✔	✔	✔	✔		

3.2.3 分拨中心快速中转

分拨中心一般具备快递、短时仓储功能，根据功能需求可增加冷链、国际物流、邮政和多式联运等功能，实现功能复合、集约利用，在共同配送的约束下开展分拨业务。分拨中心是实现共同配送的基础，以合理的共同配送范围划定分区，按区布局，实现全域覆盖，支撑雄安新区城乡空间格局。分拨中心是商贸流通、快递冷链、电商等专业物流供应链服务的重要组成部分。按照产业组织特点和运营方式，分拨中心沿城市快速干线通道和不同功能区布局，主要承担所在区域的商贸流通业、专业物流及部分制造业所需要的综合物流服务功能，具有提升城市物流发展水平和效率的集约发展功能。

根据人口和岗位分布情况，雄安新区划分 5 个共同配送分区，每个分区至少设置一处分拨中心，共布置白洋淀、容东、昝岗、寨里、安州 5 处分拨中心，同时，结合雄县动车所布局 1 处分拨中心，以预留未来新型物流方式的发展空间。原则上共同配送分区内的分拨任务由 1 个分拨中心承担，其他分拨中心兼顾。

结合人口和用地布局，雄安新区共布置朱各庄、昝岗、寨里、安新 4 处综合性分拨中心，在白沟布局 1 处专业性分拨中心，如图 3-24 所示。

1. 朱各庄分拨中心

朱各庄分拨中心在雄安新区综合保税区配套产业区范围内，主要服务雄安新区起步区第四、五组团和容东片区、雄县组团，服务居民生活和产业发展需求。起步区以科技研发、企业总部、现代服务业等高端高新产业为主导，在组团内布局相对集中、组团间布局较为均衡。容东片区重点聚焦文旅休闲、商业服务、数字信息、金融服务等产业。雄县组团南部重点发展文旅产业，西北部发展康养产业，北部布局商业及公共服务功能。为满足辐射范围内高端高新产业发展需求，朱各庄分拨中心提供仓配物流、快递物流服务。为满足商贸、文旅、金融等服务业发展需求，朱各庄分拨中心提供邮政物流、国际物流服务。为满足辐射区域居民日常生活需求，朱各庄分拨中心提供快递物流、冷链物流服务。

2. 昝岗分拨中心

昝岗分拨中心设置在昝岗范围内，投资模式为政府投资或市场化投资，辐射服务昝岗组团，服务于昝岗组团产业发展及居民日常生活需求。昝岗组团重点发展智能装备、新一代信息技术、空天信息、医疗健康、新材料等高新产业，同时围绕高铁服务区布局商务办公、总部办公、金融服务、休闲购物等服务产业。为满足昝岗组团内高新技术产业的发展需求，昝岗分拨中心提供快递物流、仓配物流服务。为满足高端服务产业发展需求，昝岗分拨中心兼顾国际物流服务。为满足昝岗组团居民日常生活、企业员工日常工作需求，昝岗分拨中心提供冷链物流、快递物流服务。

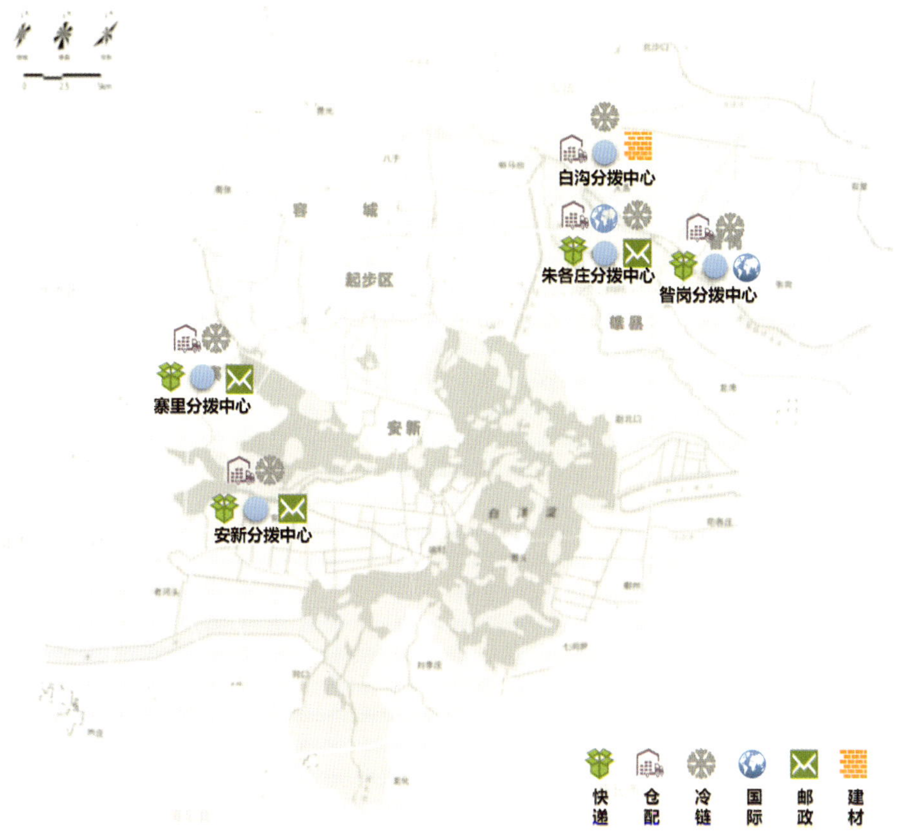

图3-24 雄安新区分拨中心布局

3. 寨里分拨中心

寨里分拨中心在寨里组团范围内，投资模式为政府投资或市场化投资，服务寨里组团，起步区第一、二、三组团，容西片区及容城组团的产业发展和居民生活需求。寨里组团重点发展金融服务、商务办公、科创服务、文化创意等产业，同时布局科技创新、中小企业总部、教育科研、高端高新产业功能，积极承接生命科学与生物等产业，建设国家级科研平台；起步区第一组团重点布局现代服务产业，第二组团以发展行政办公、市民服务等服务管理功能为主；容西片区以发展绿色低碳、创新创意产业以及商业商务、文化娱乐、酒店服务等高端服务产业为主；容城组团重点布局文化展示、商业休闲、时尚文化等产业。为满足辐射范围内的高端服务、高新技术产业的发展需求，寨里分拨中心提供仓配物流、快递物流服务；为满足辐射范围内居民日常生活工作需求，寨里分拨中心提供快递物流、冷链物流及邮政物流服务。

4. 安新分拨中心

安新分拨中心设置在安新组团范围内，投资模式以市场化投资为主，包括城市共配中心和农产品集散中心。其中，安新城市共配中心主要服务安新组团的服务产业发展和居民生活需求。安新组团重点发展文化创意、休闲旅游、特色金融、数字科技等产业。安新城市共配中心提供快递物流、仓配物流、冷链物流、邮政物流等服务。安新农产品集散中心依托安新组团的农业发展基础，重点推进产地预冷设施及农产品交易中心建设，保障雄安新区农产品日常消耗供应，提供集冷链仓储、物流配送、批发交易等于一体的农产品供应链服务，为雄安新区的“菜篮子”供应和食品安全提供有力保障。

5. 白沟分拨中心

在铁路白沟站范围内，雄安新区将白沟站改造提升为雄安新区铁路物流基地和公铁联运枢纽。前期，白沟分拨中心服务整个雄安新区范围内的建材存储和转运；后期，其辐射容东片区产业发展及居民生活需求，提供冷链物流及国际物流服务，满足容东片区文旅休闲、商业服务、数字信息、金融服务等产业的发展需要。

雄安新区各分拨中心主要功能如表 3-9 所示。

表 3-9　雄安新区分拨中心一览表

分拨中心	类型	功能要素						
		快递	仓配	冷链	国际	邮政	建材	公铁联运
朱各庄	综合	✔	✔	✔	✔	✔		
寨里	综合	✔	✔	✔		✔		
昝岗	综合	✔	✔	✔	✔			
安新	综合	✔	✔	✔		✔		
白沟	专业		✔	✔			✔	✔

3.2.4 布局多点配送中心

配送中心作为雄安新区物流基础设施网络的基础节点，主要承担所服务的城市中心区的商业流通物流需求，为连锁便利店、各类专业市场、城市居民提供商品配送服务。根据功能需求和面积，配送中心分为基础类配送中心和综合类配送中心。基础类配送中心提供包裹货物的配送、接收及末端服务等功能。综合类配送中心除提供一般的货物配送、接收功能外，兼顾冷链、短时存储和国际物流自提等综合功能。

雄安新区新建片区配送中心按照单个覆盖 500 米服务半径范围布局。综合类配送中心主要结合单元型公交换乘中心、15 分钟生活圈中心以及交通可达性高、开发强度高的就业区集中布局，建筑面积约为 1 500 平方米。基础类配送中心主要结合社区型公交换乘中心、单元型公交换乘中心、10 分钟生活圈中心、雄安新区公共服务空间以及交通可达性较高、开发强度较高的就业区集中布局，建筑面积约为 500 平方米。雄安新区社区配送中心布局范式如图 3-25 所示。

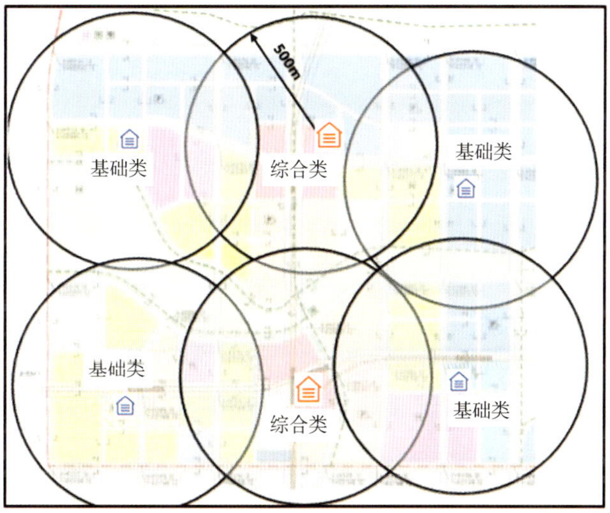

图3-25 雄安新区社区配送中心布局范式

各配送中心的实际建设投运应充分考虑雄安新区各个组团片区的建设推进情况、生活设施布局情况以及人口集聚规律等，分阶段、分步骤地依次布局。第一阶段首先考虑在人口较为集中、设施相对完备、生活需求较大的片区布局配送中心，其次根据各个片区的实际发展情况，适时适地地进行下一阶段的布局建设。雄安新区物流节点总体布局如图 3-26 所示。

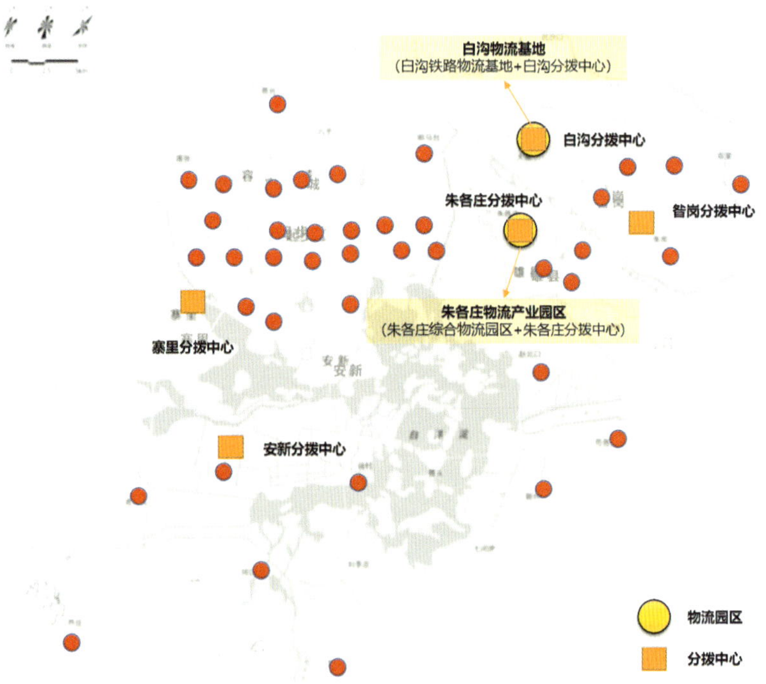

图3-26　雄安新区物流节点总体布局

3.2.5　布局快递末端驿站

快递末端驿站包括快递服务站和智能信报箱，它们是物流基础设施网络的四级节点和配送服务的末端运作实施设施。它们作为配送服务作业场所的物流末端，主要为便民服务提供支撑。

根据社区居民的出行特点和年龄分布情况及民意调查情况，在居民接收快递时间冲突、不愿意暴露家庭具体地址等且可以接受楼下自取服务的社区设置快递服务站或智能信报箱，快递员到达小区后可将物品直接投站或投箱。

快递末端驿站主要为居民提供收派件及相关服务和展示功能，可结合便利店、商业设施和邻里中心设置。快递服务站可布设在底商物业用房、活动中心等小区便民设施中，密度为每个小区 1 个，面积为 30~50 平方米，具体面积应与小区大小及小区消费力相适应，可同时承担快递驿站、社区团购提货点、生鲜电商提货点等功能。智能信报箱应合理配置，统筹信报与包裹收发功能，作为快递末端重要节点纳入“雄安共配体系”。

3.3

交通枢纽客货深度融合

枢纽集疏运系统规划主要明确枢纽衔接的主要道路和区域对外线路的衔接位置、衔接方式，以及相应的线路规模标准、断面形式，使枢纽的进出车流与周边路网的服务能力匹配。设计人员进行集疏运交通规划时，需要将整个枢纽作为节点，通过合理的方式对综合交通网络进行统筹规划。

3.3.1 客运枢纽衔接与接驳规划

1. 主要影响因素

1）城市规模、城市性质和枢纽区位。城市规模决定了枢纽的服务范围、城市内部客流的集疏运需求。城市性质决定城市吸引的外部客流量，影响枢纽的集疏运方式。在城市综合交通系统规划建设中，高铁枢纽作为较大的交通发生源，其区位决定了集疏运主次方向及流量构成。

2）站区规划空间布局。枢纽的建设对于周边地区的经济发展具有不同程度的促进作用，周边的土地利用通常呈圈层式结构。根据接驳交通出行方式和时间，站区共划分 3 个圈层。第一圈层为枢纽交通核心区，有 5~10 分钟的合理步行半径（500 米左右），一般为站房及站前广场。第二圈层为枢纽商务区，有 15 分钟的可达区域（含轨道、公交等），通常也称为“枢纽功能拓展区”。第三圈层为枢纽周边区域，为枢纽所影响的城市功能片区及组团等。枢纽集疏运系统的构成一般也与站区圈层式的空间布局相呼应，包括枢纽核心区集散道路系统、枢纽拓展区集散道路系统、相邻区域道路系统。

3）枢纽周边的城市路网规划。城市骨架路网是枢纽快速连通城市各个片区组团的主要途径，也是枢纽大规模吸发交通流和地区发展引发交通需求的主要支撑。城市骨架路网系统的容量、枢纽集散道路系统的接入方式对于枢纽集疏运效率具有直接影响。

4）枢纽交通需求和交通方式构成。枢纽与城市之间有着较大规模的集散需求，需要考虑宏观到微观的交通需求特点，明确枢纽自身、周边地块及城市背景的交通需求，为城市和地区的交通发展、枢纽交通和城市交通系统的整合衔接、枢纽核心区的交通设计提供数据支撑。

枢纽内的各类交通方式构成以及交通设施之间的换乘流向、合理流量是枢纽中地铁、公交、道路、停车设施等集疏运系统以及枢纽主体各类人行通道、竖向交通设施、车道边等布局规划与设计的重要依据。

2. 城市综合客运枢纽公共交通规划

由于城市综合客运枢纽的客流量较大，对集散交通配置要求较高，因此，城市客运枢纽要优先配置公共交通，并尽量与城市公共交通枢纽和旅游集散中心等结合起来，方便城市对外交通集散和旅游交通组织。

交通规划在充分考虑城市的功能定位、用地形式、远景规划的基础上，详细分析客运枢纽客流需求、交通走廊和边界条件；重视城市综合客运枢纽功能的合理性和衔接方式的整合。在规划有城市轨道的城市，主要城市综合交通客运枢纽应与城市轨道交通实现衔接。

客运枢纽应考虑各种交通方式之间的协调，换乘距离是衡量换乘是否高效的重要指标之一。

城市综合客运枢纽不应占地过大。一方面，过大的枢纽会造成枢纽内组织效率下降，乘客难以做到高效换乘，枢纽的组织意义也因此下降。相关调查和研究显示，枢纽中的出行距离不宜超过 200 米，超过此距离时应增设换乘辅助设施。另一方面，过大的枢纽规模会导致枢纽外部集散交通组织与枢纽外部的城市开发之间的矛盾增大，既不利于枢纽的集散交通组织，也不利于枢纽与城市开发的一体化。为了控制换乘距离和枢纽规模，大型客运枢纽应合理选择立体化布局。

3. 城市综合客运枢纽接驳设施配置规划

城市公共交通枢纽的设施配置应重点考虑区位及与周边城市空间的结合。中心城区以外其他地区的枢纽可根据条件布置区域停车换乘场站，设置社会停车场，但由于枢纽地区本身作为城市开发的中心，是城市功能集聚的区域，在城市边缘的枢纽地区也一般作为城市次一级中心布局，因此，机动车停车设置应与枢纽地区的城市开发相协调，如考虑地下空间开发的一体化；同时，应注重枢纽与城市公共汽车、电车的衔接，设置适当规模的首末站。

中心城区的枢纽应设置便利的步行交通系统，体现“步行可达”和“骑行可达”的理念，提升枢纽周边地区的活力，不鼓励小客车停车。工作人员对城市公交枢纽周边的慢行系统要进行充分调研，包括人行道、非机动车道、道路交叉口设置的行人过街横道和地下通道，实现行人、非机动车交通的连续性；应弹性规划考虑接驳设施，在新开发区域的开发初期，设置设施应考虑由初期小汽车比例较高逐渐调整为公共交通出行比例较高的过程变化，避免枢纽站过于机械化地按照远期规划目标实施，导致设施与出行需求不匹配而造成乘客出行不便。各类型的交通衔接设施见表 3-10。

表 3-10　各类型交通衔接设施

类型	功能	交通衔接设施
城市型	保证雄安新区内外公共交通便捷换乘	宜设置公共汽车、电车首末站； 宜设置轨道交通站点； 应设置便利的步行交通系统； 应设置非机动车停车设施； 应设置出租车和社会车辆上、落客区； 宜设置社会车辆立体停车设施
组团型	综合布局公交停保场、首末站、社会车辆停车场，为小汽车停车换乘提供便利	宜设置公共汽车、电车首末站、停保场； 宜设置社会车辆停车场； 应设置便利的步行交通系统； 应设置非机动车停车设施； 应设置出租车上、落客区
社区 / 邻里型	优先保障公交便捷换乘，以公交首末站功能为主	宜设置公共汽车、电车首末站； 应设置便利的步行交通系统； 应设置非机动车停车设施； 宜设置出租车上、落客区
公交驿站	提供候车环境	应设置便利的步行交通系统； 应设置非机动车停车设施； 可设置出租车上、落客区

4. 城市综合客运枢纽周边的路网规划

枢纽地区的路网承担着区域内土地的联系功能以及与对外道路衔接的功能，综合客运枢纽周边路网可概括为 3 种形式（图 3-27）。

1）集散式。集散式以枢纽为中心，干道向各服务方向延伸，形成中心放射状的路网格局，强调路网服务的深度。此方式干路网密度高，支路网密度偏低。本地区及其外围相邻各区之间有方便直接的联系，可达性较好；乘客换乘可方便地选择出行路径到达城市的各个组团。

2）穿越式。穿越式以干道形成井字形骨架，环绕枢纽外围，内部支路与枢纽外围干道紧密衔接。干路网密度较高，支路网密度也较高，路网密度高使交通分散合理，各等级道路主次功能明确。同时，集散的高铁客流可便捷地融入城市道路，对周边地区城市的其他出行影响较小。

3）混合式。混合式的外围高等级道路屏蔽过境交通流，内部次干路与支路服务于地区交通集散，支撑地区开发。地区开发强度大，支路网密度最高，主次干道次之。周边的高等级道路承担着过境客流以及火车站的集散客流，发达的支路网分担周边产生的交通量以及车站发出的公共交通。

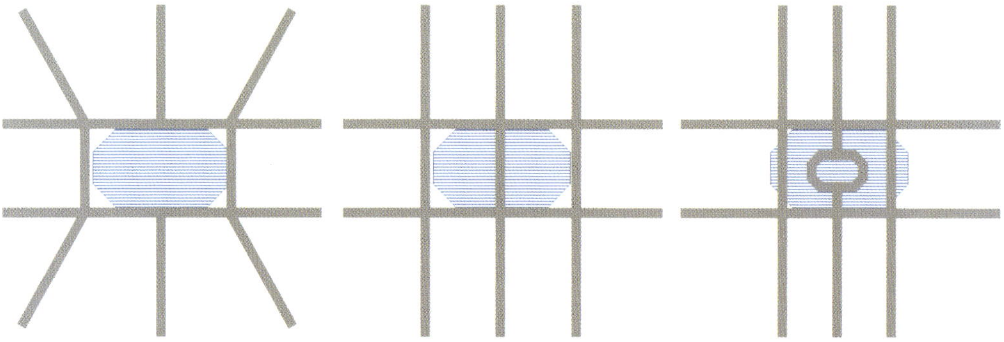

（a）　（b）　（c）

图3-27　综合客运枢纽周边的路网形式
（a）集散式；（b）穿越式；（c）混合式

总体来讲，设计人员应整体提高综合客运枢纽周边路网的密度，与城市路网相融合，避免单体规模过大而隔断路网；重视路网的集配，在重视快速路直连站房的同时，注意提高次干路和支路的比例，干路、次干路、支路的比例推荐采用 1 ：（1.5~2.5）：（2.0~5.0）。对于城市中心区的铁路客运枢纽，由于土地开发强度高，支路比例可取上限；对于建成区边缘的铁路客运枢纽，支路比例可取下限。设计人员应提高路网周边交通组织的精细化水平，认真分析各类车流，分离过境车流、到发车流、周边开发吸引车流，特别应重视立交和快速路匝道的设计，避免出现明显的冲突点。

3.3.2　货运枢纽集疏运规划

集疏运体系的具体组成由货运枢纽的规模、自然条件和货物腹地条件等确定，如集疏运线路规模、运距和布局策略等，这受货物的种类、数量、性质的影响，也与货运枢纽的货运能力、基础设施和货物接纳能力息息相关。货物多样化导致枢纽集疏运线路多样化及运输方式和结构多样化。从发展趋势来看，一般综合型大型货运枢纽都会因地制宜地将集疏运线路设置成多方向、多通路、具有多种运输方式的线路类型。

概括地说，集疏运系统包括集疏运设施、集疏运方式和集疏运管理等。集疏运设施通常包括公路、铁路、港口、仓库、堆场等，由运输工具和运输节点构成。集疏运方式主要包括水路运输、铁路运输、公路运输和航空运输等运输方式，以及水铁联运、公铁联运等联运运输方式，方式由运输通道决定。集疏运管理是为了使运输方式之间能很好地衔接，对集疏运计划进行统筹规划、制订、协调组织等，一般由运营组织者来实现。

合理的集疏运系统道路网规划可为货物集散通道优化提供基础，在提高道路通行能力、货物运输效率和满足日益增长的货运交通需求方面起着重要作用。具体规划内容分为外部道路规划、内部道路规划，同时包含道路断面及节点规划，并在此基础上对交通管理提出相关建议。

1. 规划原则

集疏运道路是车辆进出货运枢纽的必经通道，在很大限度上决定了疏散交通的能力。规划集疏运道路时应注意以下原则。

1）满足货运枢纽未来的交通需求。

2）集疏运道路应便捷地连接至货运通道，以便快速疏散交通。

3）在满足货物集散要求的前提下应尽量建设多条集疏运道路，使车辆能分散开来；而不应将道路设定得太宽，导致交通量集中在这些道路上，造成节点负荷过大。

4）尽量避免与城市道路混用，避免与周边运输繁忙的铁路形成平面交叉。

5）结合货运枢纽周边的地质条件，尽量避免枢纽受自然灾害影响，节约用地。

2. 货运枢纽道路集疏运网络布局规划

货运枢纽集疏运通道分为区域性货运集散主通道、地方货运集散主通道和地方货运集散辅通道。区域性货运集散主通道主要指区域性通道，是实现货运枢纽至雄安及外部的用于货物流通的通道，一般为高速公路、快速路通道。地方货运集散主通道主要指实现组团货运交通与区域性货运集散主通道之间货运联系的大型通道，一般为城市主干道、次干道。地方货运集散辅通道指为实现货运产业设施与地方货运主通道联系的小型货运通道，一般为城市次干道或城市支路。

在确定货运集疏运网络的基础上，规划人员对货运枢纽集疏运交通道路条数、沿线控制点以及车道数进行规划。货运集散通道在道路设计及交通管理上和客运通道有所不同，货运通道道路横断面上的大车车道数较多，交叉口转弯半径可以采用高标准。在交通管理上，地方货运集散辅通道可在某些客运交通高峰时间对货车进行控制以避免客货严重干扰。

3. 提供多样的立体化货物集疏运方式

雄安新区利用公交专用道路网络密度高、覆盖范围广的优势，兼顾物流配送功能，为必要的城市货运提供集疏运通道，与城市快速路、骨干道路、轨道交通共同构建物流通道网络，提高配送效率，根据客运高峰适当调整货运时间。

雄安新区利用轨道交通开展物流运输。车辆和站台预留货物包裹暂存、转运、分拣空间，非高峰期加挂货运车厢或开行物流专列，承担中长距离的物流运输，净化地面交通秩序，提高城市轨道交通的运营效益。

雄安新区利用综合管廊等地下空间，形成地下物流网络，逐步减小地面货运集疏运规模；利用非机动车道设置自动驾驶末端配送网络，实现即时配送等物流需求，实现物流效率最大化、资源利用集约化、物流体验最优化。

4. 雄安新区货运通道网络规划

（1）区域货运通道布局方案

从人口用地布局上看，雄安新区建设用地主要分布在白洋淀淀北，物流需求也集中在北侧区域。根据地形地势和交通走廊走向，雄安新区周边的高速公路、铁路通道主要集中在北侧。淀北地区人口集中，交通设施集聚，是主要的运输方向；货物从淀南通道无法直接进入雄安新区，需要南转西、南转东汇集后再进入雄安新区。

从服务雄安新区的区域物流设施布局上看，主要节点中的北京大兴国际机场、高碑店农副产品物流园、雄安新区北部物流园区、徐水物流园均位于雄安新区偏北方向。

总体来讲，进出雄安新区货物的运输组织主要以东侧和北侧为主。规划形成了“5+4”区域货运通道格局：南北向主通道有 5 条，分别是京广铁路、京九铁路、京港澳高速、京雄高速、大广高速；东西向主通道有 4 条，分别是荣乌高速（新线）、荣乌高速、津保铁路、津石高速。雄安新区物流园区与主要运输通道布局如图 3-28 所示。

（2）内部货运通道布局方案

雄安新区的主要货运通道与外围物流园区、雄安新区内部分拨中心和主要交通枢纽衔接，是城市货运通道的骨干。城市骨干货运通道上承区域货运通道，下接物流园区与主要分拨中心。一般货运通道是指由分拨中心经末端配送站点、末端配送站点至终端用户的物流通道，是城市物流货运通道的末梢。

《河北雄安新区规划纲要》指出，公共交通通道兼顾物流配送。在雄安新区层面，城乡公交通道兼顾城乡物流配送；在起步区层面，公交走廊兼顾物流配送。雄安新区末端配送环节可利用需求响应式公交车辆错峰运行，实现公交走廊兼顾物流配送功能。筛选出的骨干道路承担城市货运通道功能，雄安新区内部的货运通道应避免穿越核心功能区。

主要货运通道道路设计应满足城市自身大型设备、产品以及抗灾物资的运输需求，应对道路标准、桥梁载荷等级、净空界限有特殊考虑。

雄安新区网络化布局城市物流货运通道，内部形成疏密有致、集约可靠的城市物流货运通道系统：“一主五辅”以北布局包含京雄高速公路在内的 4 条南北向货运骨干通道，与南部白洋淀淀区乡镇之间布局 3 条南北向货运通道，以东、以西分别规划 4 条、3 条货运通道。雄安新区内部货运通道见图 3-29。

“一主”与“五辅”之间通过 2 条骨干货运通道连接，起步区内部东西向布局 2 条货运通道，满足跨组团货运需求。

图3-28 雄安新区物流园区与主要运输通道布局

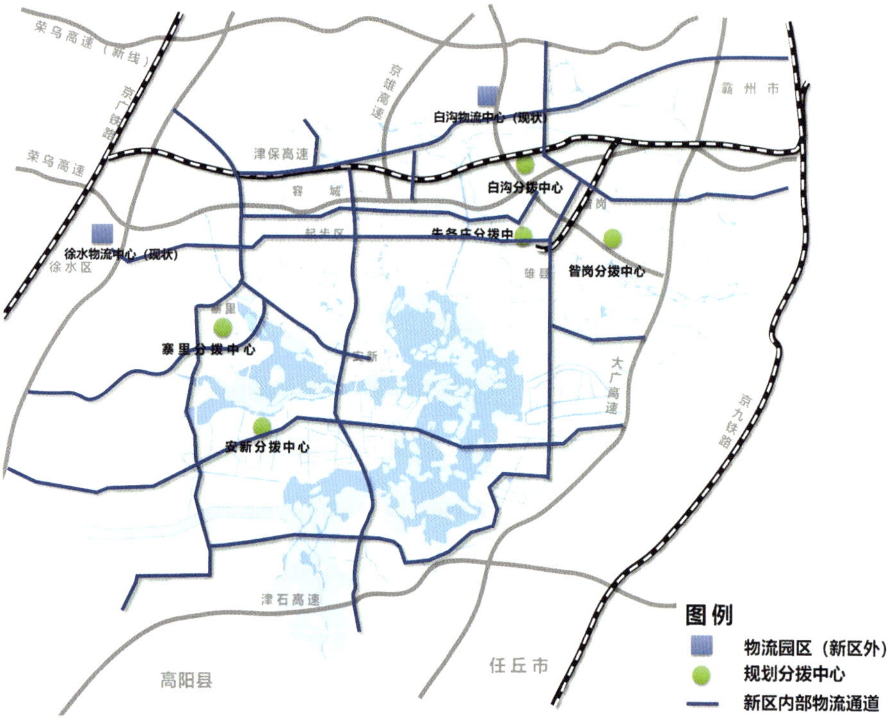

图3-29　雄安新区内部货运通道

5. 新型城市货运集疏运方式探索

物流行业近些年涌现出很多新技术，为了确保规划的前瞻性和包容性，本书从新型载具、设施通道、末端节点 3 个方面遴选了雄安新区未来可能采用的新型物流配送方式，并对各种方式的可实施性、适宜性给出初步建议。

（1）高铁物流配送

高铁物流是指利用高速铁路确认列车、既有动车组、高铁快运专列等载运工具承担货运运输作业。从现有和即将出现的运营模式看，主要有高铁货运动车组（货运专列）、高铁确认列车带货和既有高铁客运动车组带货 3 种模式，见表 3-11。

表 3-11　高铁物流运营模式与主要特征

运营模式	空间需求	优缺点
高铁货运动车组（货运专列）	需要结合动车段所、车站等建设高铁物流基地，满足快件集散、装卸、干线运输及配送作业需求	时效高、运量大，需以公铁、空铁有效衔接的高铁物流基地设施为支撑

续表

运营模式	空间需求	优缺点
高铁确认列车带货	铁路车站有货物在站内搬运、存放和站台装卸的设施	装载能力较大，利用既有车底和运行线，不额外增加运营成本，适合在运量大且稳定的节点间开行
高铁客车带货	利用既有高铁客运动车组车厢的空置空间进行载货。空置空间包括大件行李存放处、旅客座椅后方空间及新型复兴号动车组配置的快运专用柜等	列车开行量大，覆盖范围广，交路灵活；车厢座位两端空间及随身行李处区域面积较小，仅适宜摆放少量小件货物，高铁快运运力有限；装卸货与旅客共用旅客站台和通道。同时，装卸作业全部由人工完成，作业效率低且成本较高。对于电子、生物医药等特殊货物，货损概率较高

从适宜性上看，高铁物流可以满足社会化快递企业、物流企业对干线运输的需求，尤其是满足大城市之间500千米以上的干线快速运输需求。适宜的货物类型有商务函件、冷链生鲜、医药、服装、电子消费品、图书出版物等轻质、高品质、高附加值日常消费品。雄安新区物流专项规划根据高铁物流的主要运营场景，分别在高铁雄安站、城际雄安站、雄安动车所做了设施空间的预留。雄安新区高铁物流通道和主要站点如图3-30所示。

图3-30　雄安新区高铁物流通道和主要站点

高铁雄安站探索高铁带货模式，作为雄安新区重要的枢纽客站，其衔接京港台高铁、京昆通道、京雄城际、石雄城际等，衔接方向及停靠列车较多，故在车站规划预留高铁快运设施，主要采用高铁客车带货模式。

高铁雄安站在首层紧临汽车停车场位置布置高铁快运装卸作业区，作业区由 4 个装卸车道组成，在作业车道另一边布置了面积为 600 平方米的快运仓库。仓库内配置货运电梯，可通至夹层，在夹层与各个站台层之间又配置货运电梯，保证高铁快运货物无障碍通行。

城际雄安站探索高铁带货模式。车站深入雄安新区中心城区，服务便捷，在车站规划预留高铁快运设施，主要采用高铁客车带货模式，满足雄安新区小批量、高附加值、高时效的快递需求。

雄安动车所定位于雄安新区高铁快运基地。动车所紧临高铁雄安站，深入雄安新区腹地，能够有效辐射雄安新区中心城区，规划高铁快运基地，采用高铁货运动车组模式，满足雄安新区与其他城市群之间的省际交流。

（2）城市轨道物流配送

英国、日本、荷兰进行了城市轨道货运实践探索，德国提出了“货运地铁”的设想和概念方案。我国地铁部分机场线（武汉地铁 19 号线、长沙磁悬浮线）具备行李托运功能。调查国内外地铁物流的案例，笔者发现英国伦敦早期使用过地铁进行煤炭运输，其余国家如荷兰、日本等均使用地铁进行果蔬、生活用品、邮件等的运输。

国内外通常利用既有地铁站作业，划定专用货运区域，站台上设置装箱区、空箱缓存区、重箱缓存区、专用货运站台、安检区域等，配置专用货柜、手推车、滚轮传送带、货柜列车、货梯等专业设备。国内外地铁物流的运行模式主要有两种：非运营时段的全列组织运货和非高峰时段的捎带模式运货。雄安新区城市轨道物流有两类 4 种运营模式。

货运专列模式即全列组织运货，按照运营组织方式又可以细分为客货混跑模式和非运营时段专列模式。其利用既有客车模式，一种为车厢捎带模式，另外一种是货运专用车厢模式，客货同列（带货）运行。

表 3-12 为地铁物流技术可行性比较。

表 3-12　地铁物流技术可行性比较

运行模式	装载量	作业时间	对车站的要求	运输组织	经济成本	存在的问题
既有客车捎带模式	—	平峰	在既有站划定一定的货运区域	适合小运量零散作业，站站停	—	货运量较小，作业和运输均对乘客有一定的干扰，适合末端配送
既有客车整节运货模式	10 吨	平峰	需要在站点设置规模较大、专门的货运安检、存储区域、设备，需考虑防火等	卸货点停车时间较长，对客运影响较大，适合相对长距离、点到点运输	0.6 元 /（吨·千米）	影响列车客运的输送能力，货运站点选择应结合大的集散中心布局，适合城市内部的“干线”运输

续表

运行模式	装载量	作业时间	对车站的要求	运输组织	经济成本	存在的问题
专列模式客货混跑模式	20吨	平峰	车站需要配套专门的货运站台及设备，并设专用货运到发线	部分车站需要具备会让功能	0.8 元 /（吨·千米）	停站方式不同，会对线路的通过能力产生较大影响；存在安全隐患
专列模式在非运营时段运输	20吨	天窗	可考虑站台空间客货共用，需增设货运设备	技术上可行	0.8 元 /（吨·千米）	影响线路检修；天窗是 0 点至 4 点，可供开行货运列车的时间有限；检修时段部分车站及线路需要断电，对货运作业有一定影响

根据计算，地铁物流的成本为 0.6~0.8 元 /（吨·千米）。地铁物流可以盘活地铁平峰期、运行天窗期的存量资源，释放并节省有限地面道路资源，创造额外现金流收益，摊薄地铁运营成本；依托轨道站点整合城市配送资源，促进共同配送。最后，地铁物流可以为沿线客户提供高效的点对点货运服务。

从适宜的货物类型看，城市轨道物流符合国际物流、邮政快递物流等末端需求，适合运输与城市轨道站点耦合度高、体积小、质量轻、尺寸标准化的高附加值货物的运输。从空间看，地铁物流可以解决位于郊区的配送仓库与中心城区内部的批发商、终端客户之间的货物流通的问题，以及对货运车辆有特殊限制的片区的物流问题。

雄安新区至北京大兴国际机场快线预留了行李托运功能，具备探索城市轨道物流的硬件条件。规划建议可以适当改造轨道快线，满足相关货物的运输需求。

（3）地下廊道物流配送

城市地下空间开发是城市发展的竖向延伸，未来地下空间开发总量增长仍是城市发展的必然趋势。规划地下廊道物流可以从规划角度植入新的地下空间功能，从而更高效地整合现有的地下空间，与新建的地下空间共同建设形成一个综合的、衔接通畅的城市地下空间网络。

物流领域的智能化、无人化技术蓬勃发展。物流过程中的储存、分拣、包装和配送等环节目前已经逐步实现了智能化和无人化技术的应用，为以无人、智慧为主要特征的地下廊道物流系统提供了必要的技术基础。在末端配送环节，无人配送机器人可进行自动导航行驶、自主规划路径、避障行驶和自主行驶决策，实现末端中小件物品的配送。智能化、无人驾驶技术使物流运输在地下封闭空间环境里能够达到更高的效率，实现人力成本的极大节约，同时能够提升物流活动的安全性，是实现地下廊道物流的前提条件。

地下廊道为较封闭的空间，为保证物流运输的安全性，禁止爆炸品、易燃气体、易燃液体、毒性物质、放射性物质、腐蚀性物质、活物、违禁品等进入物流廊道。地下廊道物流的应用需根据可运输货物的总量规模确定，结合用地布局因地制宜地建设，可在外围地区做局部试验性应用。

由于运用物流新技术目前尚没有成熟经验，相关规划空间预留和建设方案确定应由明确的市场投资和运营主体来推进，并符合相关国家标准和安全规范要求。

3.3.3　交通组织要求

1. 外部交通组织要求

1）与城市的交通系统相融合。枢纽的外部交通组织要符合国土空间总体规划和城市的综合交通规划（轨道交通规划、公交场站规划、货运交通规划等）相结合。枢纽要发挥好综合交通枢纽作为城市交通转换节点的角色，通过与城市交通系统相融合，实现不同交通方式之间的顺畅衔接。联运换乘无缝衔接既涉及硬件设施的一体化规划设计，尽量缩短换乘距离，也包括运营管理方面的一体化，通过安检互认、一票制、一单制等方式缩短换乘、换装时间。

2）与周边城市用地功能分区相协调。在对枢纽的外部交通进行组织时，要考虑合理地利用枢纽周边城市用地的功能，在与城市交通系统贯通的同时必须满足周边地区的运输需求。随着站城融合理念的贯彻，枢纽的设施要适当考虑与城市交通需求相协调，尽量避免枢纽与周边城市交通和功能的割裂；同时也要避免城市功能过于集中于枢纽从而导致交通压力过大。

3）与城市道路交通系统相连通。进行外部交通组织的目的就是将枢纽融入整个城市交通系统，这也就要求枢纽和城市的连接要有良好的交通条件。枢纽在布局时要尽可能地与轨道交通和公交枢纽相衔接，并便捷地连接至城市主要道路和出入口。规划设计一方面要保证枢纽和城市的便捷连接，提高乘客的集散效率；另一方面还要做到减少枢纽集散对过境道路交通的干扰。

4）公交优先，以人为本。换乘公共交通客流是枢纽集散客流的主体，为便于公交客流的集散，公交应享有优先权，实现公共交通客流的快速集散，减少乘客滞留时间，充分体现以人为本。

2. 内部交通组织要求

1）客货分离，分块循环。为实现交通流的快速运转和干扰最少，枢纽内部各功能模块应尽量分块，各自运转循环，实现交通流的快进快出。

2）大小分离，人车分流。由于占有道路时空资源较多的公交车、大客车，以及小汽车、出租车辆等小型车辆的运行特性不同，实现大小车的分离、避免交叉冲突，有利于枢纽交通流的连续性、均一性，提高效率；同理，人车分流有助于避免人车冲突。

3）到发分离，进出独立。结合客运交通枢纽综合化、立体化的发展趋势，枢纽交通组织也从平面化走向立体化；进出交通流、到发客流的分离、立体化组织有利于避免客流交叉混乱、人车混行。

4）流线连续，衔接顺畅。换乘客流、交通流的连续性是交通流有序组织、高效运行的关键。

3.4 枢纽经济模式的广泛探索

国家高度重视枢纽经济发展，近年发布的《交通强国建设纲要》《国家综合立体交通网规划纲要》等文件均将发展枢纽经济列为重点任务。交通枢纽是城市发展的核心资源之一，也是城市崛起和繁荣的重要支撑。发展枢纽经济意义重大，有利于提升城市发展能级，推动交通运输转型升级，提高枢纽港站运营效益。

3.4.1 枢纽经济的内涵与特征

交通枢纽不仅承担着连接、集散、运输的基础功能，也要充分利用人流、物流、资金流、信息流汇集的优势，着力向产业聚集区方向转型。交通与产业充分融合的枢纽经济发展模式应运而生。综合交通枢纽是综合交通运输体系的重要组成部分，对提升交通运输效率、支撑引导城镇空间和产业格局、促进区域经济社会发展具有重要作用。随着经济社会的发展、城镇空间的拓展以及交通运输的进步，综合交通枢纽的功能、内涵、类型也在不断扩展，人们对于枢纽的认识也逐渐由传统交通层面拓展到城市、产业、经济、社会等其他层面，更加侧重于交通枢纽与经济整体运行、产业布局与组织、城镇空间结构等之间的关联和相互作用。人们对枢纽发展代际更迭规律以及发展实践的积极响应催生出了枢纽经济。在经济层面，人们对枢纽的认识存在两个维度：宏观层面围绕枢纽城市节点，微观层面围绕枢纽场站节点。

1. 交通枢纽是经济产业的基础和支撑

枢纽经济因交通枢纽形成而形成，也因枢纽规模、能级上升而升级。交通枢纽因要素流动和产业发展而建设，因要素增长和产业壮大而壮大。交通枢纽与枢纽型产业相互驱动、重复性正向反馈共同推动枢纽型城市的发展。经济产业关注的重点是中观层面的枢纽节点城市，包括城镇、口岸、产业园区、人口聚集区等，部分也涉及宏观层面的枢纽集群区域。这一维度所涉及的内容不局限于综合交通枢纽自身的功能与内涵，更强调以综合交通枢纽为服务基础和支撑条件的经济、产业、贸易、开放等功能，即经济枢纽、产业枢纽、贸易枢纽的概念，甚至拓展到信息枢纽以及更宽泛认知下资源要素配置中枢的概念。

近年来，随着信息时代全面开启、交通与经济社会深度融合发展，交通枢纽的功能不断拓展和提升，临港经济、临空经济、临站经济等枢纽经济形态不断突破地域和产业限制，在城市发展中扮演越来越重要的角色。在经济层面下，枢纽节点的功能类别与城镇自身的功能特点、资源禀赋条件、地理区域以及交通条件等直接相关，本质是“通道经济”“枢纽经济”与“产业经济”等的融合互动。国家以及大区域空间依托主要运输通道形成沿线产业经济，沿线产业经济带上的重要节点按照产业链合理分工的要求，形成若干节点“聚集经济”，从而形成围绕节点城镇的“枢纽经济”，再通过“枢纽经济”能级提升，提升整个“通道经济”，辐射带动空间、范围、层次和质量，并围绕产业链分工合作形成区域联动且闭合循环的经济运行路径。

2. 枢纽经济是推动城市片区开发的重要抓手

从国际实践来看，顺应需求的多样化、融合化发展，围绕高铁车站、城际铁路车站等综合客运枢纽打造城市综合体，使其集交通、商业、商务、会展、体验、康体等于一体；围绕以机场、港口、物流园区为主的综合货运枢纽打造产业综合区，使其集生产、加工、运输、仓储、金融、保险以及其他增值服务等于一体，已经成为发达国家和地区综合交通枢纽场站发展的主流趋势。例如，日本的京都火车站、东京涩谷车站，德国柏林中央火车站，西班牙马德里王子波尔车站，我国在建的香港广深港客运专线西九龙总站等综合交通枢纽场站都是由交通综合体向城市综合体转型的典型代表。而且，随着互联网经济下新业态、新模式的兴起，交通枢纽的功能进一步拓展，很多 O2O 模式的线下体验店都以客流高度聚集的综合交通枢纽为依托。依托综合交通枢纽站点打造城市综合体或者产业综合园，核心是通过不同功能设施的集中布局，提高土地等资源的利用水平，形成以枢纽场站为中心的场所经济和极化经济效应，进而提升片区整体发展的效率和能级。将传统的枢纽站点拓展为枢纽区域，充分体现了集约化、多元化、系统化的融合发展理念。

3. 枢纽经济是一种创新发展的区域经济模式

枢纽经济是一种以交通枢纽、信息服务平台等为载体的，以聚流和辐射为特征的，以科技制度创新为动力的，以优化经济要素时空配置为手段的，重塑产业空间分工体系、全面提升城市能级的经济发展新模式。枢纽经济主要解决的是区域、城市经济发展问题，大到一个国家（全球经济网络上的枢纽节点）或城市群、跨省（市）经济区，中到大、中、小型交通枢纽城市，小到城区内某个枢纽场站周边的经济影响区。由于不同国别、不同层级、不同类型区域的经济发展问题差异性较大，枢纽经济实际上就是对一定地区、一定历史条件和一定技术水平下所形成的独具特色的经济发展方案的理论总结。目前，社会各界比较关注城市经济发展问题，枢纽经济的应用领域也主要是城市经济。

4. 枢纽经济的实现方式是优化经济要素的时空配置

枢纽凭借其在经济要素配置中的特殊地位，通过优化经济要素的时空配置，对客流、物流、信息流、资金流等要素进行支配，全面提升城市能级。一方面，枢纽吸引经济要素向其靠拢，产生规模效应和聚集经济；另一方面，枢纽吸引公共资源加大投入，成为一定区域范围内的效率高地，产生枢纽经济现象。枢纽经济的作用就是通过枢纽强大的经济要素组织能力，优化经济要素的时空配置效率，从而提升经济系统的运行效率。从产业发展视角看，枢纽经济在塑造区域产业分工体系的过程中，同样以提高产业体系发展质量为目的。一方面，枢纽经济使传统优势产业的运行效率提高，推进其转型升级，迈向更高端；另一方面，枢纽经济吸引新的产业资源聚集，出现新产业，使整个产业体系更显活力。枢纽经济的主要特征是充分运用要素的流动性，挖掘这种流动性的经济潜力，这与经济系统运行的本质相一致，要素在流动中实现配置。

5. 枢纽经济的核心任务是重塑区域产业分工体系

枢纽经济的实践探索必须在产业层面落地。整个经济系统其实也是一个完整的产业分工体系，并且因经济活动空间分布的非均质性，这种分工体系具有明显的区域特征。枢纽经济的资源要素投入产出流动性、自我增强特性和资源时空配置优化能力最终都将体现在区域分工体系的变化上。一方面，枢纽经济带来资源时空配置效率的提升，提高传统优势产业的竞争力，推动传统优势产业转型升级；另一方面，枢纽经济通过要素流动和自我增强能力产生新的比较优势，吸引新产业向枢纽聚集。产业聚集也会产生拥挤成本，比如土地成本上升和环境压力增大等，部分产业资源向周边扩散。产业聚集和扩散是一个动态的过程，在不同阶段，发生聚集和扩散的产业都有差异。发展枢纽经济的关键是通过市场力量对产业空间组织和分布进行识别，不断塑造区域产业分工体系。

3.4.2 枢纽经济的发展

在现代交通网络日臻完善和现代信息技术手段快速涌现的背景下，枢纽功能的提升、拓展与地区乃至区域经济和产业的发展关联日益紧密。枢纽已不仅是支撑区域产业、经济发展的重要条件，更是深度融合物流链、产业链、贸易链与价值链，深度关联新兴消费，联动培育新业态、新模式的重要载体。在跨界融合理念下，依托枢纽载体所形成的新的业态模式和经济发展范式已成为带动区域经济转型升级的重要增长点和新的经济增长方式的重要驱动力。从这一角度，枢纽经济既是经济发展新动能培育和新空间拓展的重要实践者，也是经济进行新旧动能转换的重要推动者。在这一背景下，枢纽的联动开发（包括大区域协同开发以及小站点综合开发等）则成为推动枢纽经济发展的重要途径和手段之一。

在实践层面，国内外各界均在积极探索、着力推动各类形式枢纽经济的发展，如国际航运中心建设、临空经济区发展、航空航运高铁经济业态培育等。近年来，国内各界对于枢纽经济发展高度关注。

2016 年，国家发展改革委等印发《关于推动交通提质增效提升供给服务能力的实施方案》，明确提出："加快全国性、区域性综合交通枢纽建设，发展枢纽经济，强化区域联动开发。"2017 年，国务院印发的《"十三五"现代综合交通运输体系发展规划》要求"以高速铁路通道为依托，以高铁站区综合开发为载体，培育壮大高铁经济，引领支撑沿线城镇、产业、人口等合理布局，密切区域合作，优化资源配置，加速产业梯度转移和经济转型升级"。2021 年，国务院印发《"十四五"现代综合交通运输体系发展规划》，要求建设多层级一体化综合交通枢纽；促进综合客运枢纽站城融合，探索建立枢纽开发利益共享机制，推动枢纽与周边区域统一规划、综合开发，加强开发时序协调、服务功能共享；优化主要枢纽场站及集疏运设施布局，围绕雄安站等铁路枢纽站，建设一批综合交通枢纽场站。

我国江苏、河南、四川等多地也在积极探索培育枢纽经济新业态、新模式。例如，2015 年南京市出台《中共南京市委、南京市人民政府关于加快推进枢纽型经济建设的意见》，提出"高起点规划建设空港、海港、高铁三大枢纽经济区""坚持以载体建设为抓手，切实将综合枢纽优势转化为转型发展优势和产业竞争优势，推动基础设施、产业发展、城市功能相互融合协调共进"。2017 年，河南省政府工作报告提出"要以郑州等交通枢纽城市为节点，完善枢纽功能，以物流带产业，以枢纽聚产业，培育高铁、临空产业，大力发展枢纽经济"。

从目前的情况来看，关于枢纽经济的探索，实践已经走在理论之前。加之我国经济发展步入新的阶段，特别是以互联网技术为支撑的现代产业聚集、商贸流通等新业态、新模式快速涌现，更迭并呈现新的特征，因此，不能完全简单照搬国外发展经验，必须顺应发展趋势，立足实际，把握规律，加快建立和完善枢纽经济发展的理论和方法论体系，为具体实践和国家决策提供指导和支撑。

3.4.3 枢纽经济的表现形态

1. 按主要类型划分

由于枢纽的类型、功能层级和影响区域等存在诸多可能性，因此枢纽经济的表现形式呈现多样性。根据不同划分标准，枢纽经济的表现形式主要有以下几种。

（1）不同运输方式主导的枢纽经济

根据运输方式的不同，交通型枢纽经济可划分为铁路枢纽型经济、公路枢纽型经济、港口枢纽型经济、航空枢纽型经济和城市公共交通枢纽型经济五大类。其中，考虑到高速铁路与普通铁路在技术经济特征方面的差异性，铁路枢纽型经济又可分为高铁枢纽型经济和普通铁路枢纽型经济两类。城市公共交通枢纽型经济主要考虑城市轨道交通场站、大型公交枢纽场站的商业开发和周边地区的综合开发，属于微观枢纽场站经济范畴，本书将在后文对其分析。不同运输方式主导的枢纽经济类型如图 3-33 所示。

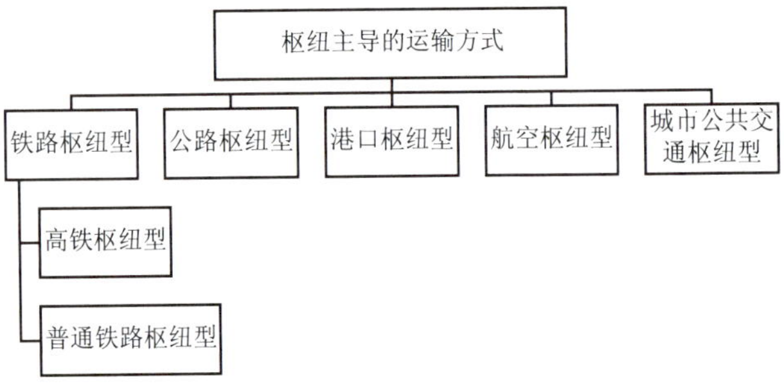

图3-33　不同运输方式主导的枢纽经济类型

（2）不同地理空间范围的枢纽经济

根据枢纽功能层级和地理空间影响范围的不同，交通枢纽可划分为枢纽区域、枢纽城市和枢纽场站三大类。基于此，以交通枢纽为载体的枢纽经济呈现出 3 种表现形式，即枢纽区域经济、枢纽城市经济和枢纽场站经济。

枢纽区域经济是大的国土区域板块在更大空间格局（如洲际乃至全球）的交通或物流网络中所表现出的网络经济形态。枢纽城市经济是枢纽城市所表现出的经济活动。枢纽场站经济是交通枢纽在较小空间范围内存在的实体枢纽经济形态。

对枢纽城市经济而言，根据城市所处的地理位置，其可细分为沿边口岸枢纽型经济、内陆城市枢纽型经济和沿海城市枢纽型经济。

根据枢纽场站类别的不同，枢纽场站经济又可以进一步细分。按照功能特征的不同，其可分为单方式枢纽场站经济和综合交通枢纽场站经济；按照服务对象的不同，其可分为客运枢纽场站经济和货运枢纽场站经济；按照空间范围的不同，其还可以分为临港经济、站区经济、临站经济等。不同地理空间范围的枢纽经济类型如图 3-34 所示。

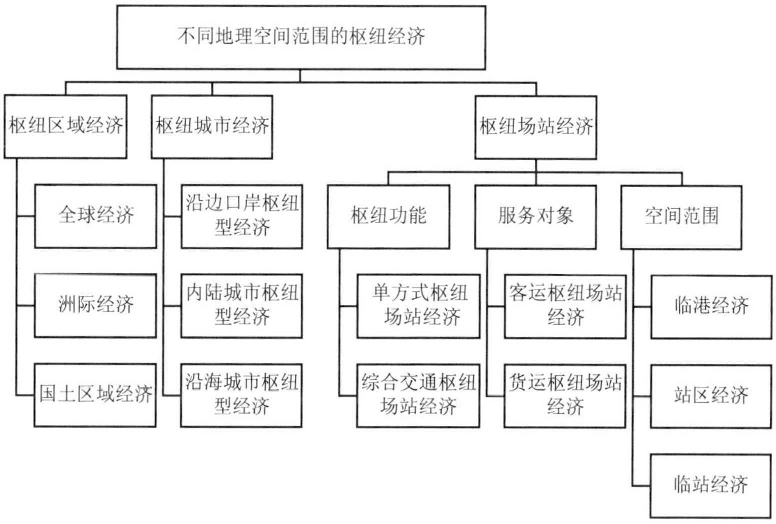

图3-34 不同地理空间范围的枢纽经济类型

2. 典型表现形态

（1）港口枢纽型经济

港口是国民经济和社会发展的重要基础设施之一，港口经济是枢纽经济最为普遍的表现形态。港口经济是以港口为基础，以各类功能区为载体，由运输物流、临港加工、航运服务等组成的开放型、辐射型产业经济形态。同时，港口经济以港口产业为依托，以港口城市为载体，以综合运输体系为动脉，通过港口集疏运网络形成一定范围内向陆地辐射的经济腹地，具有区域经济的表现形态。与其他类型枢纽经济形态相比，港口经济具有明显的经济特征。

1）港口经济具有明显的空间外向性。从空间角度看，港口经济发展呈现“点—线—面”的双向梯次发展效应。一是“点”，即港口的极化效应依托港口的区位优势，吸引生产要素向港口及港口城市集中，推动港口经济规模发展，促进港口城市经济实力不断增强，形成港口的极化效应。二是“线”，即线性辐射。港口经济对外功能辐射一般沿港口航线、多式联运线路，甚至沿信息网络所依托的贸易走廊和产业走廊等进行，在沿线的经济区域之间产生相向的聚集与扩散作用，形成相对密集的要素流，从而形成区域内相对发达的轴线经济。三是“面”，即圈层带动。港口经济依托“点—线”形成若干环状空间组团，形成渐进辐射型圈层体系，使极化效应产生的规模经济在更大的范围内表现出来，同时也进一步推动港口作为极化点进行发展。

2）港口经济具有明显的产业关联性。从产业角度看，港口经济是以港口业及相关产业为核心的产业经济，产业关联性强，拓展了基本装卸业的服务功能，并利用发达的信息技术，向临港工业、港口物流及港航服务业扩展。港口经济一般都是从基础的港口码头业发展起来的，港口的有利条件促进了港航及相关服务业的发展，也促进了临港产业的发展，尤其是随着区域经济的发展以及城市产业结构的转型升级，一些高附加值的产业不断产生。港口产业可划分为现代物流业、临港工业、航运服务业和信息产业四大产业。现代物流业是以码头装卸业为中心，延伸发展船代、货代、仓储运输等水上、陆上一体化的物流产业。临港工业是依托港口优势，顺应国家及城市经济发展阶段而形成的临港重化、加工、制造、船舶等实体产业集群。航运服务业是为港口现代物流和临港产业发展提供综合服务功能的金融、保险、商贸、咨询、经纪等服务产业。信息产业则依托现代信息技术，贯穿前述三大产业提供促进港口内外部产业有效衔接共享的信息服务、交易服务、结算服务等。

3）港口经济具有明显的功能融合性。从功能角度看，港口经济逐步跳出了传统的港航、港产和港城领域，是集聚了腹地内交通、产业、贸易、投资、服务、文化、信息与生态等的多维度、多功能融合发展的综合经济形态。这既符合当前和未来区域经济一体化的发展趋势，也符合交通运输与经济社会深度融合的发展趋势。尽管港口经济是依托港口的发展而形成的，但不能单纯依赖港口，而是要充分利用港口发展已形成的诸多要素资源，发挥市场在资源配置中的决定性作用，促进腹地内产业合理布局和要素自由流通，加强腹地内各经济节点的全方位衔接，形成以港口经济资源要素为中心的，交通、产业、服务、贸易、信息等多功能融合发展的区域经济形态。

实践表明，世界上大多数港口发展均遵循了明显的代际演变规律，即港口、陆地与水域规模由小向大扩展，港口规模由一港到多港集群，港口功能由单一向综合集成、由装卸向港口经济转型，港城由空间简单联系向港城融合升级转变。不同代际港口在功能战略、生产特点、服务方式等方面表现出明显的阶段性特征，在经济社会融合发展新时代，后发或新兴港口并不一定严格遵循这个阶段性演进规律，而多呈非线性跨越式、体系化发展。港口代际演变及特点如图 3-35 所示。

发展阶段	时间	主要功能	发展特点	港口定位
第一代：传统港口	18 世纪前	装卸、转运	传统装卸	区域间商品流通
第二代：临港贸易中心	18 世纪前—20 世纪中	仓储、装卸、搬运	工商业落户，临港产业具雏形	生产贸易场所、货物增值服务中心
第三代：国际商业中心	20 世纪 50、60 年代	1. 仓储、装卸、搬运； 2. 运输贸易的信息服务与货物配送	适应国际贸易、全球化物流	部分港口发展为物流、贸易、工业、金融中心
第四代：综合服务中心	20 世纪末至今	1. 仓储、装卸、搬运； 2. 运输贸易的信息服务与货物配送 3. 港口之间的互动、差异化服务； 4. 与供应链各环节无缝衔接	以城市为主体，以自由贸易为依托	国际贸易调度站、产业集聚地、综合服务平台、国际航运中心、港口群结构
下一代：智慧港口	未来	1. 以上都有 2. 数据服务及其他创新业务模式	集物联网、自动化、人工智能为一体	系统化的大港口生态圈

图3-35 港口代际及特点

港口与城市关系的变化过程在很大程度上反映了港口经济的演进历程。港口和城市是人类经济与社会活动极为重要的集聚点，两者密切相关、互动发展。一方面，港口对城市发展发挥着先导性带动作用，对推动城市经济发展具有明显的乘数效应；另一方面，城市对港口的发展提供基础设施与腹地。“城以港兴，港为城用，港城相长，衰荣共济”一直是世界港口城市发展演变的普遍规律。港城关系的演变历程大致经历了初始联系、相互关联、集聚扩散和港城一体 4 个阶段。港口与城市在经历了前 3 个阶段的互动发展后，既可以朝着港城一体、经济融合的方向发展，也可能因为内外部因素的影响而出现港城经济衰退的现象。

（2）临空枢纽型经济

临空经济是枢纽经济的重要表现形态之一，是交通枢纽城市发展的重要动力源。机场被喻为“国家和地区经济增长的发动机”。机场直接影响区域生产的空间布局，已从传统意义上的单一运送旅客和货物的场所演变为全球生产和商业活动的重要节点及带动地区经济发展的引擎，不断吸引众多的与航空业相关的行业聚集到其周围。机场及其周边区域正日益演化成特色经济活动高度集中的区域。

理解临空经济的内涵，需要把握机场资源、航空运输、产业指向和组织形态等核心要素。这些核心要素可以归纳为以下两个方面。

一是以机场为核心的交通枢纽是临空经济发展的基础，机场资源和航空运输服务属于交通运输领域。虽然航空运输服务是临空经济发展的核心要素，但是综合运输体现为多种运输方式的合理配置，以航空运输为主的单一运输方式难以独立发挥作用，应将航空要素纳入综合运输体系分析框架内，考察以机场为核心的交通枢纽对综合交通运输体系的影响。当然，除了以机场为核心的交通枢纽之外，还有其他类型的交通枢纽，如以铁路场站、港口码头为核心的枢纽，它们也可以发挥类似作用，不同枢纽可以形成组合效应。

二是临空经济的产业指向和产业组织形态较为复杂，融合了产业经济学和区域经济学领域的概念。临空经济的产业指向主要是产业发展的方向，关键是临空核心产业以及由此拓展的关联产业。产业组织形态有两层含义，即产业发展形态和空间组织形态。产业发展形态指产业发展的链条化和集群化以及其他组织方式，空间组织形态指带状集聚或点圈型集聚。产业发展链条化是现代经济系统的分工趋势；产业发展集群化是提高现代产业竞争力的主要组织模式；产业发展的其他组织方式指新兴的发展模式，如产业技术创新联盟、模块化生产网络、产业平台和产业生态圈等。基于此，在吸收既有研究成果基础上，本书将临空经济定义为"依托以机场为核心的交通枢纽带动综合运输体系变革，以临空核心产业为基础，发展航空偏好型产业体系，重塑产业空间分工体系形成区域经济增长极的经济发展模式"。

由于航空运输具有辐射范围广、快速便捷等优势，运输的货物具有高附加值、高时效性等特点，与航空枢纽相关联的产业多为高端装备业和现代服务业。临空经济的发展可划分为 4 个阶段。第一阶段，以机场为核心资源，发展航空运输服务，为临空经济的萌芽阶段。在此阶段，城市以机场为核心形成交通枢纽，使机场要素成为临空经济产生和发展的前提。第二阶段，航空运输服务资源初始产业化，为临空经济的起步阶段。航空运输服务初始产业化存在多个方向：一是依托航空运输服务，发展航空生产制造业；二是航空运输服务深度发展形成极具竞争力的航空运输服务业；三是依托航空运输服务，发展航空运输服务密集型产业。上述三者构成了临空经济核心产业。第三阶段，临空核心产业以链条化、集群化等模式向其他产业拓展，为临空经济的快速成长阶段。此阶段的突出表现为交通与产业深度融合，产业多元化。第四阶段，城市功能完善、创新体系形成，出现经济增长极，为临空经济的成熟阶段。临空经济进入此阶段后，产业与城市融合更为重要。只有实现产城融合，临空经济才有可持续性，涉及城市服务体系、宜居环境和创新体系等的形成。城市服务体系是城市形成的基本前提，宜居环境是城市发展的必备条件，创新体系使城市在未来发展中有持续竞争力。

临空经济的 4 个发展阶段如图 3-36 所示。

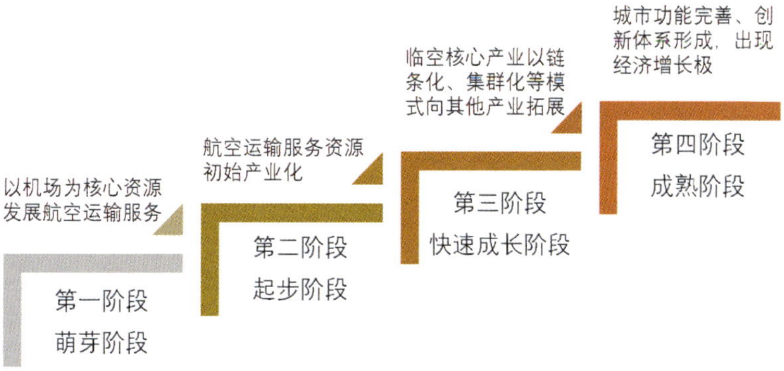

图3-36　临空经济的4个发展阶段

（3）高铁枢纽型经济

雄安新区缺少紧临的港口和机场，港口经济和临空经济的模式难以直接套用，应充分发挥高铁资源，打造高铁枢纽型经济。

与其他交通方式的技术经济特征相比，高铁具有运输能力强、速度快、安全可靠、准点率高、环境污染小、节约能源和土地等优势。高铁出行主要以商务和旅游活动为主，包括一些短距离的通勤出行和长距离的旅游出行等，其影响的产业是以商业、旅游业等为主的第三产业。

中国是世界上拥有高铁里程最多的国家，高铁建设能够极大地改善城市的时空距离，为城市发展带来新的机遇。特别是新开通高速铁路的地区，交通区位水平得到大幅提升，一改过去铁路交通不畅的局面。高铁建设有助于城市的土地得到重点开发，提升沿线设站城市的土地价值。高铁产生的时间节约效应，可以诱发产生新的客流或者吸引中长距离的公路客流，并创造更多的工作机会和企业交流机会。高铁建设增加了游客对交通方式及线路的选择项目，扩大了旅游范围，提升了游客旅游的频次，从而影响城市旅游业的发展。

多数城市将高铁站点地区作为城市未来的副中心、次中心或新的增长极进行规划建设，并将其打造为集商贸物流、商贸金融、服务业、房地产业和休闲娱乐业为一体的高铁新城，这些高铁新城的规划面积一般都在 30 平方千米以上。

由于发展力不足、与城市之间联系便捷性不够，很多高铁新城逐渐发展成“鬼城”，导致土地和资金的浪费。高铁速度快、线路建设标准高，利用市中心既有铁路场站升级改造的高铁站比较少，大多数城市都采取在中心区外围另行选址建设新高铁站的模式。一方面，新建高铁站项目的拆迁量少，节省投资；另一方面，可依托新建高铁站调整城市布局、带动外围土地开发。

随着高铁的快速发展，我国铁路枢纽城市的数量逐渐增多，分布愈加广泛，基本覆盖了我国主要城市群和经济带。伴随高铁网络的演变，高铁枢纽城市也随之变化，一部分城市借助高铁提升了城市可达性，跃升为铁路枢纽，另一部分城市错过了高铁发展的顺风车，甚至还有些城市在高铁时代由枢纽城市“沦为”普通的铁路节点城市。但无论哪种变化，都需要建立在城市经济地位的基础之上，只有城市具有足够的产业潜力和空间，才能支撑起长远发展。

分析国内不同城市的实践发现，高铁经济利用科技与商业创意，整合外部资源，创造特色商业盈利模式，打造城市个性发展模式。对于商贸物流型高铁枢纽城市来说，由于高铁具有“高速度、大运量”的特点，对于城市进一步拓展商业覆盖范围、扩大消费品市场总体规模、加强商品流通设施建设均具有积极的促进作用。为满足高铁带来的大量客流在购物、娱乐、文化和服务方面的多领域需要，让消费者轻松享受到一站式、高品质、现代化的商贸购物体验，城市商贸物流业发展模式创新的过程有必要利用交通带来的资源优势，通过科技与商业的结合，创建商业街区或交易中心等，推动城市个性化发展。另外，通过对商业运作环节的重组创新，改善现有产业链条状况，形成新的商贸物流业态。高铁时代的到来进一步拉近了不同地区之间的时间距离，对高铁沿线所在城市所能提供的产品和服务、关键资源及关键能力提出了新的组合优化可能。这种可能性的价值在于通过对传统产业经济的商业运作环节进行重组，可以形成更加高效的产业链，从而获得价值的增长。在此过程中，城市应着力提升产业层次，推动商贸物流业产业集群发展，促进城市间分工更加专业化。枢纽经济典型形态如图 3-37 所示。

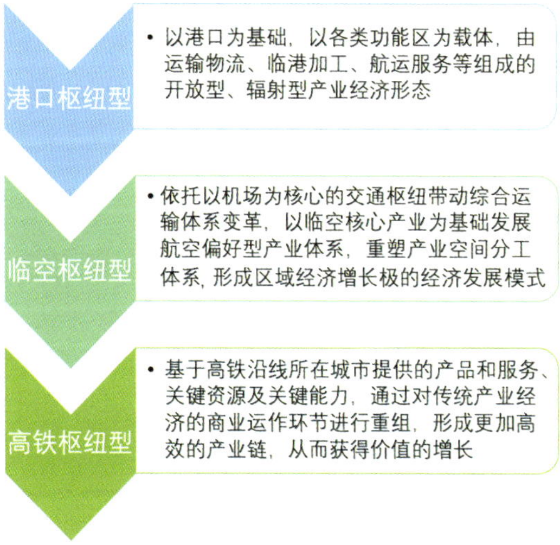

图3-37　枢纽经济典型形态

3.4.4 枢纽经济模式探索

高铁影响下的综合交通枢纽场站不仅是城市对外交通和对内交通的桥梁与纽带，还对其所依托城市的形成和发展有着很大的导向作用，并与城市的发展息息相关。高铁枢纽场站的建设带动枢纽片区形成新的城市功能区，开发强度和布局模式直接决定了枢纽片区的空间形态，甚至影响枢纽城市的整体功能实现。发挥高铁的催化引擎作用将促进相应城市地区的规划建设良性、快速发展，将对高铁地区的实际发展情况和公共政策的确定产生很大的影响。

中国是世界上拥有高铁里程最多的国家，高铁极大缩短了城市间的旅行时间。高铁的发展带来客流对交通方式的重新选择。高铁建设能够通过改变沿线城市之间的生产要素和人口的流动，吸引区域内第二、第三产业向沿线布局，实现对沿线城市空间结构的重塑。高铁建设通过改变沿线站点周边土地的利用方式和强度，进而改变城市内部的空间布局。高铁建设有助于城市的土地得到重点开发，提升沿线设站城市的土地价值。

高铁建成后，大城市将进一步集聚总部经济，发挥商务功能，而生产仓储物流业以及一部分商业服务业将会被外包布局到更具优势的周边城镇，小城镇可根据自身实际情况发展第三产业，或承接大中城市转移的产业，在制造业、服务业等领域共同发展，不断调整并完善产业结构。

高铁能显著改善沿线城市的交通可达性，节约流动商品交换的时间，产生时空收敛效应，改变沿线城市的市场潜力，吸引要素汇聚。高铁还可以为产业部门提供面对面交流的机会，吸引企业投资、扩大就业和促进人口增长，进而促进城市经济发展。但值得注意的是，不同地区所处的发展阶段不同，资源禀赋各异，城市规模大小不一，高铁对不同城市的影响也有很大区别。

1. 高铁对城市的影响

（1）不同规模和发展基础的城市所受影响不同

一般来说，高铁建成后，能给初始市场规模较大、本身经济基础好的城市带来更强的区位优势和要素集聚效应，使其实现更大幅度的经济增长。而那些能级较低或自身缺乏发展动力的中小城市依托高铁则往往难以达到预期的经济发展效果，如果同质化发展过强，反而产生巨大的“虹吸效应”，影响城市经济的发展。比如，一些旅游基础设施落后、缺乏特色旅游资源、综合实力和竞争力较弱的地区、城市，极易出现旅客“过而不入”的现象，使得这些中小城市在区域旅游竞争格局中沦为“过境地”。

（2）不同距离、区位城市所受的影响不同

在高铁沿线城市中，到北京、上海、广州三大中心城市的距离在 150 千米以内的城市，经济增长幅度高于距离超过 150 千米的城市，也远高于没有开通高铁的城市。这表明，高铁更能够促进大城市和邻近城市之间的融合，增强大城市的空间增长溢出效应，有利于城市群的发展。

（3）不同外围城市的产业定位影响不同

位于城市群中心的大城市，一般依托高铁进一步集聚金融、商务功能，将制造业、仓储业等布局到交通便利、生产成本更低的周边城市。以长三角地区为例，随着高铁开通的延伸效应，上海、杭州、南京、合肥的引领能力不断突出，产业结构不断优化。上海自贸区建立后，不断向高端服务业转型发展，跨国中心、结算中心推动上海成为全球城市的非核心功能疏解地，作为经济中心、金融中心、贸易中心、航运中心的能力不断提升。与之相对，杭州、宁波、南通、嘉兴、无锡、常州等周边城市纷纷以各自特点承接上海转移出的产业。杭州定位发展以现代商务休闲、文化创意产业为核心的高附加值产业体系，宁波定位发展以现代物流商贸和电子商务为主的商贸产业体系，苏州、无锡、常州定位发展新兴制造业产业体系。

（4）不同功能类型城市的发展方式影响不同

一般来讲，商贸物流型城市通常需要整合高铁站点、长途公交、城市轨道交通等，形成大型交通枢纽节点和商贸物流基地。商务休闲型城市则需要围绕高铁带来的人流，发展住宿、旅游、购物、休闲、餐饮、办公等，形成商务中心。产业集聚型城市需要结合科技研发、创新创业、会展活动等，形成新的产业集聚，旅游集散型城市则需要结合本地旅游资源，完善旅游客流集散中心及相关配套设施和服务。

2. 发展高铁经济经验

（1）打造高铁产业带、城镇带，建设高铁经济试验区

广州提出建立与高铁沿线城市招商、投资双向服务机制，在商贸会展旅游业、高新技术产业、先进制造业等领域开展深层次合作。江西推动与高铁沿线发达地区优势产业互补，优先发展旅游、大健康、商贸、物流、金融、文化创意等产业，加快建设上饶高铁经济试验区。湖南将京广高铁经济带打造成先进制造业、现代服务业示范带，在沪昆高铁经济带发展精品钢材、绿色建材等产业。广西促进与高铁紧密关联的先进制造业和旅游、商务、信息、会展等服务业集聚发展，依托高铁枢纽场站布局产业园区。贵州在贵广高铁经济带推进综合交通网、特色产业带、生态旅游带、新型城镇带等“一网三带”建设，依托长贵

昆高铁经济带发展资源精深加工产业、特色农业和精品旅游等。

（2）推进高铁与其他交通无缝对接，提升站点综合开发配套水平

法国新建高铁线路上的客运站根据区位和规模的不同，具有不同类型及数量的交通接驳方式和设施。大巴黎地区各站点和其他城市中心的枢纽高铁客运站的交通接驳方式非常齐全，通常以轨道交通这种高效、安全的方式为骨干，以公交汽车为主体，以出租车、私家车为补充，形成了一个结构合理的接驳体系。巴黎以外的各城市近郊、远郊或城镇之间的中小型客运站一般并不引入轨道交通，以私家车交通和停车换乘为主，辅以出租车和较少线路的公交车。客运站的换乘设施在空间上通常也是灵活布局在方便旅客换乘和有利于分散人流的恰当位置，基本采用立体换乘中心的模式。法国新建高铁客运站周边的道路网规划采用环路衔接、立交疏解等方式隔离过境车流和沟通铁路两侧，同时方便乘客进出站。

广州加快推进各火车站一体化联动并与白云国际机场实现空铁联运，推动城际铁路直接接入中心城区，以公共交通为导向的开发（TOD）模式推进城际轨道线场站综合开发。广西建设衔接顺畅、运转高效的多式联运枢纽场站，打造高铁引领的综合交通运输体系。湖南加快实现城市轨道交通、地面公共交通、私人交通等设施与干线铁路等的零距离换乘和无缝衔接，加快建设具有增值服务功能的铁路客货运中心。贵州加强各种交通运输方式的衔接，推进铁—公、铁—航、铁—水联运，加快贵安高铁综合交通枢纽客货运体系建设。

（3）吸引集聚发展要素，加快打造区域核心增长极

广州加强与长沙、南昌、南宁、贵阳等省会城市的人才合作，引导异地高层次人才采用柔性流动方式到广州从事咨询、科研、技术合作等工作，促进人才资源共享。江西提出放大高铁经济效应，充分借助高铁优势，引进紧缺人才，采取“季节型”“假日型”“候鸟型”等多种形式吸引人才。贵州利用进入“高铁时代”后对外交通的巨大改善，加快建设贵阳、贵安大数据产业发展集聚区等大数据示范平台，吸引一批国际级、国家级、行业级数据中心集聚贵州。广西强化南宁与周边省会城市和东盟重要城市的快捷连接，提升南宁、桂林等城市对国内外高端发展要素的吸引力。

郑州新东站及周边商圈不仅包括交通枢纽这一基本功能，还囊括商务、居住、科技、文化及旅游度假等功能，计划打造成类似于香港中环的生活圈，形成真正意义上的立体城市。

在高铁场站的综合开发方面，法国里尔车站不仅重视建筑设施开发，同时也综合考虑周边相关城市设施的综合开发。在建筑设施方面，全新设计的里尔车站配备有服务于旅客的小型商场和横跨车站正上方的两座金融办公大楼，将车站与邻近的大型综合商场相结合，实现整合发展。在城市设施方面，里尔车站作为里尔市和周边区域发展中的催化元素，一期建筑工程包括办公大楼、住宅、大型商业中心、国际会议厅、里尔世贸中心的展览厅、里尔文化演艺厅、里尔商业学校、高等学院及公园、广场、绿带等，使得里尔车站成为里尔市连接老城区的金融商业中心。

为更好地实现产业升级转型，城市在基础设施配套方面应及时跟上，为产业经济发展提供良好基础，也就是实行所谓的产城融合理念。产城融合理念着眼于一个城市的整体功能和运行，强调吸引的人口应与发展的产业相匹配，以城为基础，以产业为保障，驱动产业、城市、人口共同持续向上发展。产城融合的发展思路应是实现产中有城，产城一体，联动发展。在高铁枢纽产业区内部加快完成城市生活的服务配套，打造各具特色的产业社区，实现生产与生活的有机联动，同时促进新城形成功能性产业支撑，结合高铁的客流特点，突出高起点、高定位和高端功能，促进新城发展从形象塑造向功能塑造提升。

（4）增加土地开发运作的参与主体

日本高铁站区的土地开发往往采用以政府为主导、多方共同参与的模式。在高铁站区周边地区的开发过程中，政府一方面借高铁带来的便利，制定具有前瞻性的城市规划，完善基础设施建设；另一方面，制定各种招商政策（如土地出让金优惠政策、税收优惠政策）等，吸引开发商和企业入驻，推动站点地区的用地开发和经济发展。相比之下，我国的土地开发尚未形成多方参与的局面，政府仍需从以下两个方面努力。一是提供政策支持。高铁站区必定会吸引很多如零售、旅馆、房地产等第三产业开发商的青睐，中小城市政府可以通过制定各项优惠政策吸引企业投资。二是保障各方面利益。高铁站区涉及政府、企业、居民和社会多方的利益，政府应通过完善利益分配机制，营造政府与市场合作的良好氛围。

3. 雄安新区发展枢纽经济的探索

（1）提升以高铁场站为核心的综合客运枢纽功能

一是加强高铁场站与其他城际交通运输方式的衔接，做好高铁与一般城际快速铁路、普速铁路客站、中长途客运班车的有机衔接。拥有旅客吞吐量 1 000 万人次以上干线机场且具备高铁（含城际快速铁路）线位空间条件的城市要尽可能将高铁延伸至机场，充分发挥高铁或城际铁路作为“民航地面线”的集疏和喂给作用。

二是加强高铁场站与城市交通运输方式的衔接，提升城市公交、机场大巴、城市轨道交通、出租车、共享汽车、共享单车、私家车等在站内及周边邻近区域的便捷换乘水平，并探索、优化联合安检及安全应急流程。

三是加强高铁场站与旅游交通的衔接，优化旅游集散中心布局和旅游大巴组织。

四是加强各运输方式间旅客换乘信息的互联互通，特别是时刻衔接、票务一体化和换乘信息标准化、人性化，优化站内及周边客流组织，并促进旅客联程联运。

（2）强化高铁枢纽城市相关主导产业的集聚发展

一是围绕高铁枢纽辐射核心区域内沿线及周边城市的发展特点，立足本城市产业发展优势特征，针对目标市场需求，优先聚焦商务商贸、健康休闲文化创意等现代服务业，明确主导及特色产业在区域经济中的发展定位。

二是围绕高铁相关产业链上下游关联企业需求，优化客流、商流和物流组织，引导产业链龙头企业进驻，打造产业生态圈，同时促进沿线地区的产业协调、互补发展。

三是在商务商贸领域，聚焦总部经济和专业服务，重点引入信息技术咨询服务业企业综合性总部、制造业企业营销总部、零售商贸类企业综合性总部，带动咨询服务、法律服务、审计服务、会议会展等专业服务业企业集聚，并依托高铁快递业发展商贸物流业。

四是在健康休闲领域细化休闲旅游、教育参观、高端疗养、运动体验、酒店住宿、庆典活动等生态旅游服务功能，促进健康与旅游消费融合发展，有重点地引入公园、博物馆、主题乐园、高端诊所、专业医疗中心、保税购物中心、房车及自驾车宿营基地等项目。

五是在文化创意领域，开展高附加值的文化生产核心圈层活动，建设承载创作表演、展示展览、交易拍卖、交流研讨、教育培训、信息传播、商业推广、专业服务、总部办公等活动在内的文化产业聚集区；大力发展时尚设计、工业设计和建筑设计等文化创意设计服务业，并延伸产业链，构筑生态圈，同时促进文化与生活消费行业相融合，体现文化主题，引入创意集市、艺术展览、油画课堂、音乐录音棚等艺术业态和活动，丰富高铁枢纽经济区的品质内涵。

六是鼓励有条件的城市依托高铁装备制造、动车所等，发展与高铁装备制造及维修保养相关联的制造业。

（3）优化高铁产业圈层布局和城市总体空间格局

一是以高铁场站为核心，圈层化地布局商务、旅游休闲、居住等对高铁枢纽依赖性逐步递减的产业，核心圈层主要承载交通集散及城市门户功能，形成服务总部经济的商业商贸集聚区。外围圈层主要承载城市居住与文化交流功能，形成文化产业区、生态休闲区、旅游消费区、主题旅游区等产业组团。

二是高铁枢纽经济区要高度融合产业发展规划、城市空间规划、土地利用规划和生态环境规划，按照“交通引导、主次分明、有序发展、高效衔接”的原则，细化优化高铁枢纽经济区的各功能区块的空间布局，并预留未来发展空间；对地下空间也要进行深入研究、统一规划、整体开发、综合利用。高铁产业圈层布局如图 3-38 所示。

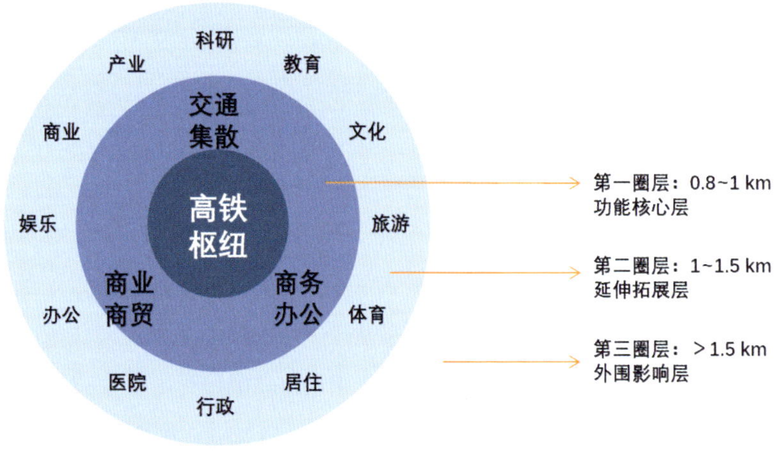

图3-38　高铁产业圈层布局

（4）加强一体化运营平台管理和综合配套设施建设

一是构建高速、移动、安全、泛在的新一代信息基础设施，加强物联信息交换、传感信息网络和云计算中心等支撑平台的建设，加快高铁枢纽经济区信息化的推进步伐。

二是引入或培育具备一体化运营管理能力的平台型企业，由其负责引导产业布局及对接企业需求，提升高铁枢纽经济区内地块及立体空间的综合开发水平。

三是建立高效的能源供应体系，加强电网、变电站等电力设施的建设和改造，提高区域供电安全保障能力，加大新能源车辆充电站、充电桩等设施的建设，提高热电供应能力，提高集中供热覆盖范围和热负荷率，完善供热管道建设工程。

四是加强综合性防灾减灾体系建设，确保城市公共安全。

（5）昝岗高铁枢纽经济探索

雄安新区充分利用雄安站的能级带动效应，布局商务办公、总部办公、金融服务、高端商业、休闲购物等功能，发展高端现代服务业，围绕城市开敞空间打造标志性节点，形成组团公共服务与休闲活动中心。雄安新区利用高铁枢纽便捷的交通条件，与启动区、起步区错位承接北京非首都功能，高起点布局高端高新产业，建设实体经济、科技创新、现代金融、人力资源协同发展的现代产业体系。

1）产业发展重点。雄安新区以承接北京非首都功能、布局高新技术产业、发展高铁经济为重点，高起点布局高端高新产业，着力发展智能装备、新一代信息技术、医疗健康、新材料等产业，布局高端现代服务业；实现实体经济、科技创新、现代金融、人力资源协同发展，为组团产业体系构建奠定坚实基础。

2）产业发展路径。①承接疏解产业：根据昝岗组团发展需要，与启动区、起步区错位承接疏解产业，重点承接医疗机构、科研院所、科技研发、会议会展、商务办公、企业总部分支机构等北京非首都功能。②布局高新技术产业：雄安新区承接一批自北京转移的科研院所，组建一批重点实验室、工程研究中心和科技创新平台，以科技创新推动产业创新，重点发展新一代信息技术、新材料、医疗健康等产业。③发展高铁经济：雄安新区强化雄安站与城市发展的紧密联系，充分利用高铁交通优势，集聚高铁经济产业，配套优质公共服务，营造优美空间环境。

昝岗片区枢纽经济空间结构如图 3-39 所示。

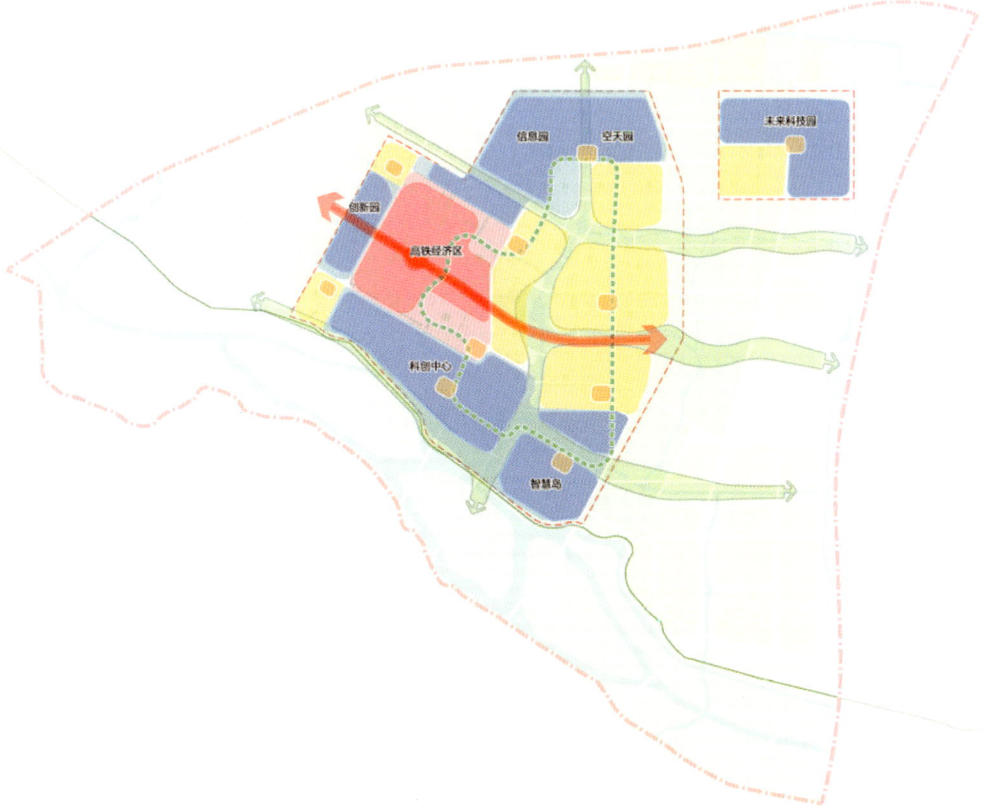

图3-39 昝岗片区枢纽经济空间结构

第 4 章

先行实践

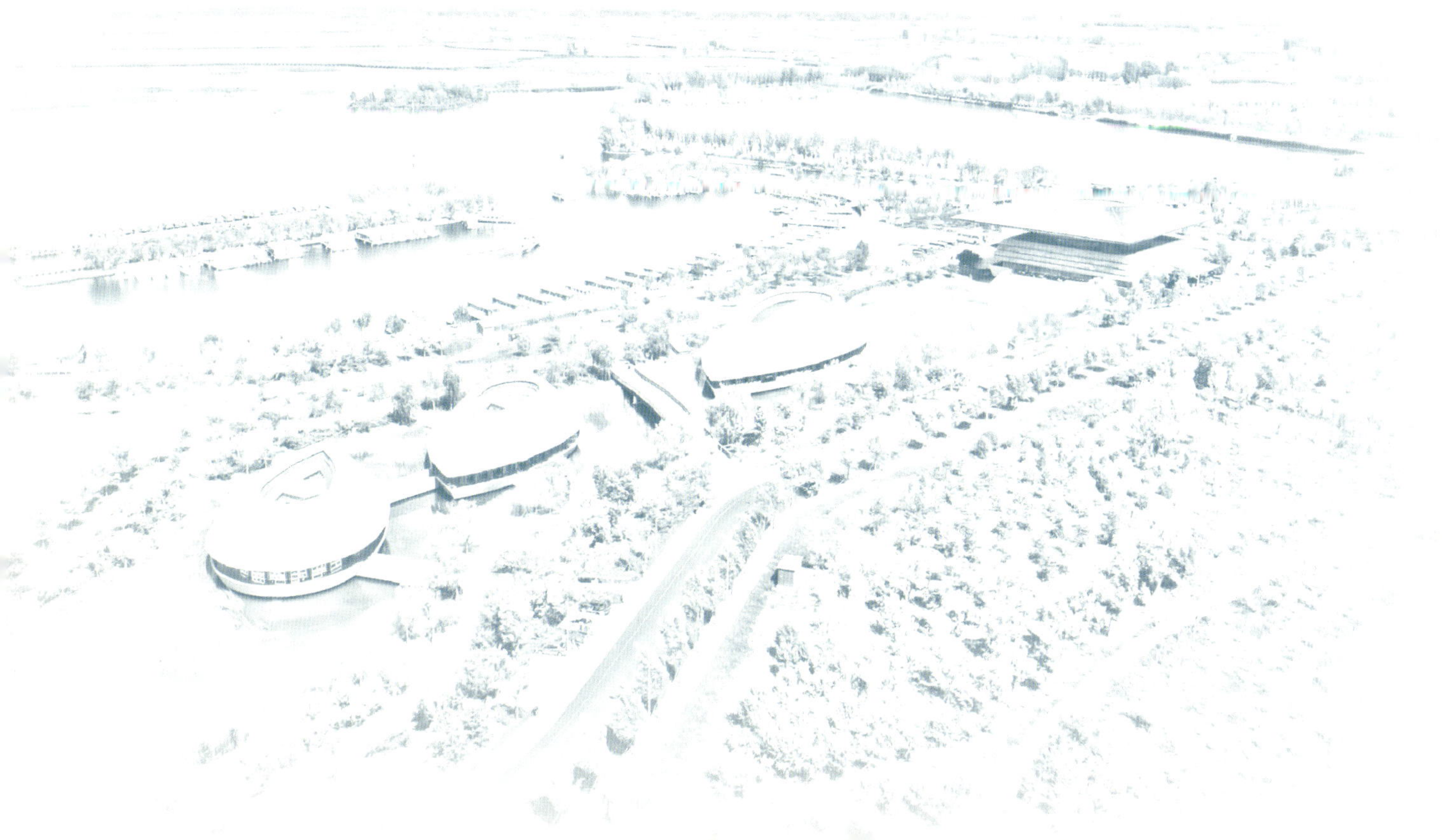

4.1

雄安“两主站”规划建设

雄安新区依托高铁、城际站，强化路网对接和多种交通方式衔接，构建综合交通枢纽，形成“两主两辅”枢纽格局，实现多种交通方式的顺畅换乘和无缝衔接。“两主”为高铁站、城际站（图 4-1），“两辅”为既有的白洋淀站、白沟站。

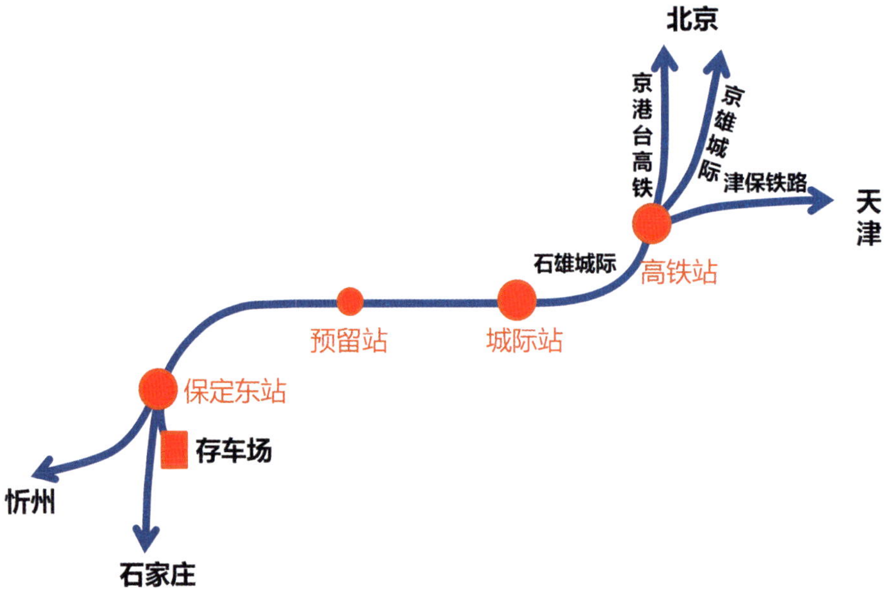

图4-1　雄安“两主站”位置示意

4.1.1　雄安站综合交通枢纽概况

雄安站综合交通枢纽位于雄安新区昝岗组团，处于疏解北京非首都功能、京津冀协同发展的门户位置，距北京、天津分别约为 100 千米和 90 千米，距起步区约 20 千米（图 4-2）。

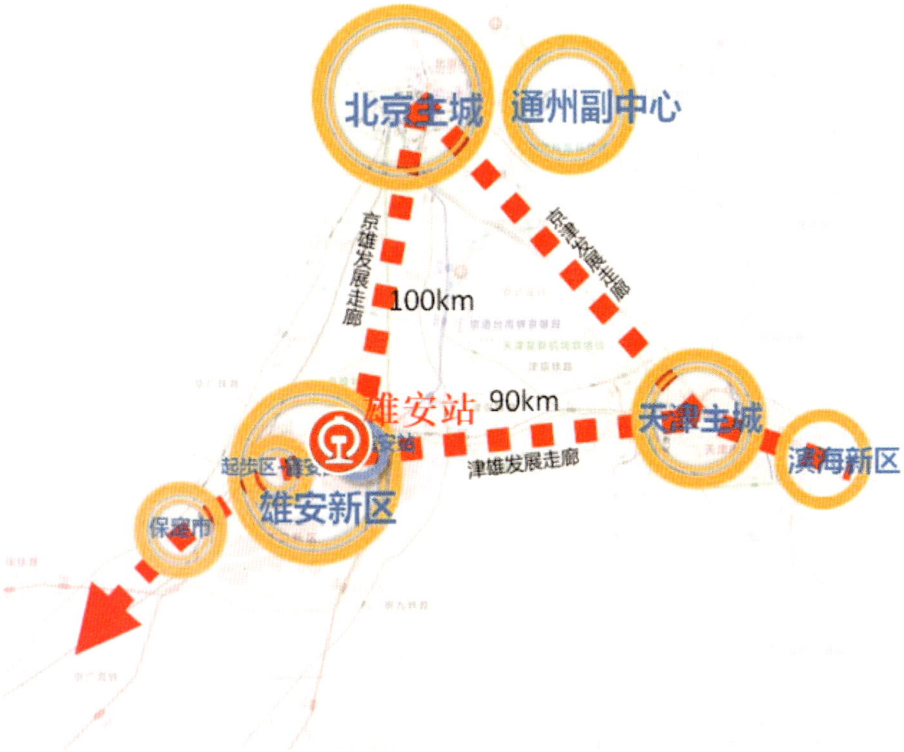

图4-2 雄安站综合交通枢纽区域位置示意

雄安站综合交通枢纽主要由高速铁路（京港台高铁）和城际铁路（京雄城际、津雄城际）（图 4-3）、城市轨道（R1 线、R1 机场支线、M1 线）（图 4-4）、多种地面交通接驳方式（智慧公交、网约车、社会车、共享汽车及慢行方式等）以及配套交通基础设施组成。

京港台高速铁路的设计时速为 350 千米 / 小时，主线途径北京、雄安新区、衡水、聊城、菏泽、商丘、阜阳、合肥（黄冈）、九江、南昌、赣州、深圳、香港（九龙），支线途径合肥、福州、台北，包括南昌至福州（莆田）铁路，连接华北、华中、华东、华南地区，贯通京津冀、长江中游、海峡西岸、珠三角等城市群。

1）京雄城际。此为北京与雄安新区之间新建的一条城际铁路，北京境内李营至大兴国际机场段的设计速度为 250 千米 / 小时，大兴国际机场至雄安新区段的设计速度为 350 千米 / 小时；经北京大兴区、大兴国际机场、霸州市，终至雄安新区，全长 92.4 千米，设五座车站；线路延伸至石家庄，途经雄安站综合交通枢纽、雄安西、保定东、清苑、安国东、无极、正定机场、正定东、高新区、石家庄栾城。

2）津雄城际。此为连接天津与雄安新区的城际铁路。

雄安站综合交通枢纽的规划建设具有两个层面的意义。

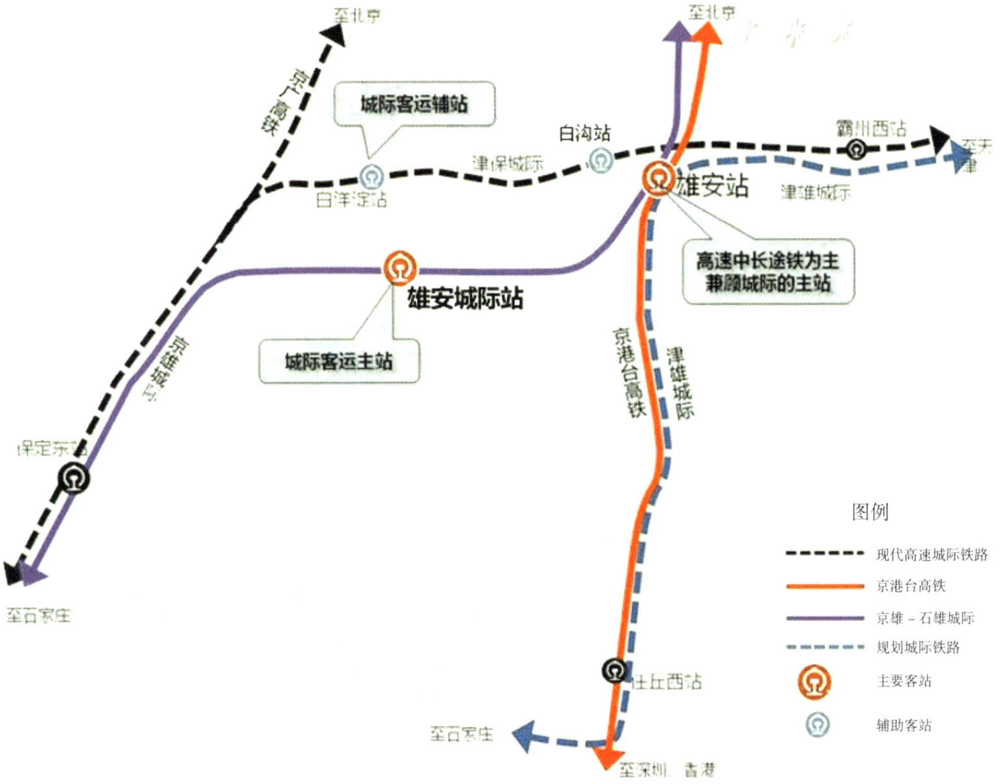

图4-3　雄安站综合交通枢纽规划高速铁路

图4-4　雄安站综合交通枢纽规划城市轨道

一是融入国家高速铁路网，构建与全国主要城市 5 小时交通圈。京港台高铁是国家高速铁路网南北向重要骨干线路，津雄高铁是雄安新区往东西向主要城市的高速联络通道（图 4-5、图 4-6）。

图4-5 雄安站综合交通枢纽与区域铁路网关系

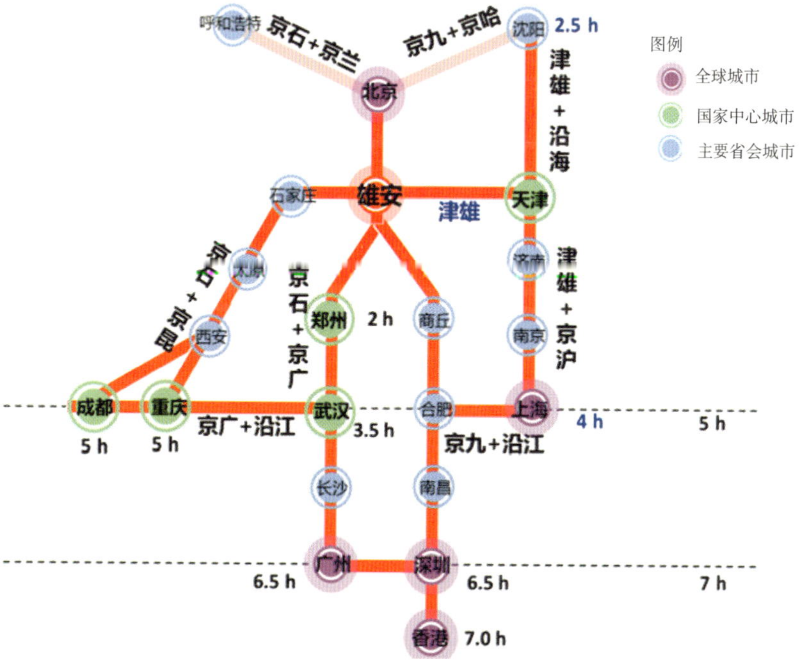

图4-6 雄安站综合交通枢纽区域通达时间概况

二是融入京津冀城市群，构建京津冀主要城市 1 小时交通圈。京雄城际加强雄安新区与北京、大兴国际机场及石家庄等方向的快速联系。在东西方向，既有津保铁路以及规划津雄高铁共同实现雄安新区与天津的快速联系（图 4-7）。

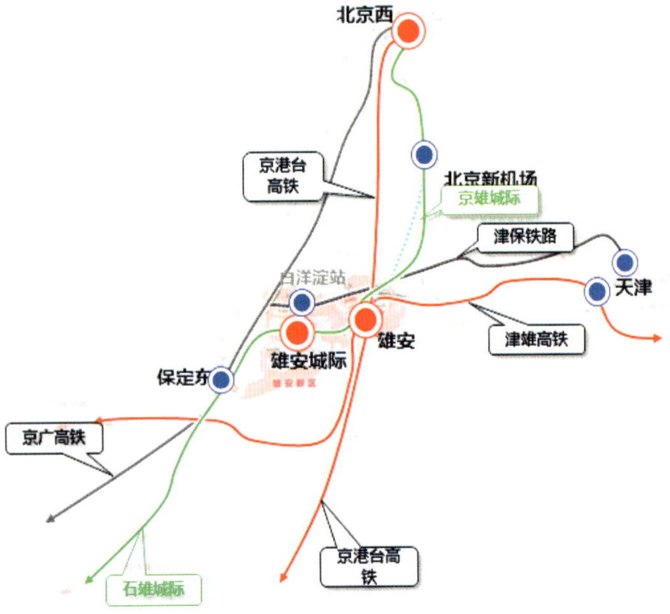

图4-7　雄安站综合交通枢纽与京津冀铁路网关系

4.1.2　雄安城际站交通枢纽概况

雄安城际站枢纽布局在启动区，站城一体，实现与京津冀核心城市直连直通，是新区面向京津冀城际铁路网的服务中心和重要的城市综合交通枢纽（图 4-8）。

雄安城际站站台、站厅均设置在地下；适当增加铁路站台宽度，预留站台候车条件；站台利用自然采光，提升地下车站的通透性。城际铁路和城市轨道站台适当拉开间距，预留分步实施条件和未来功能扩展空间。

枢纽地区立体布置公交接驳设施，与公交专用道紧密衔接，预留智能公交接驳空间，与周边共建共享小汽车停车设施；城市轨道与城际铁路站厅层同标高布设，空间共享、安检互认。

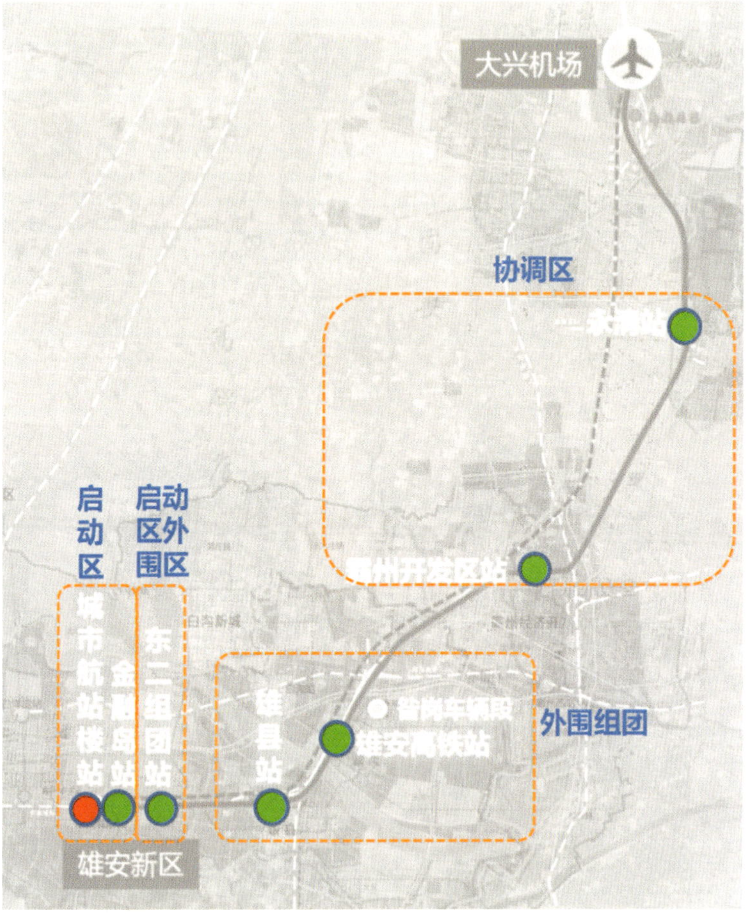

图4-8 雄安部分交通枢纽位置示意

雄安城际站是启动区的城市型公交枢纽，为地下 3 层综合交通枢纽，包括铁路、城市轨道（M1 线、M2 线）、市域轨道（R1 线）等多种交通系统（图 4-9）。其中，铁路车站按 4 台 6 线规模设计，M1、M2 线平行敷设于国铁线路南侧，站点采用同台换乘双岛四线形式，紧临雄安城际站布置。R1 线位于城际站枢纽北侧相邻地块内。4 条线路站台均位于地下 3 层，通过地下 2 层站厅层形成同层换乘，形成多方式无缝衔接的综合交通枢纽。根据城际站设计最新成果，城际站枢纽总规模约为 56 万平方米。

在分层功能布局方面，城际站地面层为标志建筑和地面广场景观层，主要包含国铁站台两端的疏散口、风井配套设施、国铁停车场出入口等设施。地下 1 层为人行层，主要包含人行通道、商业空间、国铁停车场、贵宾区，部分站房配套附属用房等。地下 2 层为国铁站房，包括铁路候车厅、铁路出站厅、地铁站厅、出租车、定制公交、小汽车接驳场站等主要功能区。地下 3 层为轨行层，主要包括国铁站台、地铁站台、轨行区及必要设备等。城际站剖面示意见图 4-10。城际站竖向分层见图 4-11。

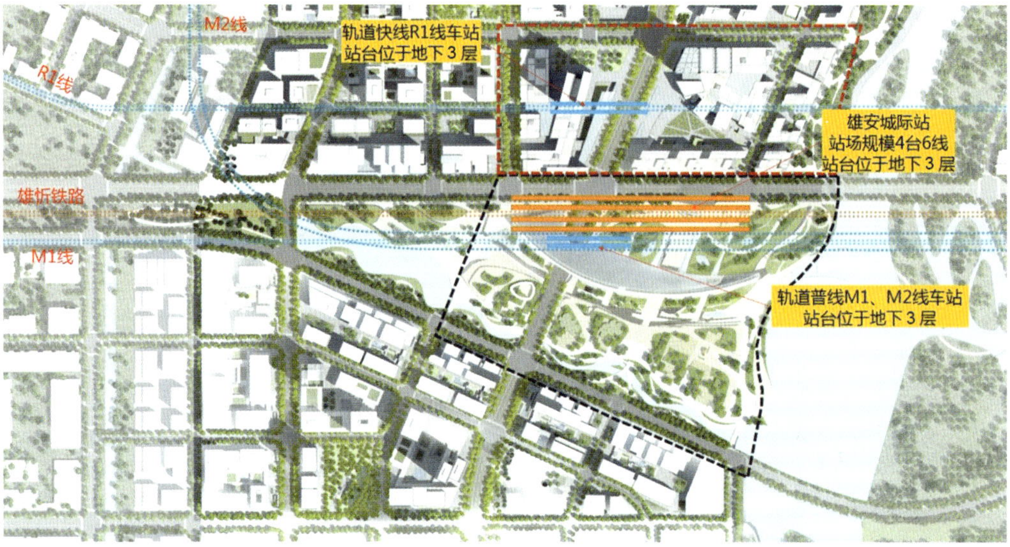

图4-9　雄安城际站轨道布局示意

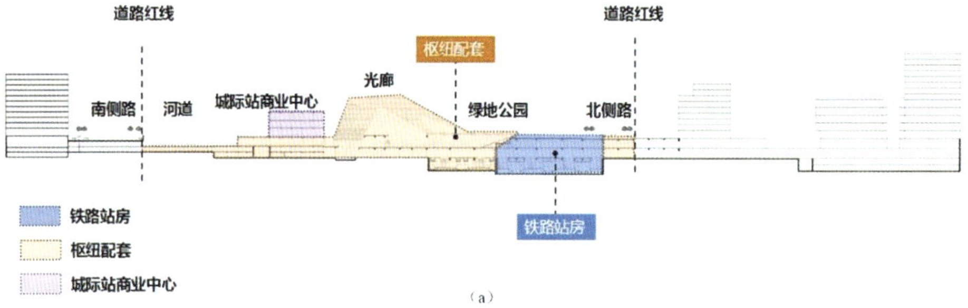

（a）

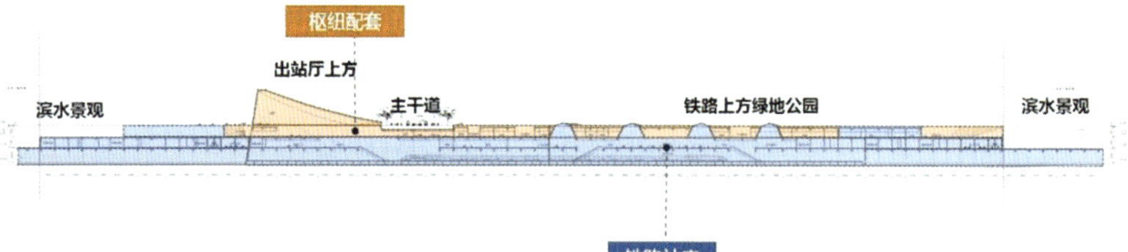

（b）

图4-10　城际站剖面示意

（a）垂轨向剖面；（b）顺轨向剖面

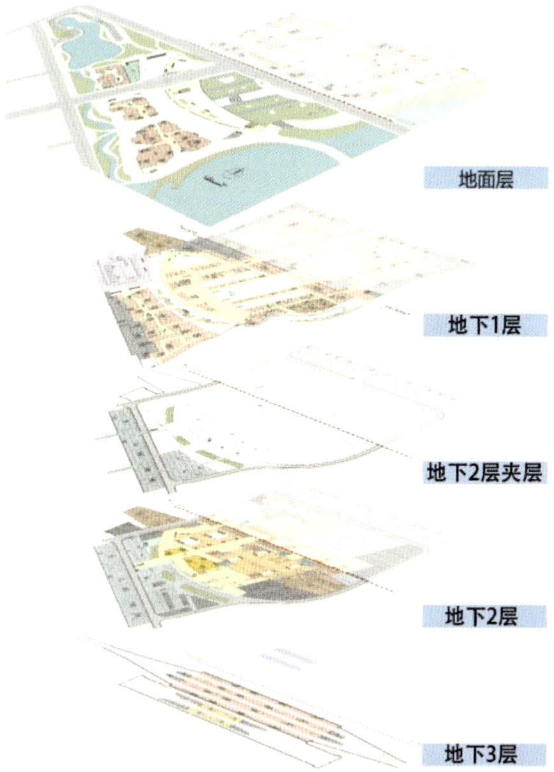

图4-11　城际站竖向分层

1. 周边一体化立体开发

在铁路快速发展时期，受限于快速建设的目标要求，车站选址往往在城市外围地区，周边开发量较低，车站和城市界限清晰，相对独立。但随着城市间联系需求的快速增长，居民铁路出行频次大幅增加，对于铁路出行时效性的要求也日益提高。特别是雄安新区承担着疏解北京非首都功能的任务，与北京联系密切，100 千米的距离决定了城际出行时间较短，因而对城市内部接驳出行时效性的要求进一步提高。因此，雄安城际站在选址时，有别于传统车站，而是位于城市的核心区，而且考虑提高用地的效率，在空间打造时，采用了混合用地的模式，车站与城市的界限不再那么明显。站城融合模式和传统模式对比见图 4-12。

雄安国贸中心项目位于雄安新区启动区的总部商务区核心区域、城际站地块北侧。规划项目建筑最高处 142 米，规划用地面积为 10.95 公顷。项目包含 4 个地块，规划有高端办公、酒店、公寓和商业等功能。项目位置示意见图 4-13，鸟瞰效果见图 4-14。

图4-12　站城融合模式和传统模式对比

图4-13　国贸中心项目位置示意

国贸中心地下空间与城际站相连，整体也为地下 3 层布局，地下 1 层为人行和商业空间，地下 2 层为 R1 线站厅及服务与航空旅客值机托运航站楼，地下 3 层为轨道轨行区。国贸中心地下空间与城际站地下空间分属两个工程，但是一体化设计，运营时功能一体、互联互通，见图 4-15。

图4-14 国贸中心项目鸟瞰效果图

图4-15 国贸中心项目与城际站互联互通示意

在竖向功能分布上，见图 4-16。

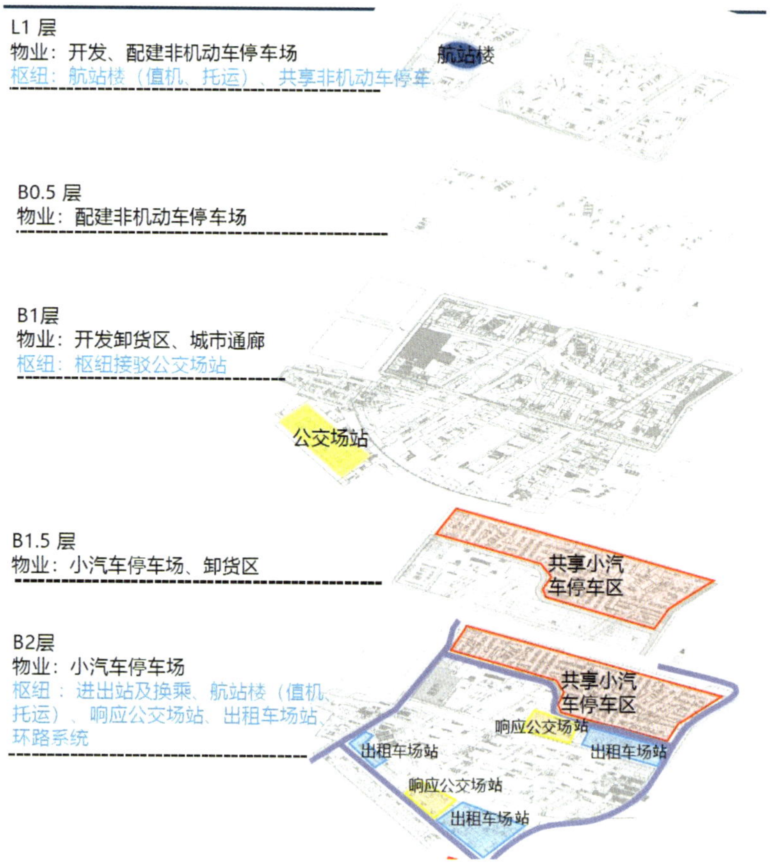

图4-16　竖向功能分布示意

2. 交通一体化设计

根据雄安新区总体规划和综合交通专项规划，雄安新区要构建“公交 + 自行车 + 步行”的出行模式，实现起步区绿色交通出行比例达到 90%、公共交通占机动化出行比例达到 80% 的目标。

从枢纽的客观条件来看，城际站枢纽位于雄安新区启动区的核心地区，周边规划功能为企业总部，开发强度高，就业岗位多。根据交通需求模型测算，总部基地范围内的出行总量占启动区的 1/5，但面积仅占 1/10，城际站出行占总部基地出行总量的 1/3，但面积仅占 1/10。城际站出行量大，对出行结构有一定引导和示范作用，城际站枢纽落实绿色出行目标是高起点规划、高标准建设雄安新区的内在要求。

城际站交通组织设计原则为“绿色优先、立体组织、无缝换乘”，围绕铁路与城市轨道的换乘核心，优先布局慢行系统与常规公交系统，由内向外第 2 圈层布局定制公交场站、出租车场站和出入口，最外侧布局社会机动车接驳场站和出入口，依据公共性和绿色化程度配置空间资源，保障绿色交通方式切实优先。城际站铁路、城市轨道的轨行区位于地下 3 层，地面旅客进入轨道天然形成竖向换乘关系，因此需要特别重视立体交通的组织。地面层和地下 1 层布局网络化步行设施，实现人流和周边商业、接驳设施的便捷联系。项目加强层间的步行连通，保障旅客竖向交通的便利性；紧凑化布局各类接驳设施，减少不同方式间换乘的步行距离；从人的需求出发，构建旅客出行服务类目标和指标系统，重视换乘时间、换乘步行距离等出行服务类指标的校核，实现旅客无缝换乘。城际站交通组织模式见图 4-17。

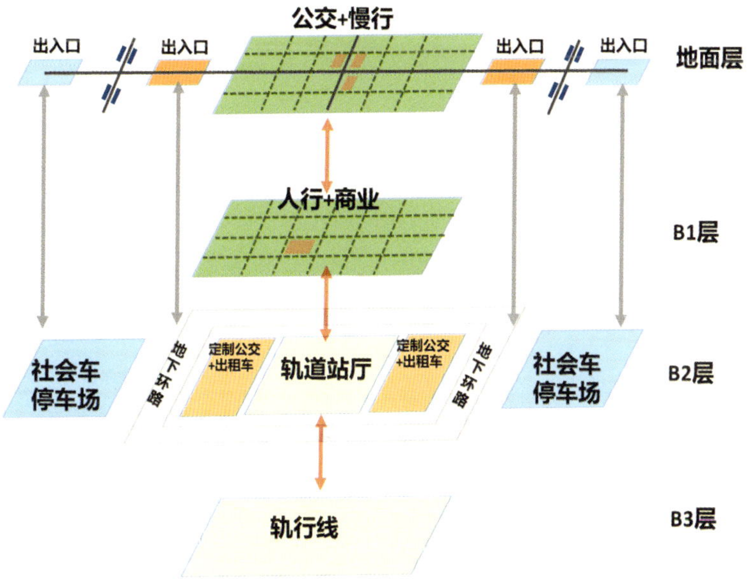

图4-17 城际站交通组织模式

4.1.3 雄安站综合交通枢纽总体功能定位

雄安站综合交通枢纽总体按照“世界眼光、国际标准、中国特色、高点定位”的要求，贯彻“创新、协调、绿色、开放、共享”新理念，打造一体化、人性化、绿色化并具有示范引领作用的综合交通枢纽。

1）功能一体化。旅客出行配套、站城一体功能协调布局，进行集约、节约布置，共享开放空间。

2）服务人性化。遵循以人为本的原则，为乘客提供多样、舒适、生动和创新的综合配套服务。

3）出行绿色化。以绿色出行为理念，积极引导枢纽利用绿色生态的交通方式进行接驳。从枢纽价值角度，雄安站综合交通枢纽打造面向全国的，集高铁、城际、城市轨道、地面交通等多种交通方式于一体的区域性综合交通枢纽，同时也作为站城一体化设计下的城市门户提供城市服务，促进城市空间的集聚发展，并促进高铁辐射圈产业发展联动，体现出行服务、城市服务、区域服务三大服务价值。

4）出行服务价值。提供高铁、城际、地铁及其他多种交通方式换乘，促进人流、物流和信息流的汇集，提供商业点、餐饮点、短时住宿等旅客出行服务，具有高铁货运和城市候机功能。

5）城市服务价值。提供为城市服务的商务、商业、娱乐、休闲等公共配套设施，促进城市中心的集聚，带动城市发展。

6）区域服务价值。实现雄安新区对京津冀都市圈、全国主要城市的辐射，以枢纽为核心促进高铁辐射圈产业发展联动。

从枢纽服务的角度，雄安站综合交通枢纽将被打造成既能提供乘客乘车、交通接驳等出行服务，又能提供休闲娱乐、商务商业等城市服务，也能提供综合休闲等区域服务的功能综合性枢纽（表 4-1）。

表 4-1　雄安站综合交通枢纽服务分类

服务内容	分类	服务各类
出行服务	乘客行为服务	提供安检、售票、进出闸机、站台候车、站厅候车等基本服务
	交通衔接服务	提供国铁、城际、城市轨道之间的换乘服务，公交、出租、社会车辆等的接驳服务
	信息服务	提供导向标识、客流组织信息以及时刻表、线路图等动态信息
	其他服务	城市候机服务、高铁货运服务
城市服务	餐饮服务	提供丰富、多档次的餐饮服务，提供方便旅客及工作人员自助餐饮的独立场所，配备座椅、餐桌、微波炉、热水等服务设施
	临时办公服务	提供配套办公吧、会议室和办公设备租赁服务
	休闲购物服务	除提供基本的超市、百货、旅行用品店及日用品零售店服务外，还提供都市休闲型购物服务，包括但不限于品牌服饰店、综合超市、特色专卖店等
	特色购物服务	配套免税店，提供免税购物服务
	休闲娱乐服务	配套开放性场所、书吧、音乐吧和运动吧等服务场所
	商务商业服务	配套开放性场所、银行、大型购物中心、餐饮店、酒店、旅游中心等
区域服务	综合休闲服务	提供配套影剧院、博物馆、会议中心、艺术馆、展览中心、体验中心等

雄安站综合交通枢纽两大功能定位如下：①区域性综合交通枢纽，是面向京津冀、全国的辐射纽带，也是最重要的对外交通枢纽；②站城一体的城市活动中心，提供城市服务功能，带动城市集聚发展。

4.1.4 雄安站综合交通枢纽客流量预测

1. 出行分布预测

根据雄安新区总体规划，起步区规划人口 100 万，昝岗组团规划人口 47 万，雄县规划人口 37 万，容城规划人口 43 万。雄安新区的枢纽辐射范围人口分布如图 4-18 所示。

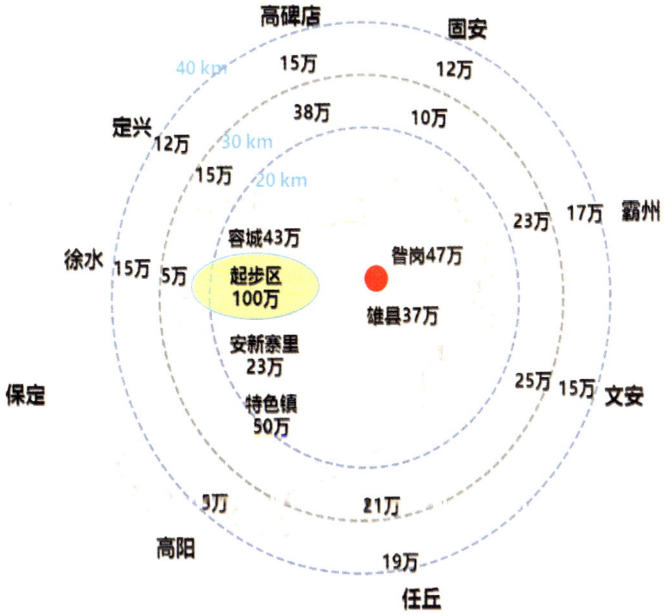

图4-18 雄安站综合交通枢纽辐射圈人口规模分布

根据规划，未来雄安新区内将形成“两主两辅”铁路枢纽格局。雄安站综合交通枢纽辐射范围内铁路枢纽布局如图 4-19 所示。

基于雄安站综合交通枢纽辐射圈人口分布、铁路车站布局等因素，本书分别对高铁、城际各方向分布客流进行预测。高铁客流以起步区、昝岗方向为主，占比分别为 45%、24%，具体分布如图 4-20 所示。

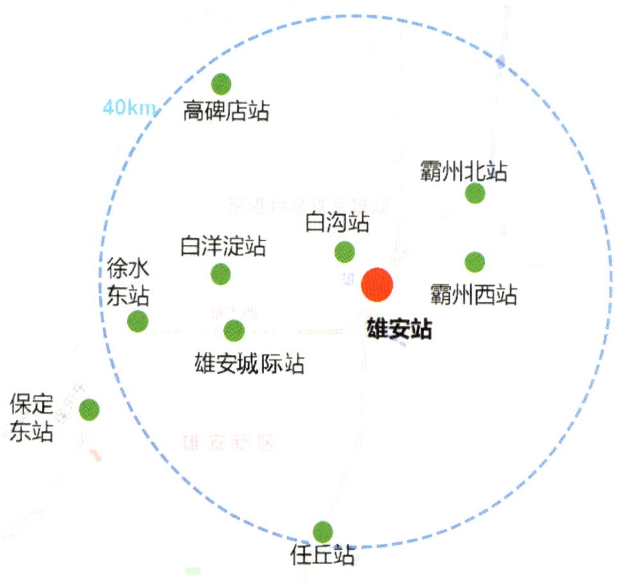

图4-19 雄安站综合交通枢纽辐射圈车站布局

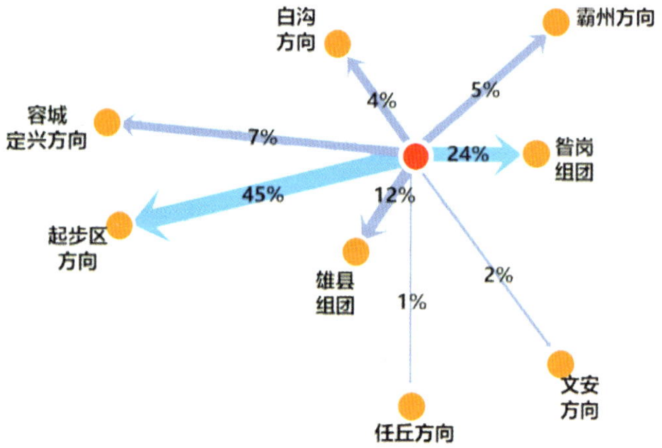

图4-20 高铁接驳客流对外出行分布

城际客流分布以昝岗、雄县方向为主，占比分别为45%、25%，具体分布如图4-21所示。

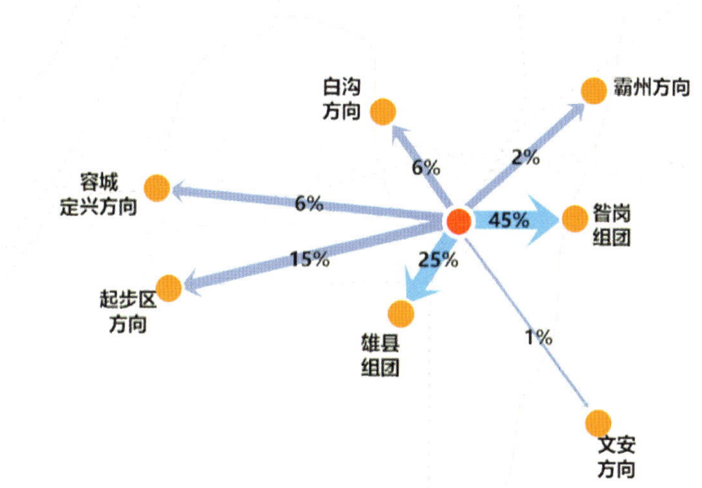

图4-21 城际客流对外出行分布

从铁路客流的接驳距离上看，长距离接驳客流是主体，占比约为 68%，短距离接驳客流占比约为 32%；从空间上看，起步区、昝岗及雄县方向接驳客流占比分别为 33%、32%、17%。具体客流分布见表 4-2。

表 4-2 雄安站综合交通枢纽铁路客流分布预测结果

出行分布需求	高铁客流分布（单向）/（人次/小时）	城际客流分布（单向）/（人次/小时）	合计/（人次/小时）	占比
昝岗组团	1 901	2 376	4 277	32%
雄县组团	950	1 320	2 270	17%
起步区方向	3 564	792	4 356	32%
容城、定兴方向	554	317	871	7%
霸州方向	396	106	502	4%
白沟方向	317	317	634	5%
文安方向	158	53	211	2%
任丘方向	79	0	79	1%
合计	7 920	5 280	13 200	100%

2. 按接驳方式划分

本书结合一体化交通模式及目标、轨网布局、出行距离等因素，预测各方向接驳方式比例。雄安新区内部接驳方式发展目标：绿色交通占比为 90%，公共交通占机动化出行比率为 80%，其中昝岗组团内部绿色交通接驳方式占比约为 91%；新区起步区及其他组团距离较远，轨道交通分担率较高。新区外围组团按照传统城市模式，个体方式接驳比例较高，小汽车占比约为 29%（图 4-22）。

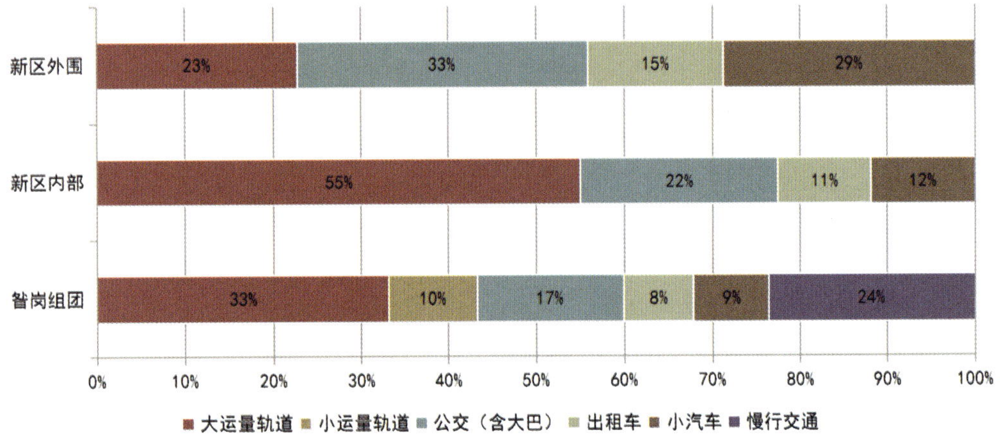

注：文安及任丘方向客流较少，图中未显示

图4-22　雄安新区各方向接驳方式比例

雄安站综合交通枢纽铁路客流总体接驳方式预测结果如图 4-23 所示。

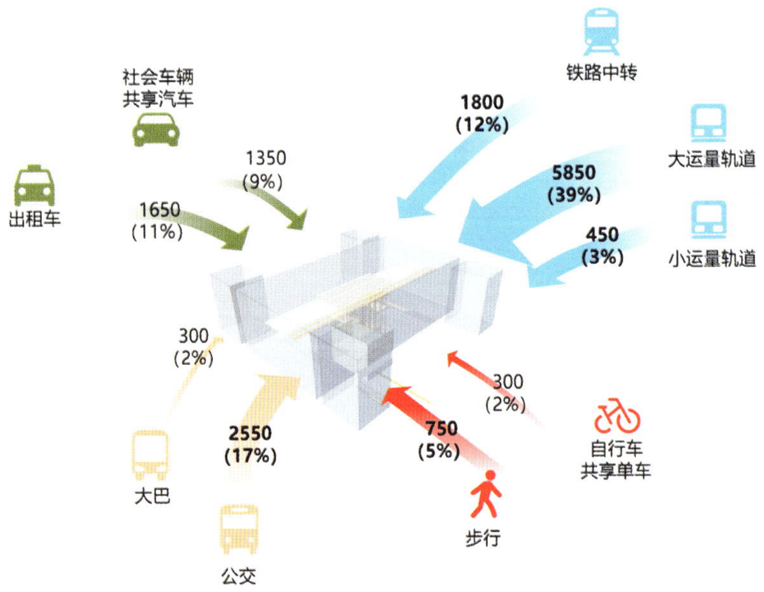

图4-23　雄安站综合交通枢纽铁路客流总体接驳方式预测（单位：人）

3. 接驳客流特征

铁路最主要的接驳方式为城市轨道，占比约为 42%；公共交通接驳方式在机动化出行中的占比为 77%，略高于起步区的 76%；慢行交通（自行车、步行、共享单车）占比为 7%，主要为步行至枢纽片区的客流（5%）。铁路客流接驳特征如图 4-24 所示。

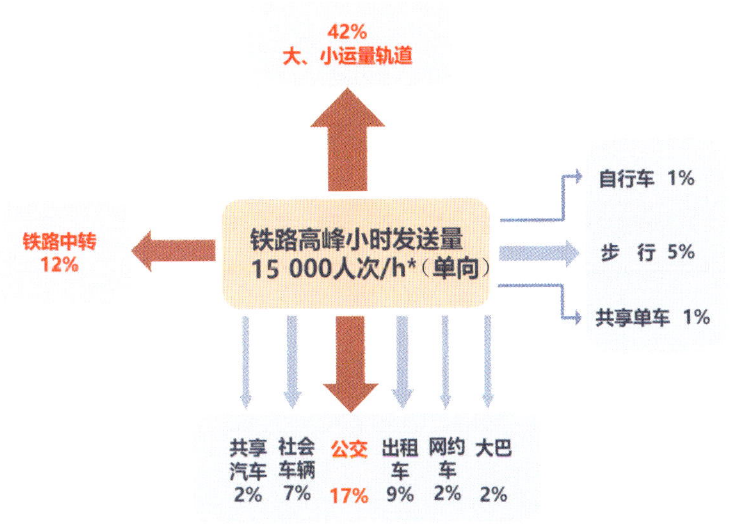

图4-24 铁路客流接驳特征

4. 核心片区客流预测

结合相关枢纽的规划分析，雄安站综合交通枢纽片区（750 米）规划人口岗位约为 5 万个（前海枢纽的人口岗位为 20 万个；上海虹桥站的人口岗位为 12 万个）。

5. 预测结果

远期出行总量约为 10 万人次 / 日，高峰时为 7 500 人次 / 小时（单向），约 85% 的客流采用公共交通出行（含国铁、城际、城市轨道及公交）。2024 年，枢纽片区规划人口岗位 5 万个，机动化出行率为 2 人次 / 日，片区机动化出行总量为 10 万人次 / 日。2040 年枢纽核心片区出行需求预测和单向客流预测见表 4-3 和表 4-4。

表 4-3 2040 年枢纽核心片区出行需求预测

类型	分担率	出行量 /（万人次 / 日）
大运量轨道	63%	6.3

续表

	单位	2040 年
小运量轨道	10%	1.0
常规公交	12%	1.2
出租车	5%	0.5
小汽车	10%	1.0

表 4-4　2024 年枢纽核心片区单向客流预测

类型	出行量（万人次 / 小时）
大运量轨道交通高峰小时单向客流	4 725
小运量轨道交通高峰小时单向客流	750
常规公交高峰小时单向客流	900
出租车高峰小时单向客流	375
小汽车高峰小时单向客流	750
合计	7 500

6. 城市轨道客流预测

结合雄安站综合交通枢纽功能定位，铁路换乘客流主要接驳方式为铁路与城市轨道接驳、铁路与其他方式接驳（图 4-25）。

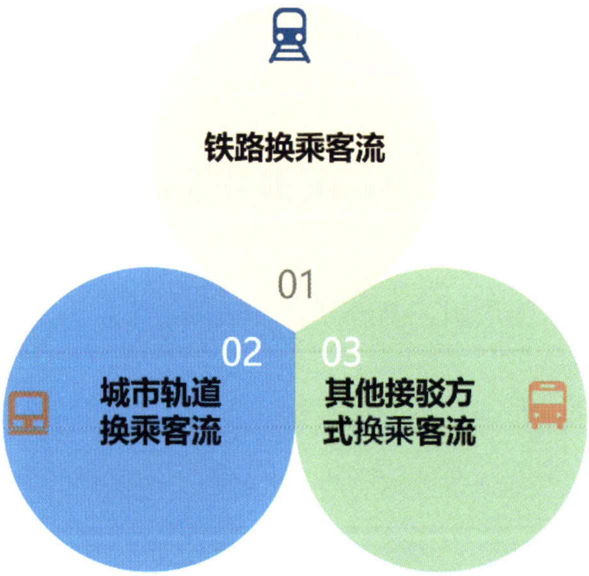

图4-25　城市轨道客流构成

研究预测得到城市轨道客流分担比例数据，并将其与经验数据校核。在铁路换乘客流中，铁路与高铁、城际轨道换乘客流占比为 30%~40%；铁路与城际轨道换乘客流主要通过 3 条轨道换乘，占比为 20%~30%；铁路与其他接驳方式换乘客流占比为 35%~50%，主要因为枢纽位于城市核心地区，接驳需求较大。

国内主要车站轨道客流组成比例见表 4-5。

表 4-5 国内主要车站轨道客流组成比例

车站	铁路换乘比例	城市轨道换乘比例	其他接驳方式换乘比例
前海枢纽	30%	20%	50%
福田枢纽	14%	48%	38%
深圳北站	15%	49%	36%
广州南站	35%	34%	31%
上海虹桥	29%	29%	42%
南京南站	35%	32%	33%
天津西站	33%	32%	35%

预测雄安新区城市轨道交通全天客流量约为 22 万人次 / 日，高峰小时单向客流约为 1.65 万人次。在采用各接驳方式的客流中，铁路客流占比最大，约为 35%，其次为城市轨道（大、小运量轨道）换乘，约占 31%，其次为步行，占比为 23%（图 4-26）。城市轨道客流接驳量见表 4-6。

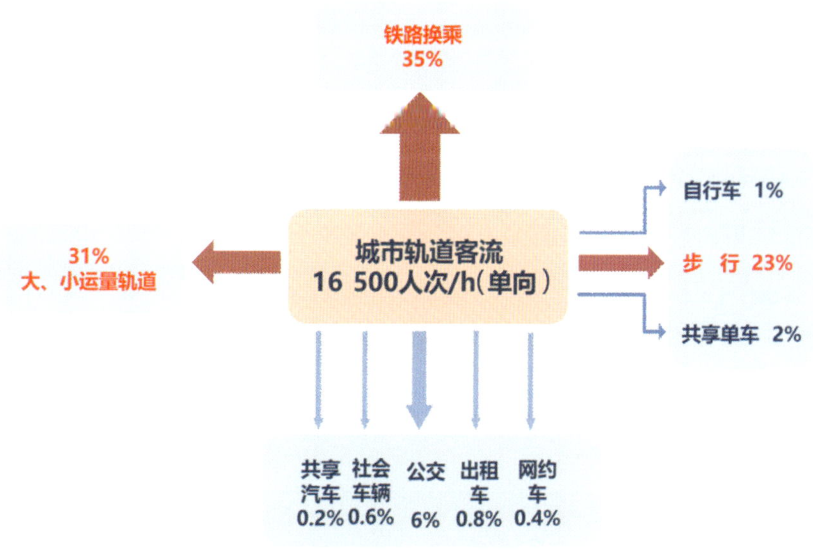

图4-26 城市轨道客流接驳方式占比

表 4-6　城市轨道客流接驳量

换乘方式	高峰小时单向客流量 / 人次
铁路换乘	5 850
地铁换乘	4 050
步行	3 762
自行车	198
共享单车	330
小运量轨道	990
公交	990
出租车	132
网约车	66
社会车	99
共享汽车	33
合计	16 500

校核国内主要车站经验数据，在雄安新区最主要对外枢纽的客流中，铁路换乘客流的比例较高（35%）。国内各主要车站的城市轨道客流占比如图 4-27 所示。

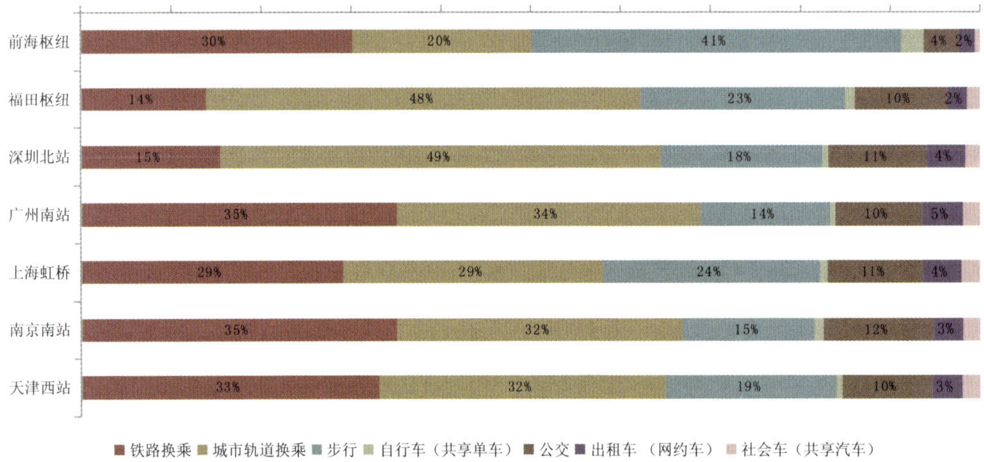

图4-27　国内主要车站城市轨道客流占比

7. 其他客流预测

预测结果显示，雄安站综合交通枢纽接送客流主要分布在公交场站、出租场站、社会停车场站等，总接送需求约为 900 人次 / 小时（单向），见表 4-7。

表 4-7　枢纽接送客流预测结果

类型	客流 /（人次 / 小时，单向）
公交场站客流	383
出租场站客流	203
网约车场站客流	45
社会停车场客流	158
共享汽车停车场客流	45
小运量轨道客流	68
合计	902

注：参考国内主要车站接送比例为 14%~16%，取值为 15%。

员工出行方式主要包括轨道交通、公交巴士、出租车、小汽车等出行方式，测算结果显示，雄安站综合交通枢纽员工高峰小时出行量约为 400 人次 / 小时（单向）。配置管理人口为 1 000 人，机动化出行量为 2 000 人次 / 日。员工出行客流预测结果见表 4-8。

表 4-8　员工出行客流预测结果

类型	分担率	客流/（人次/小时，单向）
大、小运量轨道	55%	220
公交巴士	22%	88
出租车	11%	44
小汽车	12%	48
合计	100%	400

注：虹桥站员工 1 200 人，广州南站 1 150 人，深圳北站 820 人，南京南站 780 人，本次取值 1 000 人。

8. 枢纽总体客流预测

研究预测得出雄安站综合交通枢纽的全日双向客流为 34.2 万人，客流分布如图 4-28 所示。

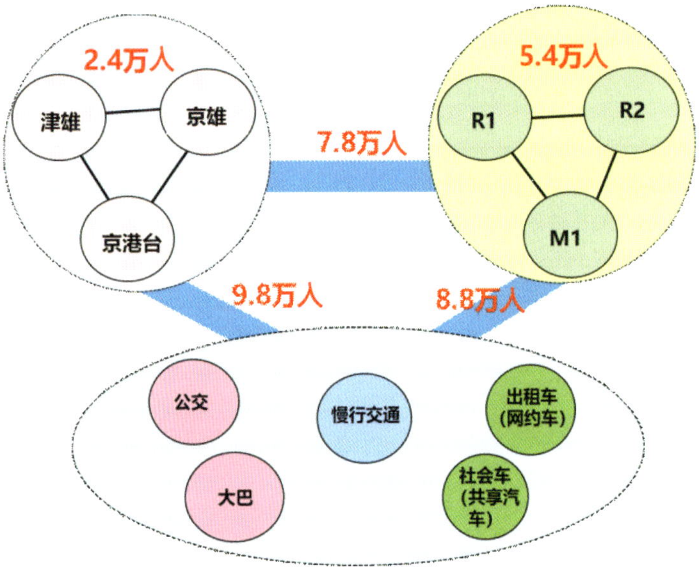

图4-28　雄安站综合交通枢纽全日客流分布(双向)

高峰客流的双向客流约为 4.66 万人次 / 小时，单向客流为 2.3 万人次 / 小时。客流分布见图 4-29 和图 4-30。

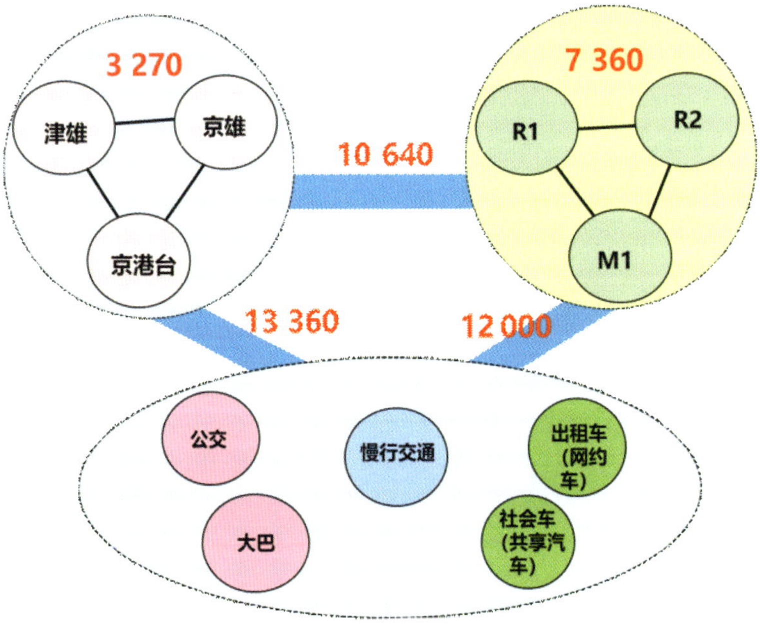

图4-29　高峰小时客流分布(双向)(单位:人)

接驳客流高峰的小时单向客流量为 1.4 万人次，慢行接驳客流的最高占比约为 38%，公交（含大巴）接驳客流占比约为 27%，出租车（含网约车）接驳客流占比为 11%，社会车（含共享汽车）接驳客流占比为 13%，小运量轨道接驳客流占比约为 10%。

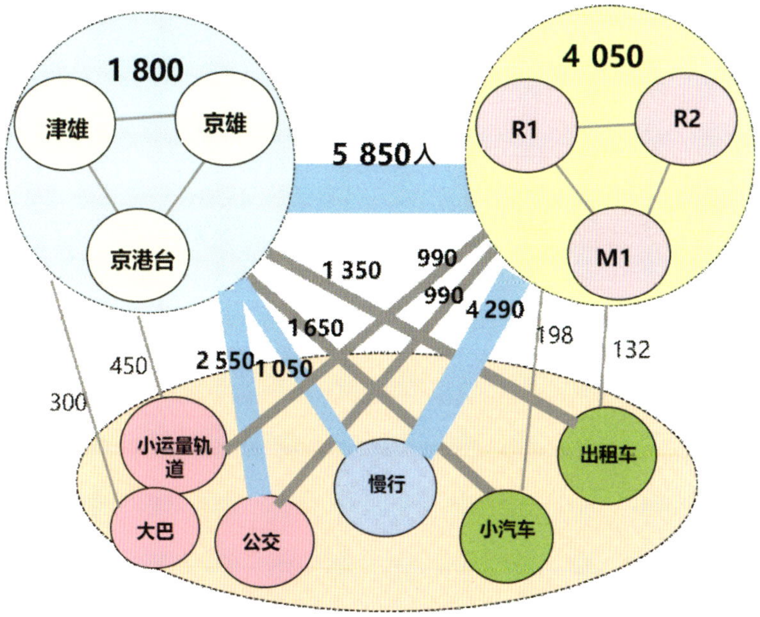

图4-30　高峰小时接驳客流分布(单向)(单位:人)

细化考虑接驳设施规模，将接驳需求分为长距离接驳需求和短距离接驳需求进行分别测算，以指导场站规模测算。雄安站综合交通枢纽高峰小时对外出行客流分布见表 4-9。

表 4-9　雄安站综合交通枢纽高峰小时对外出行客流分布　单位：人次 / 小时，单向

客流类型	高峰小时单向客流	公交	大巴	出租车	网约车	社会车辆	共享汽车	合计
短距离	昝岗组团	1 916	97	564	160	408	132	3 277
	雄县组团	561	52	252	71	186	52	1 174
长距离	起步区方向	1 082	99	563	132	337	140	2 353
	容城定兴方向	279	20	124	27	98	29	577
	霸州方向	168	11	81	15	108	16	399
	白沟方向	237	14	103	20	171	21	566
	文安方向	93	5	45	9	68	7	227
	任丘方向	36	2	17	3	25	3	86
小计		4 372	300	1 749	437	1 401	400	8 659

国内主要枢纽设施的规模指标见表 4-10。本研究利用发车间隔、始发载客量、每条线

路占地面积等参数确定公交场站规模；利用载客率，平均上、下客时间等参数确定出租车（网约车）场站上、下客位数量；利用高峰小时泊车需求、停车载客量、周转率等参数确定社会停车场（租赁）停车位数量；利用载客量、停车周转率等参数确定大巴车位数量。

表 4-10　国内主要枢纽设施的规模指标

指标	公交场站指标			大巴场站指标			出租场站指标			小汽车场站指标			
车站名称	载客率/（人次/车）	发车间隔/（分钟）	场站面积指标/（平方米/线路）	载客率/（人/车）	泊位周转率/（辆/小时）	每车位面积/（平方米/泊位）	载客率/（人/车）	上客时间/秒	下客时间/秒	载客率/（人/车）	下客时间/秒	泊位周转率/（辆/小时）	每车位面积/（平方米/泊位）
深圳北站	25	5	400	—	—	—	1.5	30	40	2	50	2	—
前海枢纽	40	5	500	30	2	130	1.5	30	40	2	—	2	35
上海虹桥	25	5	800	30	2	100	2.5	30	45	2.5	50	2.5	—
广州南站	25	5	1 400	—	—	—	1.5	35	45	2	50	2	—
杭州东站	40	5	1 200	—	—	—	1.7	30	50	3	55	2	—
南京南站	30	5	800	—	—	120	1.8	35	40	2.5	50	2.5	30~37.5
东莞东站	45	5	500~600	—	—	—	1.5~2	60	60	1.5~2	—	2	—

综合借鉴国内主要枢纽设施规模的测算指标，测算雄安站综合交通枢纽场站规模指标，见表 4-11。

表 4-11　雄安站综合交通枢纽场站规模测算指标

指标	公交场站指标	大巴场站指标	出租场站指标	小汽车场站指标	网约车场站指标	共享汽车场站指标	自行车指标	共享单车指标
载客率/（人次/车）	25	30	1.5	2	1.5	1.5	1	1
泊位周转率/（辆/小时）	—	2	—	2	—	2	1	2

续表

指标	公交场站指标	大巴场站指标	出租场站指标	小汽车场站指标	网约车场站指标	共享汽车场站指标	自行车指标	共享单车指标
每车位面积/（平方米/泊位）	—	130	—	35	—	35	2.2	2.2
上客时间/秒	—	—	30	30	30	—	—	—
下客时间/秒	—	—	40	50	40	—	—	—
发车间隔/分钟	5	—	—	—	—	—	—	—
场站面积指标/（平方米/线路）	800	—	—	—	—	—	—	—

9. 接驳设施规模预测

短距离接驳主要指昝岗片区的出行接驳，公交场站面积为 4 800 平方米，出租场站需要 9 个上、下客位，社会车停车场停车面积为 5 400 平方米（160 个车位），设施规模测算结果见表 4-12。

表 4-12　短距离接驳需求及场站规模测算

短距离客流/（人次/小时，单向）	短距离客流场站规模	
	接驳设施功能区	设施规模
公交场站	—	4 800 平方米，6 条线路，4 个下客位，5~6 个发车位，12 个蓄车位
大中型车场站	—	390 平方米，1 个下客位，2 个上客位，4 个蓄车位
出租场站	接客区	4 个上客位，40 个蓄车位
	送客区	5 个下客位
	小计	9 个上、下客位
网约车场站	接客区	1 250 平方米，40 个停车位，1 个上客位
	送客区	2 个下客位
社会车停车场	接客区	4 500 平方米，130 个停车位，2 个上客位
	送客区	900 平方米，30 个停车车位
		3 个下客位
	小计	5 400 平方米，160 个停车位，5 个上、下车位
共享汽车停车场	—	1 540 平方米

续表

短距离客流 /（人次 / 小时，单向）	短距离客流场站规模	
	接驳设施功能区	设施规模
自行车（含共享单车）场站	—	1 410 平方米

长距离接驳主要指昝岗片区以外的出行接驳，公交场站面积为 7 200 平方米，出租场站需要 16 个上、下客位，社会车停车场需要面积 13 080 平方米（390 个车位），设施规模测算结果见表 4-13。

表 4-13　长距离接驳需求及场站规模测算

长距离客流 /（人次 / 小时，单向）	长距离客流场站规模	
	接驳设施功能区	设施规模
公交场站	—	7 200 平方米，9 条线路，5 个下客位，7~9 个发车位，18 个蓄车位
大中型车场站	—	780 平方米，2 个下客位，4 个上客位，8 个蓄车位
出租场站	接客区	7 个上客位，70 个蓄车位
	送客区	9 个下客位
	小计	16 个上、下客位
网约车场站	接客区	2 160 平方米，70 个停车位，2 个上客位
	送客区	3 个下客位
	小计	2 160 平方米，70 个停车位，5 个上、下客位
社会车停车场	接客区	10 900 平方米，320 个停车位，5 个上客位
	送客区	2 180 平方米，70 个停车位
		6 个下客位
	小计	13 080 平方米，390 个停车位，11 个上、下客位
共享汽车停车场	—	3 150 平方米，90 个停车位

根据短距离和长距离接驳测算需求规模，雄安站综合交通枢纽的总体接驳设施规模为：公交场站 12 000 平方米，15 条公交线，25 个出租场站上、下客位，社会车停车场 18 480 平方米（550 个车位）。雄安站综合交通枢纽接驳场站规模测算结果见表 4-14；与国内其他车站的发送量比较见表 4-15。

表 4-14　雄安站综合交通枢纽接驳场站规模测算结果

接驳设施功能区		设施规模
公交场站	—	12 000 平方米，15 条线路，9 个下客位，12~15 个发车位，30 个蓄车位
大中型车场站	—	1 170 平方米，3 个下客位，6 个上客位，12 个蓄车位
出租场站	接客区	11 个上客位，110 个蓄车位
	送客区	14 个下客位
	小计	25 个上、下客位
网约车场站	接客区	3 410 平方米，110 个停车位，3 个上客位
	送客区	5 个下客位
	小计	3 410 平方米，110 个停车位，8 个上、下客位
社会车停车场	接客区	15 400 平方米，450 个停车位，7 个上客位
	送客区	3 080 平方米，100 个停车位
		9 个下客位
	小计	18 480 平方米，550 个停车位，16 个上、下客位
共享汽车停车场	—	4 690 平方米，140 个停车位
自行车（含共享单车）场站	—	1 410 平方米

表 4-15　雄安站综合交通枢纽与国内其他车站发送量比较

车站	车站规模	到发线	现状日均发送量（万人次 / 日）	规划日均发送量（万人次 / 日）
雄安枢纽	11 台 19 线	19	—	—
北京西站	10 台 20 线	20	15（1.6 万人次 / 小时）	21（2.0 万人 / 小时）
北京南站	13 台 24 线	24	9（1.0 万人次 / 小时）	29（3.5 万人 / 小时）
深圳北站	11 台 20 线	20	12（1.3 万人次 / 小时）	16（1.9 万人 / 小时）
杭州东站	15 台 30 线	30	10.9（1.1 万人次 / 小时）	13.8（1.4 万人 / 小时）
广州南站	15 台 28 线	28	15.4（1.7 万人次 / 小时）	35（3.6 万人 / 小时）

雄安站综合交通枢纽按铁路发送量 15 万人次 / 日预留规模的测算结果见表 4-16，表中数据作为该枢纽接驳场站方案参考值。

表 4-16　预留规模测算结果

	功能区	设施规模
公交场站	—	17 600 平方米，22 条线路，12 个下客位，19~22 个发车位，44 个蓄车位
大巴车场站	—	1 560 平方米，3 个下客位，9 个上客位，18 个蓄车位
出租场站	上客区	15 个上客位，150 个蓄车位
	下客区	21 个下客位
	小计	36 个上、下客位
网约车场站	上客区	5 110 平方米，160 个停车位，5 个上客位
	下客区	6 个下客位
	小计	5 110 平方米，160 个停车位，11 个上、下客位
社会车停车场	上客区	23 100 平方米，670 个停车位，10 个上客位
	下客区	4 610 平方米，140 个停车位
		13 个下客位
	小计	27 710 平方米，810 个停车位，23 个上下客位
共享汽车停车场	—	7 040 平方米，210 个停车位
自行车（含共享单车）	—	2 100 平方米

考虑至 2025 年，津雄铁路及雄安新区 3 条城市轨道尚未建成，雄安新区应测算枢纽客流及接驳设施规模，指导近期接驳场站的使用。根据雄安新区的规划，2025 年，雄安新区规划人口约 150 万，流动人口约 20 万。根据包容性原则控制初期场站规模，按照雄安站综合交通枢纽 2025 年的辐射人口规模为 200 万控制，预测该场站 2025 年铁路发送量为 4 万人次 / 日，高峰小时单向客流为 0.6 万人次 / 小时。该场站近期接驳方式主要以公交为主，占比约为 45%，如图 4-31 所示。

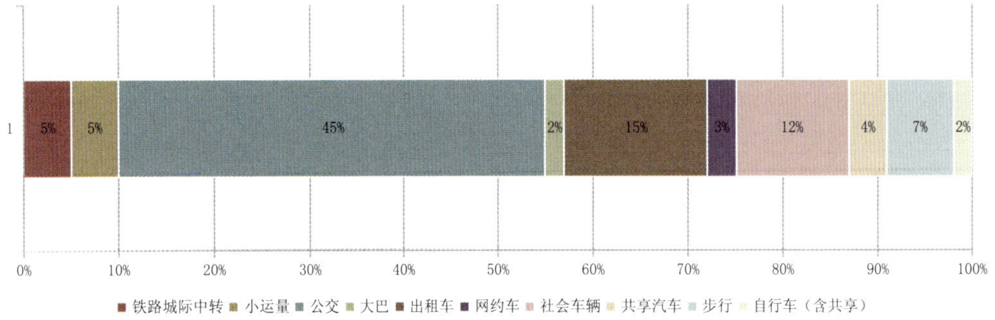

图4-31　雄安站综合交通枢纽近期接驳方式及各方式所占比例

4.1.5　雄安站综合交通枢纽概念性规划方案

雄安站综合交通枢纽在总体上应遵循枢纽需求优先度，分层次考虑设施布局，设施重要性依次为铁路、城市轨道、其他（步行、公交车、出租车、小汽车等）。各种集散方式客流比例如图 4-32 所示。

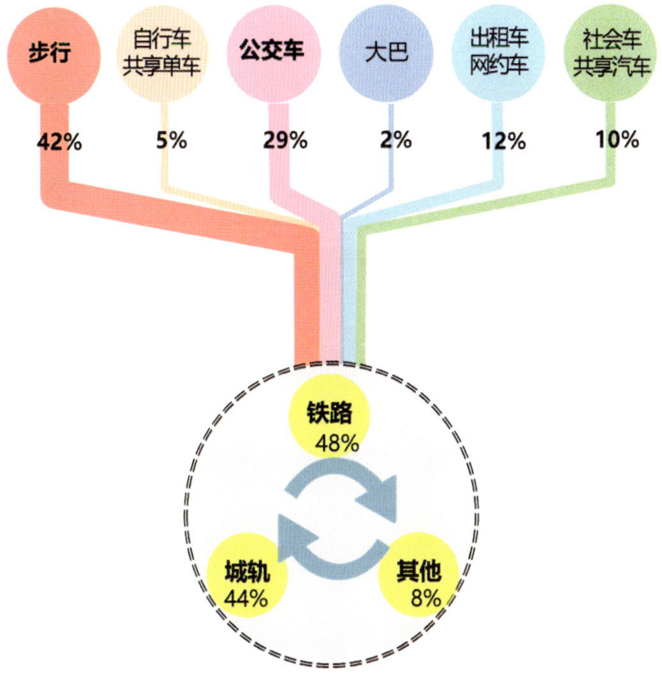

图4-32　雄安站综合交通枢纽各种集散方式客流比例

根据规划目标、功能定位、需求特征及案例总结，雄安站综合交通枢纽形成基本规划布局方案，以及铁路、轨道、接驳设施、值机、货运及相关配套设施规划布局方案。规划布局方案要求：出入口布局应合理，对周边片区服务便捷，并与用地开发密切结合；应合理设置轨道换乘设施（换乘通道、楼梯、扶梯等），充分考虑高峰时段大换乘人流的要求，应保证轨道之间安全、便捷的换乘；保证公交接驳设施用地，并与轨道车站及用地开发密切结合；小汽车、出租车、自行车接驳设施应充分考虑现状道路和用地情况，减少协调难度和对城市的影响；应考虑车站与相关市政工程的协调，特别对相互影响较大的工程进行同步设计、同步实施；应结合地上地下物业综合开发，设置立体步行系统，形成以枢纽为中心的、人车分流的、安全舒适的步行环境。

雄安站综合交通枢纽的规划在原则上尊重现状，减少影响。考虑到该枢纽现状用地和道路条件稳定、片区和过境交通量均较大，布局时应尽量减少对现状用地、道路和交通的影响，降低协调难度和工程风险；采用人流分离、渠化原则；依据接驳人流、换乘人流和过街人流的流量、流向等特征，结合枢纽功能布局，合理设置进出口、换乘通道和人流集散区域，减少流线交叉冲突，提高人流通行效率，减少安全隐患；采用流线清晰、空间感受舒适原则；设置清晰的流线标志，保证流线的强识别性，降低旅客寻找目的地的难度；充分利用地下空间，采用集约使用土地原则；充分利用地下空间布局各类设施，与现有地下空间紧密结合，集约使用土地，在竖向空间上考虑功能的叠加可能，争取对用地进行综合开发。

雄安站综合交通枢纽的场站规模为 11 台 19 线（图 4-33），其中：京港台及京雄城际 7 台 12 线，列入京雄城际工程近期实施；津雄城际 4 台 7 线，远期实施。

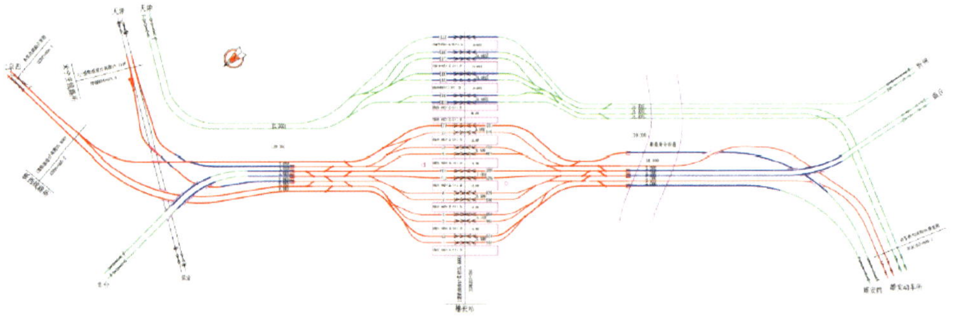

图4-33　雄安站综合交通枢纽场站总平面布局示意

常见铁路站进出站组织模式包括上进下出（路侧站房）、上进下出（立体布局）、上进上出（立体布局）、下进下出（立体布局）。铁路进出模式与站台层标高、城市轨道布局关系较大，雄安站综合交通枢纽根据铁路线路规划设计标高，车站轨面绝对高度为 14 米（绝对高程 23.5 米，洪水位高程 9.5 米），车站结构厚度为 3.5 米，桥下空间高约 10.5 米，如图 4-34 所示。

根据不同组织模式特点，结合雄安站综合交通枢纽的实际情况，形成 3 个组织方案。

方案一：下进下出（1 层为进站候车厅），1 层用于进站、候车，2 层用于出站、与城市联络，如图 4-35 和图 4-36 所示。

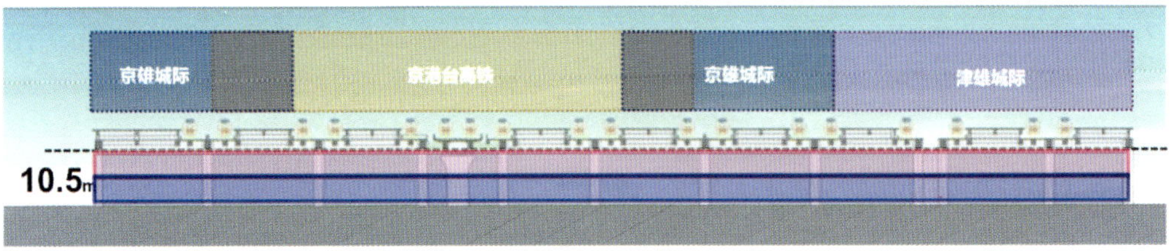

图4-34　雄安站综合交通枢纽原规划标高

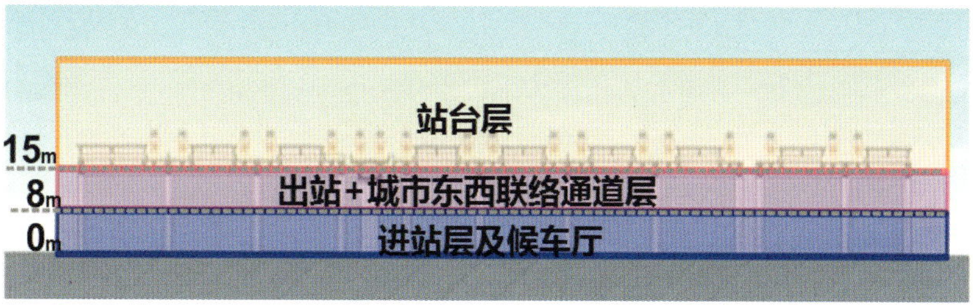

图4-35　下进下出（1层进站候车）横断面示意

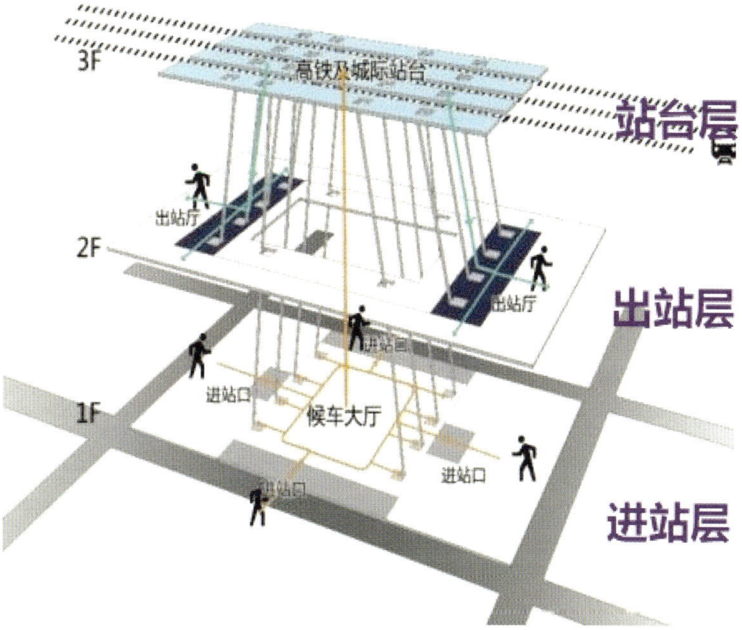

图4-36　下进下出（1层进站候车）竖向示意

此方案立体布局紧凑，客流组织便利，易与地铁、接驳设施衔接，中转换乘便捷，但候车厅采光条件差，需通过设计处理。

方案二：下进下出（2 层为进站候车厅），2 层用于进站、候车、与城市联络，1 层用于出站，如图 4-37 和图 4-38 所示。

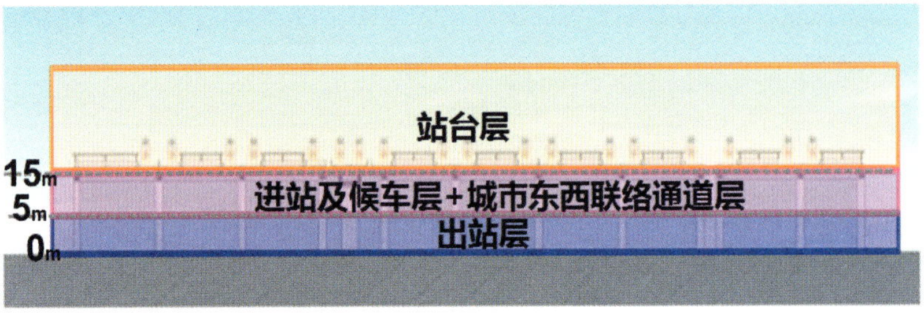

图4-37 下进下出（2层进站候车）横断面示意

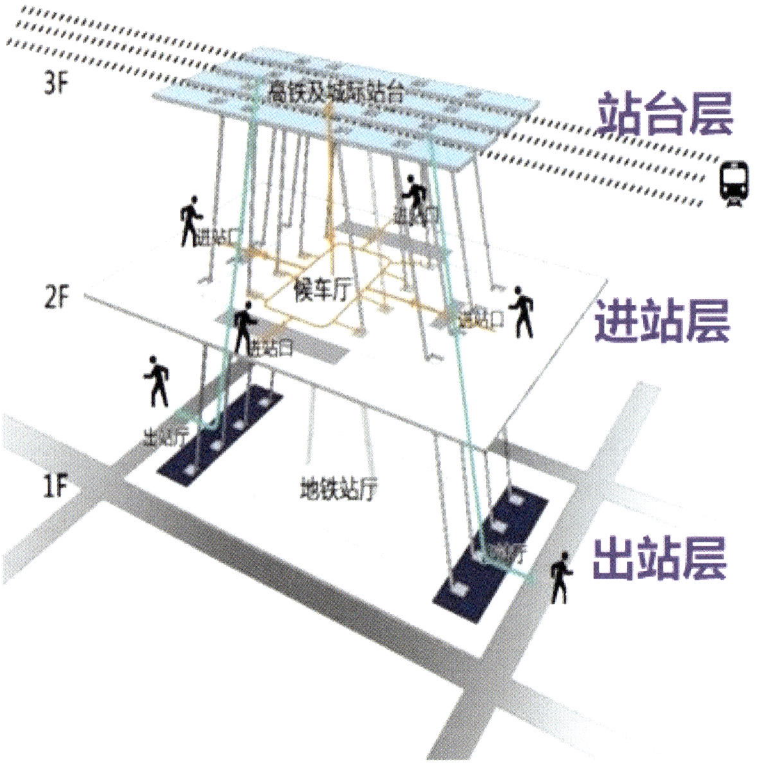

图4-38 下进下出（2层进站候车）竖向示意

该方案立体布局紧凑，客流组织便利，易与地铁、接驳设施衔接组织，中转换乘便捷；2层候车空间体验较好，但候车厅、出站层采光条件差，需通过设计处理。

方案三：上进下出，4层进站、候车，2层出站、与城市联络。4层候车空间体验较好，进出站客流组织完全立体分离，人流分层组织，交叉少，但候车提升高度大，乘客纵向换乘距离较远，中转换乘不便，城市轨道需要高架布设。

4.1.6 城市轨道布局

雄安站综合交通枢纽规划 3 条轨道（2 快 1 普）线路衔接枢纽，R1 线连接起步区和北京方向，M1 线连接雄县等组团，如图 4-39 所示。

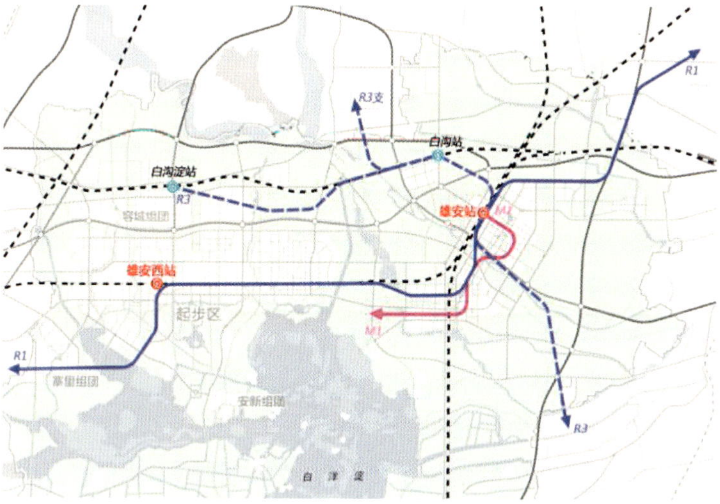

图4-39　雄安站综合交通枢纽城市轨道规划示意

结合线网规划方案，轨网平面衔接布局推荐“两纵一横”衔接（图 4-40），普线 M1 横向垂直铁路线引入枢纽，R1 线、R1 支线与铁路线路平行引入枢纽。R1 与 R1 支线具备较好的互联互通条件，快线网络布局灵活，M1 线对昝岗片区的覆盖程度较好，快线与国铁站房分离较容易。

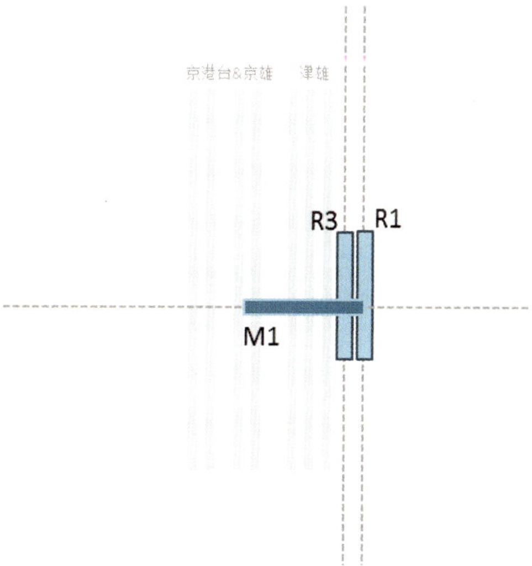

图4-40　两纵一横衔接平面布局

4.1.7 周边人流线研究

为打破铁路站房对城市的割裂，促进东西融合，满足步行进出枢纽和城市通过性要求，雄安站综合交通枢纽倡导全面开放、自主生长、站城互融、步行环游的理念，避免对外封闭、内外断层、空间切割、站城分置，设置多层次连续慢行联系通道，如图 4-41~ 图 4-44 所示。

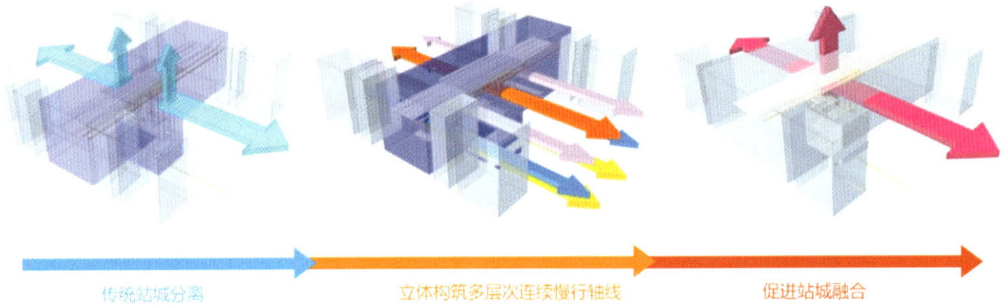

图4-41　站城一体化发展理念

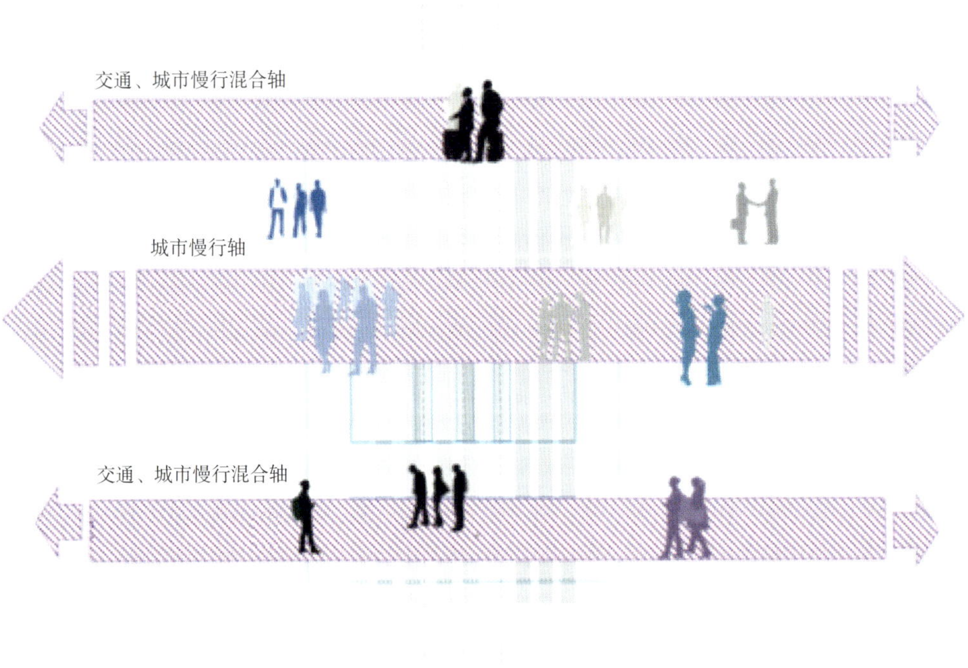

图4-42　雄安站综合交通枢纽2层通道概念设计

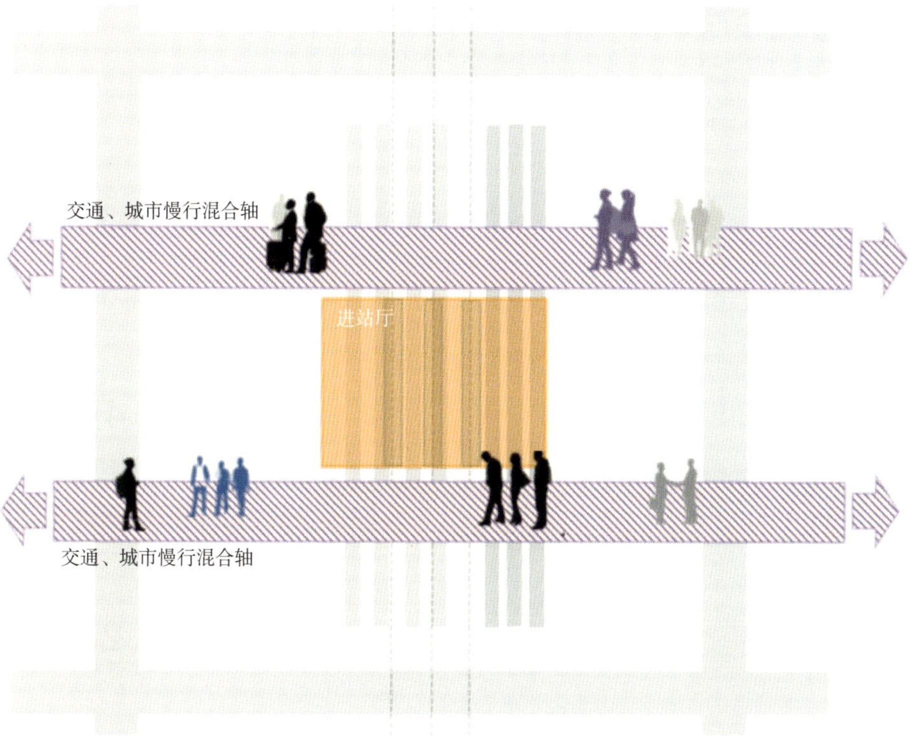

图4-43 雄安站综合交通枢纽1层通道概念设计

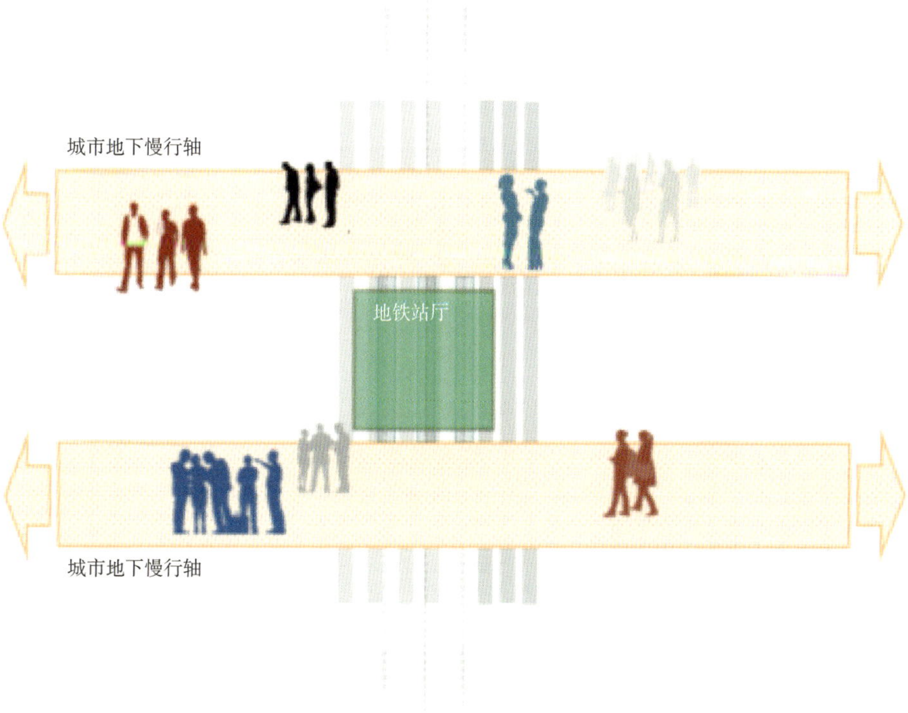

图4-44 雄安站综合交通枢纽-1层通道概念设计

4.1.8 接驳设施布局方案

结合铁路站房，雄安站综合交通枢纽以下进下出为主、上进下出为辅。总体来看，地下设 2 层，地上设 4 层，其中 -2 层为 M1 线站台层，-1 层为 M1 线站厅及商业层，1 层为进站候车层，2 层为出站层和公交、出租车接客层，地上 3 层为国铁及 R1 线、R1 支线站台层，地上 4 层为辅助进站候车层。布局示意如图 4-45 和图 4-46 所示。

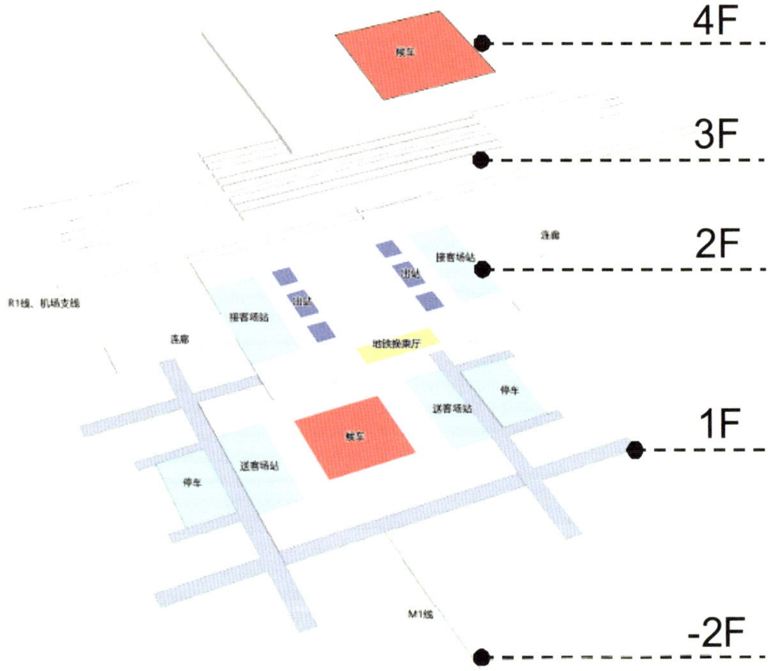

图4-45　雄安站综合交通枢纽总体布局示意

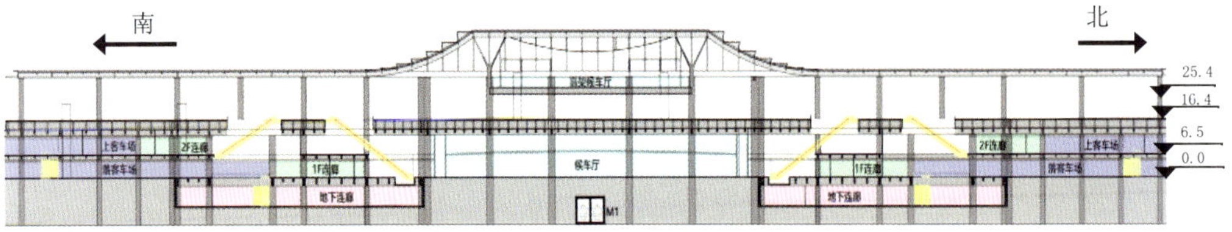

图4-46　雄安站综合交通枢纽断面布局示意（单位：米）

4.1.9 雄安站综合交通枢纽运营情况

以 2022 年 11 月为例，雄安站综合交通枢纽的高铁到达客流量为 2 310 人次，同比减少 87.77%，环比减少 69.25%，日均 77 人次；高铁发送客流量为 2 510 人次，同比减少 88.45%，环比减少 90.16%，日均 83.67 人次；公交到达客流量为 471 人次，同比减少 61.04%，环比减少 49.30%，日均 15.7 人次；公交发送客流量为 100 人次，同比下降 94.64%，环比减少 86.63%，日均 3.33 人次；社会车场发送客流量为 1 726 人次，同比减少 75.95%，环比减少 66%，日均 57.53 人次；南城市交换中心（CEC）停车场的车辆进场量为 2 778 车次，同比减少 80.24%，环比减少 65.39%；南 CEC 停车场的车辆出场量为 2 767 车次，同比减少 80.21%，环比减少 62.51%。南 CEC 停车场收费 5817.5 元，同比减少 90.49%，环比减少 79.28%。雄安站综合交通枢纽的运营情况如图 4-47~ 图 4-52 所示。

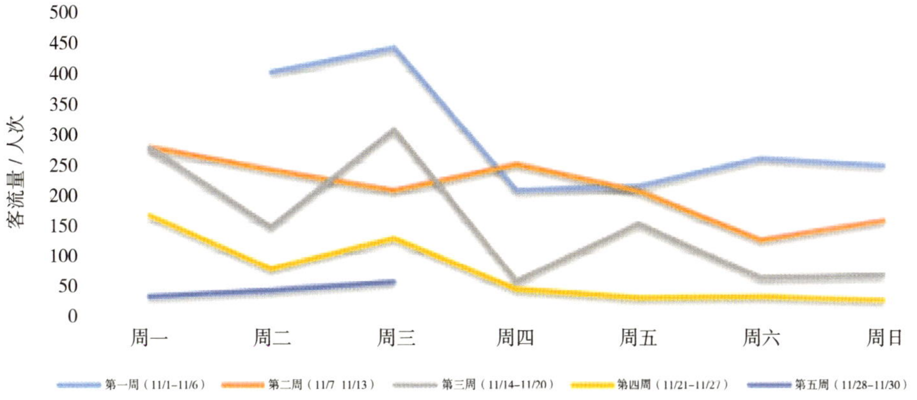

图4-47　2022年11月雄安站综合交通枢纽高铁客流

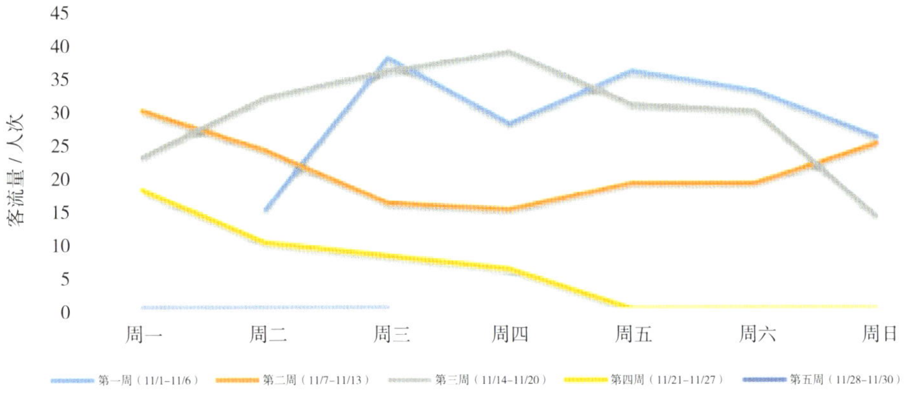

图4-48　2022年11月雄安站综合交通枢纽公交客流

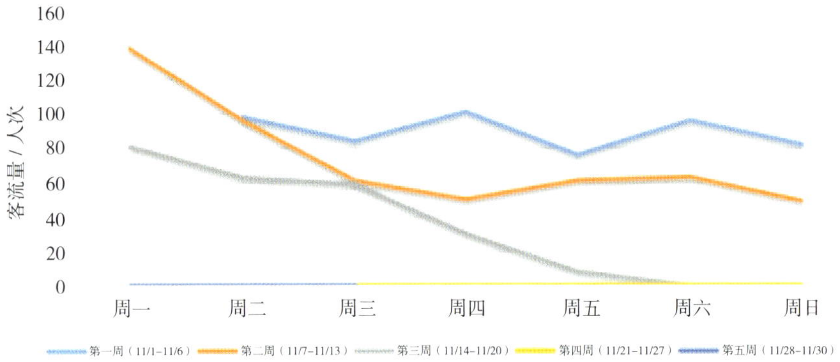

图4-49　2022年11月雄安站综合交通枢纽社会车客流

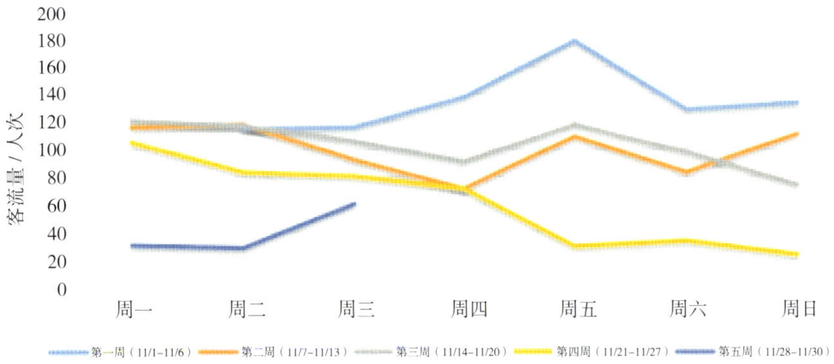

图4-50　2022年11月雄安站综合交通枢纽南CEC停车场进场客流

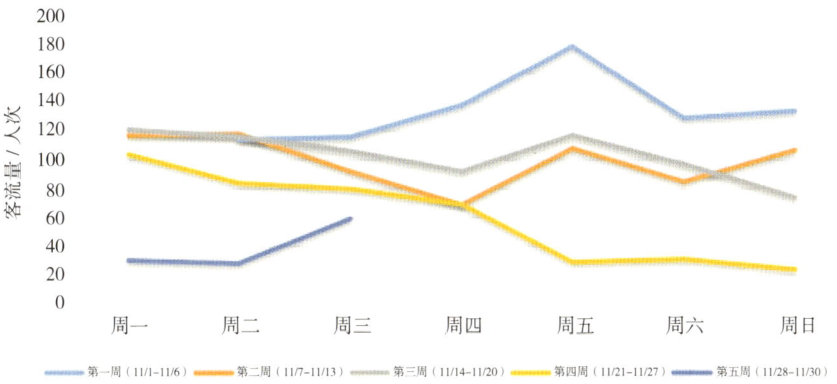

图4-51 2022年11月雄安站综合交通枢纽南CEC停车场出场客流

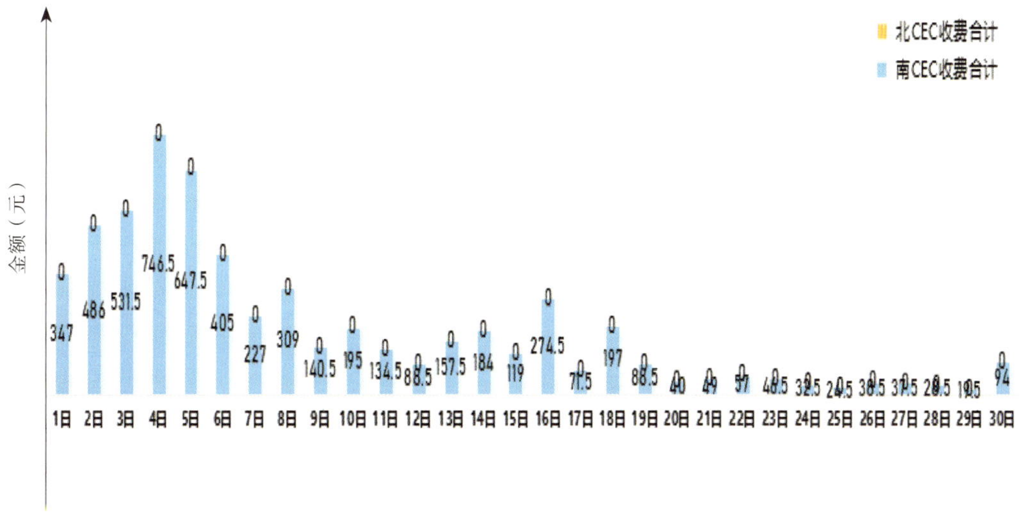

图4-52 2022年11月雄安站综合交通枢纽CEC停车场收费分析

雄安站综合交通枢纽 2022 年 11 月份客流量总计为 7 488 人次，周最高客流量为 2 742 人次，周最低客流量为 127 人次，周均客流量为 1 497 人次，具体见表 4-17。

表 4-17 2022 年 11 月各项客流数据汇总表　　单位：人次

交通工具	第一周	第二周	第三周	第四周	第五周	合计	周均
高铁	1 753	1 437	1 044	471	115	4 820	964
公交	176	148	205	42	0	571	114.2
出租车	124	105	87	43	12	371	74.2

续表

交通工具	第一周	第二周	第三周	第四周	第五周	合计	周均
合计	2 053	1 690	1 336	556	127	5 762	1 152.4

雄安站综合交通枢纽2022年11月份乘客进站情况：公交车占19%，社会车占69%，出租车占3%，其他占9%。乘客出站情况：公交车占4%，出租车占13%，其他占83%，如图4-53所示。

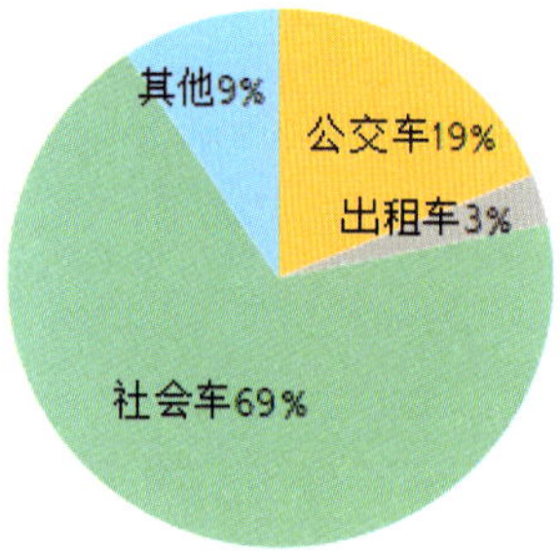

（a）

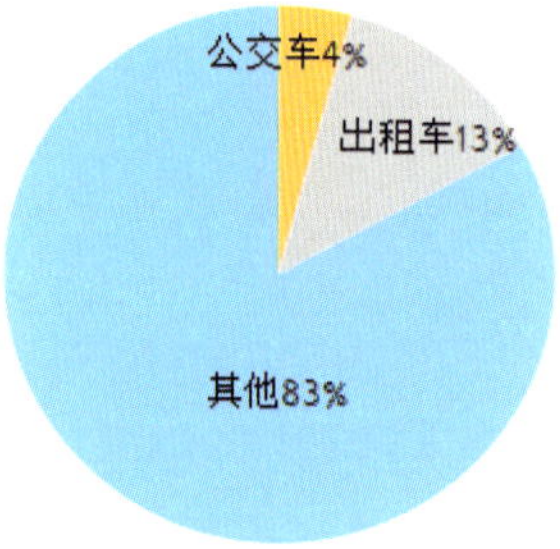

（b）

图4-53　雄安站2022年11月份进出站情况
（a）进站　（b）出站

4.2

城市轨道枢纽一体化开发

4.2.1 综合概况

金融岛站位于雄安新区 CBD 区域核心区，是金融岛区域最核心的综合交通枢纽（图 4-54）。金融岛轨道站是城际轨道 R1 与多条城市轨道的综合枢纽，其中 M5 线南北穿越金融岛站，轨道 M1、M2 线东西向穿越金融岛站。此外，金融岛轨道站位于东西轴上，是新区重要的区域绿道、骨干交通走廊的汇集地。

金融岛站功能定位为“重点承接北京金融机构疏解，积极吸引国际知名金融机构入驻；推动科技创新、高端高新产业与金融业深度融合，支撑新区成为重要的科技金融创新中心”。

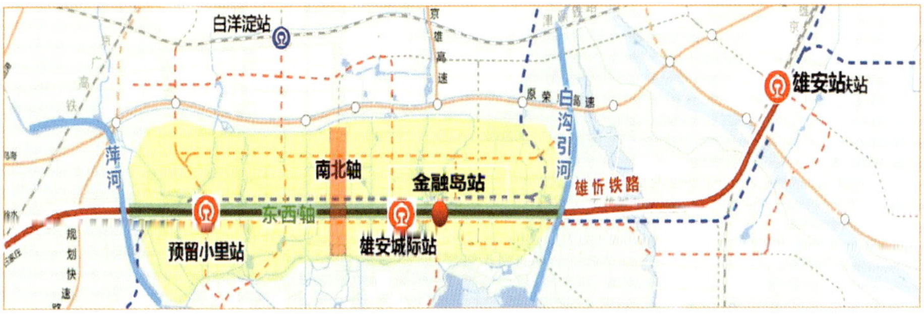

图4-54 金融岛站区位示意

作为支撑金融岛区域高密度开发的重要交通枢纽，尤其在新区启动初期，作为区域轨道交通 R1 线的重要站点，金融岛站与周边总部基地、周边商办地块的联系强度高、频率大，会向城际线和城市航站楼输送大量乘客。

4.2.2 枢纽布局

1. 总体布局

在平面布局上，金融岛站为 4 条轨道线路的交会处，轨道站点分别对应 R1 线、远景轨道交通 M5 线、轨道交通 M1、M2 线，其中轨道交通 M1、M2 线为共线设置，共享站厅站台空间。金融岛站整体呈“工”字形（图 4-55 ），共设出入口 10 处，其中 6 处出入口毗邻周边城市道路，R1 线有 2 处出入口位于地块内，轨道交通 M1、M2 线位于东西轴线中央绿带内。

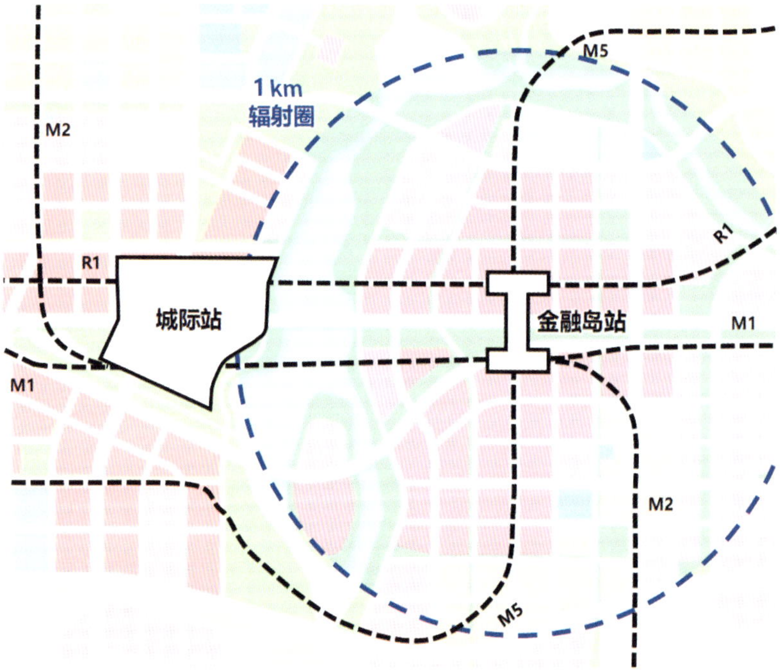

图4-55 金融岛平面布局示意

在竖向布局上，金融岛站地下有 3 层（图 4-56）。地面层的交通设施由轨道站点出入口、城市道路及城市公共活动空间 3 部分组成，是轨道客流与城市活动衔接的重要界面。设计优先将行人、自行车、公共交通等绿色出行方式的接驳、换乘及对外出行集中在地面层，通过城市道路网络及绿道网络向外集散，倡导安全、绿色、健康的出行环境。

地下 1 层（B1 层）为城市层，也是城市公共活动空间及通行空间；地下 2 层（B2 层）为 M5 线厅台层及 M1 线、M2 线站厅层；地下 3 层（B3 层）为 R1 线、M1 线、M2 线站台层。

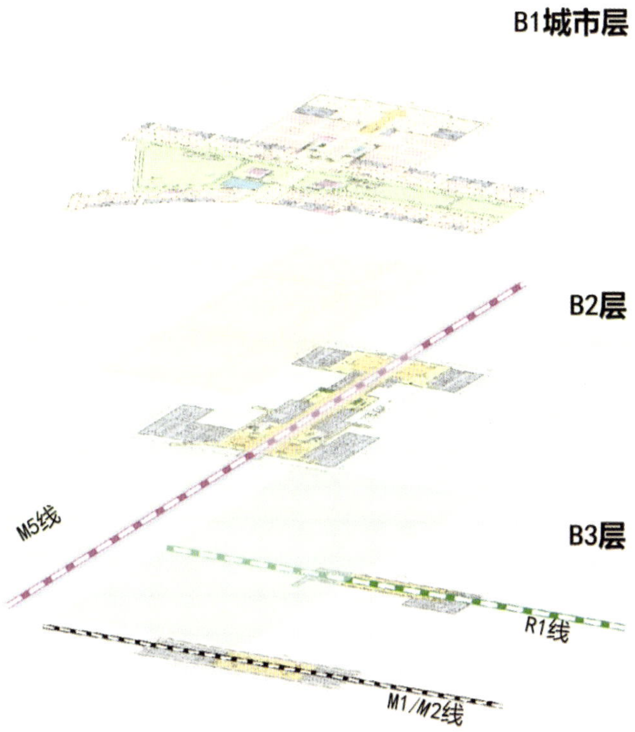

图4-56 金融岛站各层平面布局示意

2. 交通需求分析

依据区位、功能及周边线路衔接关系，金融岛站整体客流来自以下3个方面（图4-57）。

1）机场快线R1线，每个组团设一站，辐射范围较广，为4~5千米，承担金融岛东侧范围对大兴机场、北京方向的快速通达功能，接驳交通以小汽车、常规公交、定制公交等机动化出行方式为主。

2）轨道M1/M2线及远景M5线（图中未标出），为城市轨道交通线路，服务范围1千米，承担新区范围内居民日常通勤、生活类出行，接驳交通以定制公交、自行车、步行等交通方式为主。

3）周边地块层次，辐射范围500~800米，主要为周边地块进出地铁站客流，接驳方式为步行、自行车出行。

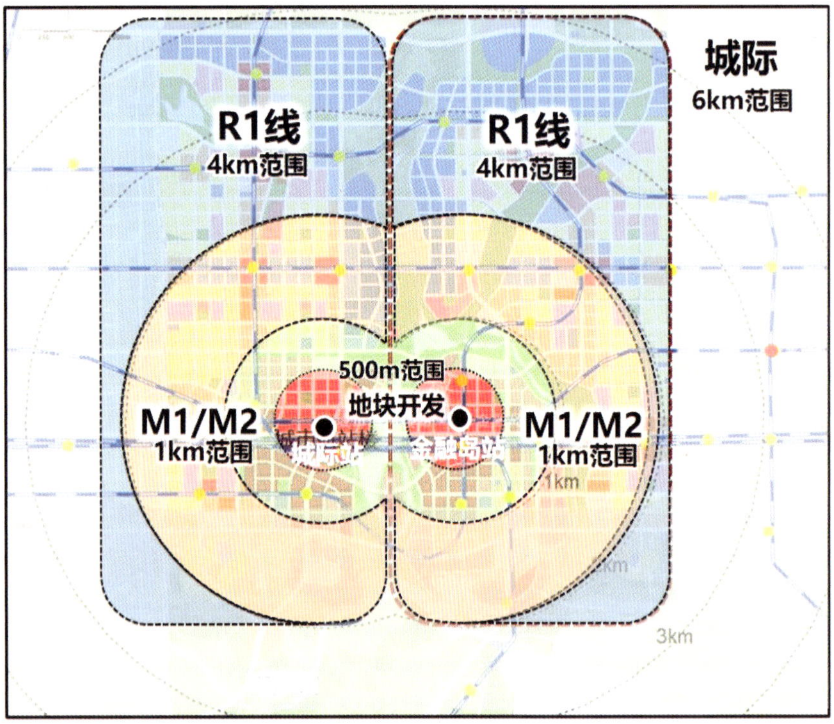

图4-57 金融岛站服务层次示意

根据新区路网结构、交通方式目标，结合既有交通需求预测模型，测算不同交通方式在不同圈层的服务水平，得到各类方式的接驳比例，见图 4-58。

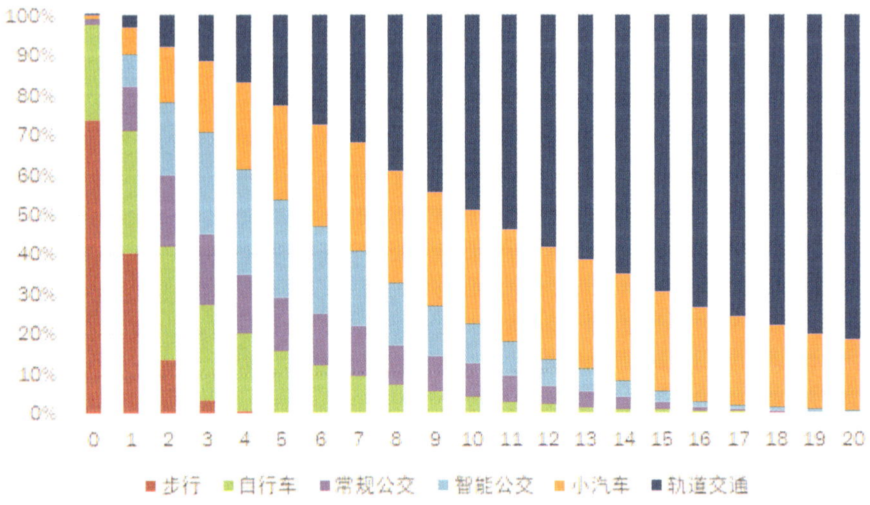

图4-58 各类交通方式接驳比例示意

对于接驳交通设施规模，从总体上来看，金融岛站接驳交通设施基于“按需配置、体现绿色”的思路进行设置，在设施配建过程中强化步行、自行车、公共交通站点设施的设置，对小汽车停车采取一定程度的限制策略。

1）自行车交通设施。轨道站点周边自行车交通设施包括自行车骑行绿道、非机动车道及自行车停车设施。R1 线线位北侧道路规划有城市级绿岛一条，东西向串联沿河公园及 1 处城市公园，其他非机动车道依托城市道路布局。自行车交通设施结合金融岛站出入口布局，其中 6 处出入口直接与周边路网的非机动车道衔接。自行车交通停放泊位约 400 个，分散布局于各出入口附近，结合设施带、绿地等开敞空间设置。

2）公共交通设施。金融岛站周边范围内规划单元型公交换乘中心 2 处、社区型公交换乘中心 1 处。骨干公交廊道以公交专用道形式承载公共交通客流需求，公交专用道上站点灵活采用港湾式或直线式，尽量减少对主路交通流的影响。

3）机动车停车设施。轨道站点周边原则上不配置社会车辆公共停车场，对周边地块配建停车指标从严管控，较其他地区适度降低比例，同时通过路边设置临时停车位的方式满足地面即停即走的接送需求。

3. 交通系统设计

设计总体原则突出绿色主体精细化设计、绿色交通接驳，充分考虑轨道站与周边地块的衔接，同时，交通设施要有弹性，协调近远期关系，近期开发不能占用远期设施，远期预留不阻碍近期发展。

（1）地面慢行系统

针对目前地下空间规划方案以及东西轴线中央绿带的规划方案，地面慢行交通系统分为两部分。规划的基本原则是坚持步行、自行车交通流线以平面为主，依托城市道路在其两侧布设步行道和非机动车道。在宽度上，人行道净通行宽度不少于 2 米，非机动车道净通行宽度不少于 2.5 米。东西轴线结合中央公园以及地下 1 层公共空间布置，人行过街流线主体基于地下空间及过街通道完成，同时，地面交叉口仍保留过街横道，为非机动车便利通行提供条件。慢行交通流线示意见图 4-59。

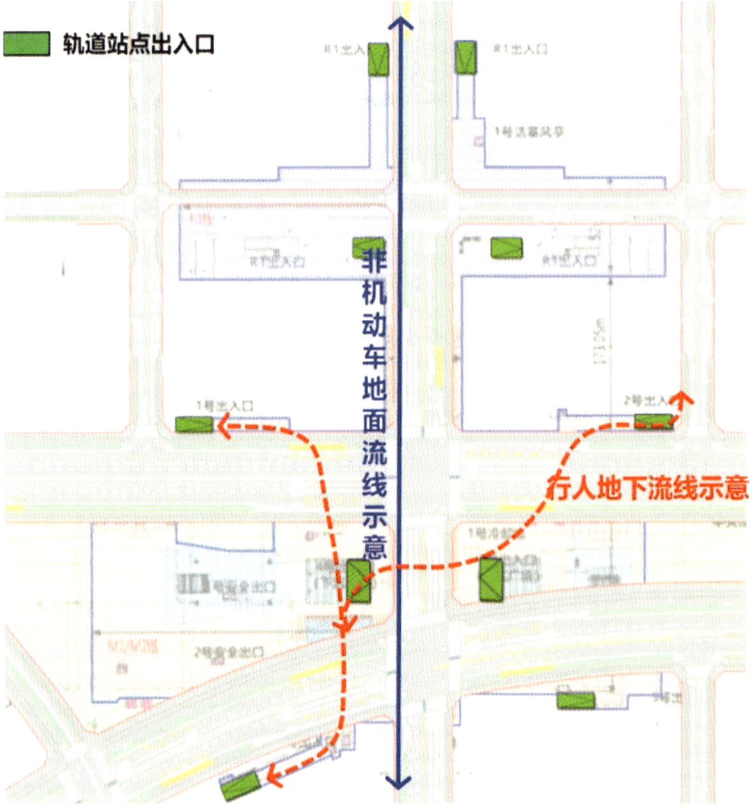

图4-59　慢行交通流线示意

金融岛站周边非机动车停放需求分为两类，一类是轨道站点接驳的自行车停放需求，另外一类是周边地块自行车通勤客流的停放需求。考虑到各处站点周边均有两条垂直相交的城市道路，该类需求的停放空间布局在城市道路的设施带内，沿路灵活设置。第二类需求为居民自行车通勤的停放需求，这类自行车往往被个人拥有，对车辆的遮阳、挡雨、停放安全等具有较高要求。此类停放设施布局在两类位置，一类为地块配建的自行车停车场，另外一类结合轨道站点周边集散广场、东西轴线中央绿带内布局，保障较高的停放品质。在东西轴线的中央公园内，布局 5 处集中式自行车停放设施，每处约有 100 辆的停放规模，满足中央公园日常游憩、休闲以及轨道站点接驳的自行车停放需求。中央绿带内自行车停车设施布局见图 4-60。

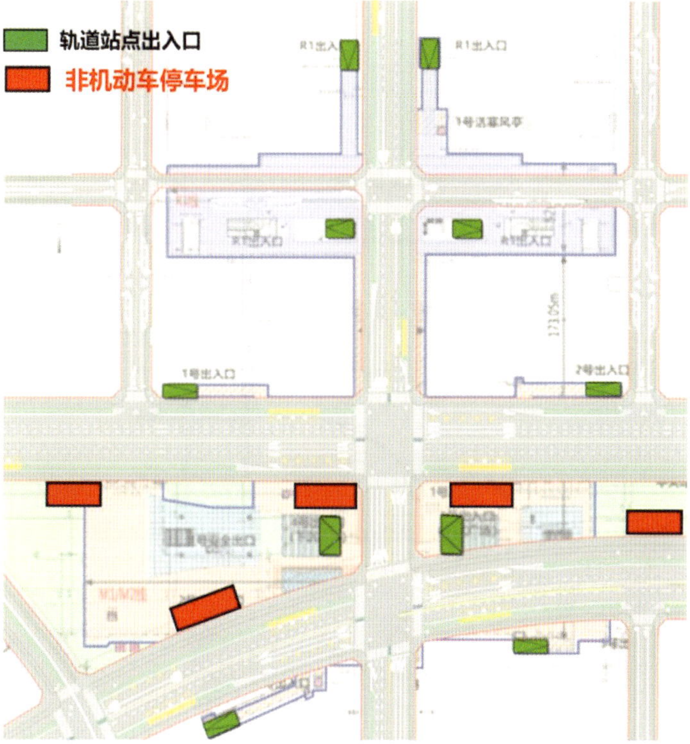

图4-60　中央绿带内自行车停车设施布局

（2）区域交通组织

结合金融岛地铁站周边交通用地属性及路网特征，借鉴国内外同类型 CBD 地区交通组织方式，本设计从金融岛站周边区域着眼，在更大尺度上开展单行交通系统研究，东西向道路后退两个街区，扩大单行交通组织范围。单行道路成对，两方向匹配，且道路等级与通行能力相同，道路间距不大于 400 米，具有相同的起点和终点，便于识别；与相邻干道相交遵循“先出后进”原则，减少对干道交通流的影响。本设计结合东西轴道路组织单行交通，将单行交通扩展到片区范围。本方案最大的优点在于大大简化了低等级道路交叉口的交通流关系，尤其是在“窄密路网”条件下，高密度的无信号控制交叉口的交通流关系从 4 个方向简化为 2 个方向，消除了交叉口的交通流冲突点，这一方面通过简化交通流线提升了交通安全，减少了冲突点；另一方面降低了交通管理成本，更加适用于无信号控制交叉口。图 4-61 为区域单行交通组织示意。

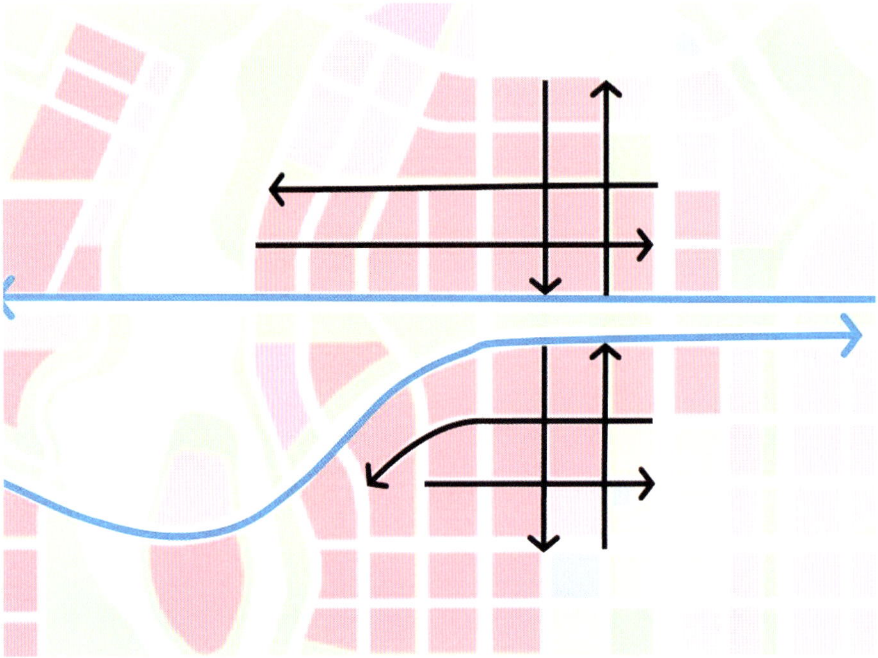

图4-61　区域单行交通组织示意

（3）静态交通系统

根据城市开发建设时序及我国其他同类城市轨道站点周边用地空间开发及交通设施构建的一般经验，在轨道交通尚未完全成网、客流集聚程度尚未形成规模时，小汽车交通的出行及停放需求仍有一定比例。在金融岛站周边，轨道交通 R1 线先期建设，M1、M2 线建设相对滞后，且周边用地开发至成熟阶段仍需时日。这直接导致通过 R1 线至大兴机场、北京方向的交通接驳客流对小汽车出行需求的增大，因此，在站点周边区域适度考虑机动车停放设施符合周边地区的实际情况。在设施布局方面，以“共享停车”的理念缓解近远期停车需求与供给之间的矛盾，在 R1 线周边地块配建的停车场中增加一部分共享停车泊位，缓解近远期的停车需求矛盾。图 4-62 为共享停车布局。

在停车场立体布局上，将共享停车泊位设置在地下 1 层，小汽车乘客可以便捷地进出枢纽的地下 1 层公共空间，保障各方式换乘的便捷。远期待地块及周边区域成熟，再对共享停车场的泊位结合建筑功能进行转换。图 4-63 为地下 1 层共享停车场。

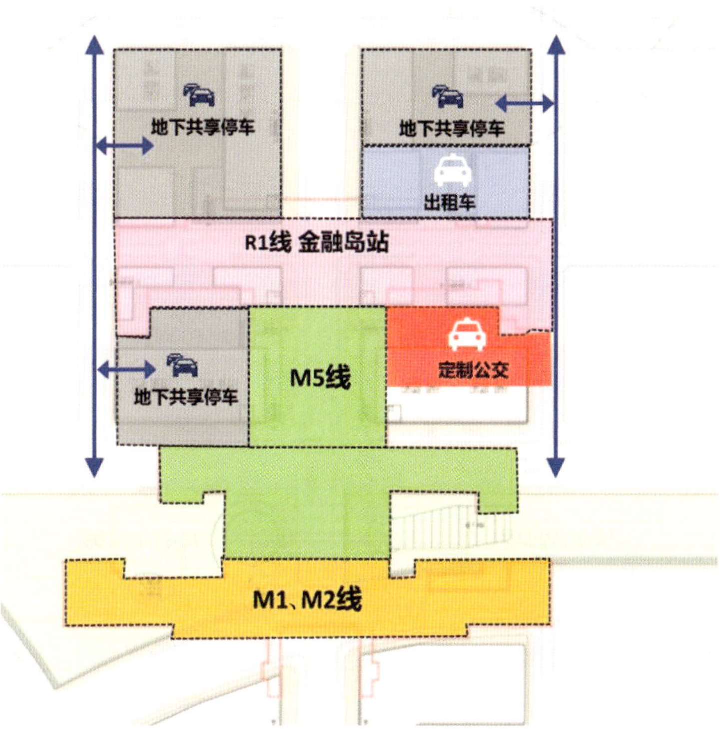

图4-62 共享停车布局

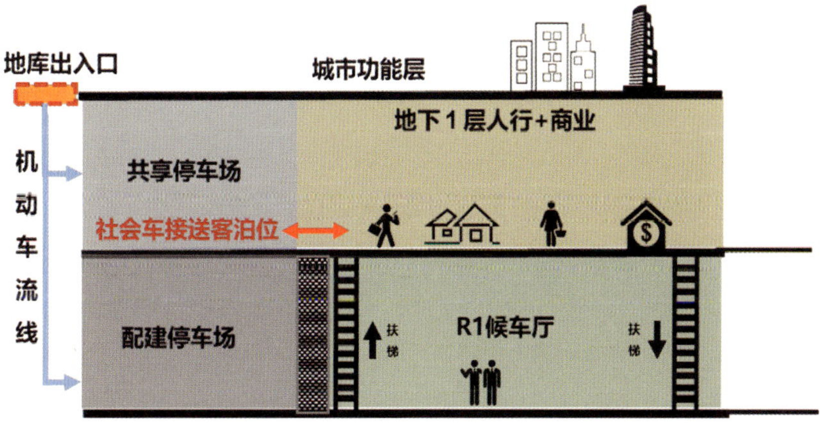

图4-63 地下1层共享停车场

除共享停车场外，设计在轨道站点周边道路设置即停即走车位，满足地面交通临时停放、CBD 地区货运物流停放需求。设计利用地块内部空间，或当建筑退线空间足够时且出入口空间较大时，利用建筑出入口空间设置即走即停小港湾车位。车辆由主路驶出，在地块主要出入口处落客后驶离。对街道或地块出入口较窄空间界面进行开发，当道路较宽时可利用道路的机非隔离带设置即走即停车位。

4.3

白洋淀码头改造换新颜

4.3.1 建设背景

白洋淀旅游码头区即原“明珠码头”区域，包含游船码头、临岸景区和陆域服务区。

白洋淀属海河流域大清河南支水系湖泊，是保定市、沧州市交界处 143 个相互联系的大小淀泊的总称，总面积为 366 平方千米，平均年份蓄水量为 13.2 亿立方米，是河北省最大的湖泊。白洋淀位于太行山前的永定河和滹沱河冲积扇交会处的扇缘洼地，从北、西、南三面接纳瀑河、唐河、漕河、潴龙河等 9 条较大的河流入湖，通过湖东北的泄洪闸及溢流堰经赵王新河汇入大清河。

白洋淀受湖体地形、气候变化、人类生产等因素影响，在历史上时缩时扩，20 世纪后叶至 21 世纪初缩减幅度较大，20 世纪 80 年代曾干涸，1988 年的大雨使白洋淀湖区恢复。

春秋、战国时期，白洋淀淀区分属于燕、赵统辖。宋朝在此引水灌溉建立屯田防线，北宋名将杨延昭曾在此屯兵御辽，淀区争战不断。民国以前白洋淀是沟通保定、天津之间的重要航道。白洋淀淀区的传统产业是渔业及芦苇产业，20 世纪后，随着中国国内旅游业的兴起，其逐渐成为旅游胜地，并于 2007 年被评为中国 AAAAA 级旅游景区。

2017 年以前，白洋淀由河北省保定市及沧州市共辖。2017 年 4 月 1 日，中共中央、国务院决定在雄县、安新县、容城县设立雄安新区。至此，白洋淀大部为雄安新区所辖，成为雄安新区发展的重要生态水体。

2021 年，白洋淀淀区水质达到Ⅲ类标准（良好），同比好转一个类别，主要污染物浓度显著下降。

截至 2022 年 5 月 12 日，白洋淀野生鸟类增加至 237 种，较雄安新区设立前增加了 31 种，其中国家一级保护鸟类有 10 种，国家二级保护鸟类有 43 种。

白洋淀最早见于记载的名称或为“祖泽”，《水经注》记有大埿淀、小埿淀，即大渥淀、小渥淀（渥，当与大清河古称渥城水有关，安新境内古有渥城）；西晋时称掘鲤淀，左思在《魏都赋》中提到“掘鲤之淀”。唐李善注：“掘鲤之淀在河间鄚县西。”北魏时白洋淀称西淀，北宋至明嘉靖间称西塘，并出现“白羊淀”名。明代以后，人们见到淀水汪洋浩渺，势连天际，遂将“白羊淀”演化成“白洋淀”，为史载容城、雄县、安新间九十九淀之一。清代，淀区多个淀泊统称西淀，清代文献记载“大清自雄入，迳张青口（文安县），口西西淀，口东东淀”。因白洋淀本淀面积居诸淀之首，故今多个淀泊总称白洋淀。

白洋淀形成于第三纪晚期，是河北平原北部古盆地的一部分，有古雍奴薮的遗迹。白洋淀在地质构造上属渤海凹陷（新华夏沉陷带）的一部分。早在海西运动时期，白洋淀地区曾两度下降，最后在第三纪末才沉没在海水之中，形成当时的北京湾。由于黄河和海河水系冲积扇和三角洲的成长发育，河北平原逐渐出露于水面，冲积扇和三角洲上的坡流与分流汇合于冲积扇或三角洲的边缘地带，使洪水漫衍的低洼处储水成为湖洼。这些洼地和湖泊呈不连续的带状分布，如东淀、白洋淀、文安洼、大浪淀、千顷洼以及沿海的一些其他洼地等。

白洋淀形成以后，由于水文气候的变化，加之海陆进退交替、人类开发利用等，古白洋淀经历了时而扩张、时而收缩的演进过程。在距今万年左右的全新世，古洼地湖泊又经历了时而扩张、时而收缩的演变过程。距今 10 000 — 7 000 年，由于东南的热气团进入，此处雨水多、泥沙多，加之海平面上升，干涸的洼淀再度扩张。距今 7 500 — 2 500 年，气候变得温凉、干旱，淀水变浅甚至收缩干涸。

唐代以前，白洋淀地区受人类影响较小。《新唐书》有“鄚州有九十九淀”的记载。那时洼淀相连，一片泽野。宋初，在宋辽边境的白洋淀地区有塘泺作为军事防线，使白洋淀范围一度扩大。而宋代的屯垦开发、元代对人运河的改造，使海河宣泄不畅的情况加剧，河北地区洪涝灾害频发。元在北京建大都，燕山、太行山上游的森林植被被破坏，水土流失加重，流域泥沙增多，加速了白洋淀的淤积。

明代的移民屯田加剧了淀区的缩小，白洋淀几度干涸，到明代弘治年间，白洋淀有些淀泊已经淤成平地，“地可耕而食，中央为牧马场”。明正德年间，杨村河决口，唐河入白洋淀，形成了九河入淀的格局，白洋淀才具备了现在的规模。为防洪水泛滥，人们建设了大规模的堤防。尤其是南岸千里堤的建设对白洋淀水面格局的形成有重要影响。明代和清代，朝廷继续对白洋淀进行治理，特别是开凿了保天运河。至清乾隆二十八年（1763 年），白洋淀东淀、西淀的边界被正式确定下来，到了清末，政府无力大规模开展水利建设，白洋淀地区水旱灾害频繁，加快了其衰废过程。民国以后，人们对海河流域的治理着重于对下游航道的治理，中上游河道淤积严重，也加快了洼淀的淤积。白洋淀面积进一步缩小。

到了近代，20 世纪 50 年代初白洋淀总面积为 567.6 平方千米，到了 2010 年减少到 366 平方千米。白洋淀变化如图 4-64 所示 。

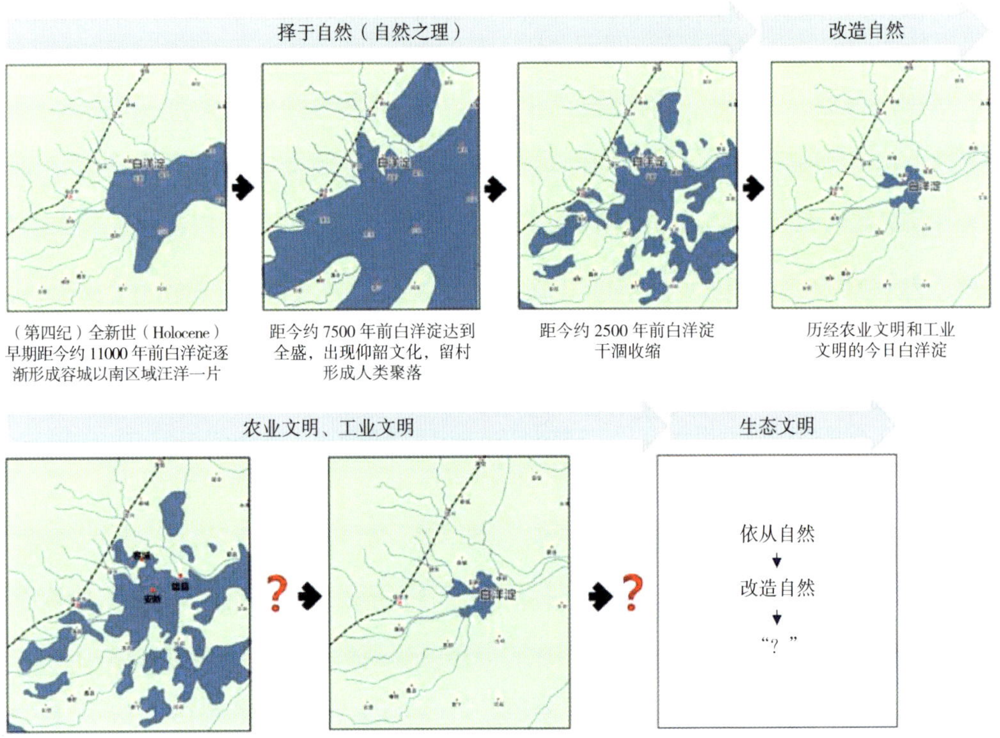

图4-64　白洋淀的历史演进

白洋淀旅游码头区范围在历史上包含 3 片较大的淀泊，分别为烧车淀、关淀和留通淀，整片区域北侧为农田和湿地滩涂，地势较高，南侧为淀泊和沼泽，地势较低。烧车淀南侧在古时即为苇荡，以壕沟水路连通。挖壕取土、台田种植改变了战乱给白洋淀造成的荒芜状态，使白洋淀周边有了村村寨寨。

目前，白洋淀淀区以芦苇湿地为主，生态基底良好，区域内有一些人工筑造的围埝。北侧淀区内有一条仿木质的观光栈道，在现状防洪堤上有两处出入口。栈道上仅供步行观光，路径两侧景观单调。

邻淀服务组团和农田与堤岸空间组织功能脱节，空间割裂较严重。改造前，区域内有停车场和酒店等，停车场车位有限，节假日的服务能力不足。其余空间为农田。

码头区的功能设施沿现状防洪堤布局，有旅游服务设施（售票厅）和少量商业服务设施，功能较为单一。沿堤景观植栽风貌较好，如图 4-65 所示。

酒店区的建筑建设年代较早，设施老旧，空间布局与码头功能、周围乡野地块缺乏联动，无法承载雄安新区未来最重要的旅游码头的发展定位。

水上游线以荷塘苇海为主要景观，荷塘苇海有一定特色，但整个片区景色同质化严重，缺乏层次和视觉焦点。

景区外，旅游东路为唯一路径，兼具入口交通和服务交通功能。景区内以堤顶路作为主要路径，现状在规划范围两端有闸口。

图4-65 改造前的白洋淀旅游码头区沿堤景观

现状各功能组团之间缺乏相互联系和支撑。码头区、栈道区、酒店区和水上各景点分散且各自独立，陆域功能组团和堤线之间空间关系生硬，陆域游赏路径单一且冗长，水陆游径方向相反且毫无关联，整个景区景观单调，缺乏趣味性。

白洋淀旅游码头区红线面积约为 912 公顷，其中现状生态防洪堤内淀区面积约为 638 公顷，陆地面积约为 274 公顷（至老堤）。现状主要由入口停车场、酒店区、栈道区、码头区、元妃荷园、淀区、农林区等构成。其中，旅游东路尽端为入口停车场，入口停车场处变为交通宾馆。旅游东路北侧为集中布置的酒店，包括凯盛宾馆、温泉酒店、明珠公园广场酒店、海天酒店、京汉君廷酒店等。酒店外环境为大面积农田，田间埂地种植行列式杨柳，局部低洼区域分布少量鱼塘或荷塘。现状白洋淀旅游码头区距离入口停车场约为 0.4 千米，栈道区距离入口停车场约为 1.7 千米，元妃荷园通过水上交通可到达，或通过现状大张庄村的生态堤进入。

白洋淀旅游码头区主要游赏线路单一。游客通过旅游东路进入停车场，利用步行、骑行或电瓶车进入栈道景区或码头区，在码头区域进行水陆换乘进入南部主要景区。南部景区现状服务水平有限，各景点独立经营，形象单调，缺乏对淀泊风光的深度解读和策划。

现状围埝难以进入，游人近淀而不知淀。

白洋淀旅游码头区现状水陆交通、服务设施、风貌景观、功能组团无法满足日益增长的旅游需求，无法匹配未来雄安新区白洋淀淀泊风光的旅游形象展示，其服务功能和景观提升迫在眉睫。

4.3.2 方案征集过程

2020 年以来，按照雄安新区的统一规划部署，安新县投资 2.8 亿元对白洋淀旅游码头进行了全方位整改提升，项目由上海城市规划设计研究院、TLS 景观设计事务所和杭州园林设计院等国内外多家知名设计单位进行方案规划，由北京城建集团承建，总占地面积为 9.8 万平方米。依据中国传统山水园林文化中的“一池三山”格局，项目布置有白洋淀生态科技展示馆、游客中心、商务中心、简餐中心 4 栋单体建筑，以及九河入淀、围埝景观、淀泊风光三大主题微缩白洋淀特色水景。项目同时进行了码头绿化、景观、道路提升等工程。白洋淀旅游码头成为雄安十景之一。

为方便广大游客乘车，安新县投资 5 000 万元在白洋淀大道和旅游西路交叉口建设了新的景区停车场。该停车场占地 15 万平方米，共建设停车位 4 000 余个，大小车辆分区停靠；并建有游客集散中心、商务中心、旅游厕所、电动车充电桩等公共服务设施。停车场距旅游码头约 5 千米，景区为游客提供了旅游快线公交车，游客可随时搭乘，使白洋淀景区旅游品牌形象进一步提升，如图 4-66 所示。

图4-66　旅游快线

4.3.3 建设实施

按照高起点规划、高标准建设雄安新区的总体要求和河北省委省政府的工作部署，项目团队重点聚焦白洋淀旅游码头区整体服务功能提升、环境景观风貌整治、白洋淀生态环境治理和保护、整治成效成果展示等内容，优化旅游码头区整体空间格局，完善基础配套设施，提升公共服务水平，打造世界级滨水旅游区门户形象。

1）重现浩淼与幽深并存的淀泊风光，再现林淀环绕的华北水乡，展现“中华风范、淀泊风光、创新风尚”的城市风貌，实现城淀共生共荣的中国画卷。

2）坚持顺应自然、尊重规律、平原建城；坚持中西合璧、以中为主、古今交融。空间尺度依循“大尺度有秩序、小尺度有变化”的原则，依从自然，改造自然，达到“虽由人作，宛自天开”的意境。

3）于片区几何中心布局白洋淀新码头。新的机动船码头是白洋淀旅游码头区的核心，沿堤布局旅游服务设施和公共服务设施，形成综合配套区。

4）以原木栈道区域周边围埝为界，整理地形、湿地，增加栈道步行游径和手划船水上游径，增加登陆点和岛屿景观，形成生态体验区，如图 4-67 所示。

5）对原明珠码头区进行功能转换和景观提升，改造码头驳岸，置入水上运动功能，结合生态堤驿站打造白洋淀生态科技中心，形成科普休闲区。

6）在生态堤与崇文大街中间区域植树造林，种植乡土植物，形成多层次、多季节、多色彩的植物群落，并梳理水塘沟渠，使水系环通，将商业服务和旅游服务组团分散布局于林间，形成城绿交融的西堤森林区。白洋淀旅游码头鸟瞰效果如图 4-68 所示。

7）以新白洋淀码头和配套设施为主，通过连接新堤连淀、缓坡入水的木栈道驳岸形式，水边增加可供人游览游憩的生态湿地空间，将新白洋淀码头融入白洋淀环境之中，并结合餐饮休闲空间、游客中心形成满足大流量人群休闲、娱乐、观景需求的白洋淀最具有活力的区域。

8）白洋淀码头改造提升远期将打散现状两级台地，形成层层下沉的空间格局，依托原白洋淀旅游码头的自然生态、历史积淀，面向淀区重塑丰富的人文活动及科普体验活动。

白洋淀生态科技展示馆“一苇阁组群”位于淀区新安北堤段老码头西侧新老两堤之间的狭长地带。两堤间的场地为九河入淀、围埝景观、淀泊风光三大主题体验区。“三山”的原型——蓬莱洲、望瀛洲及方丈分别对应架临于微缩淀区之上的展示馆、游客中心及服务中心 3 组建筑。

图4-67　白洋淀木栈道

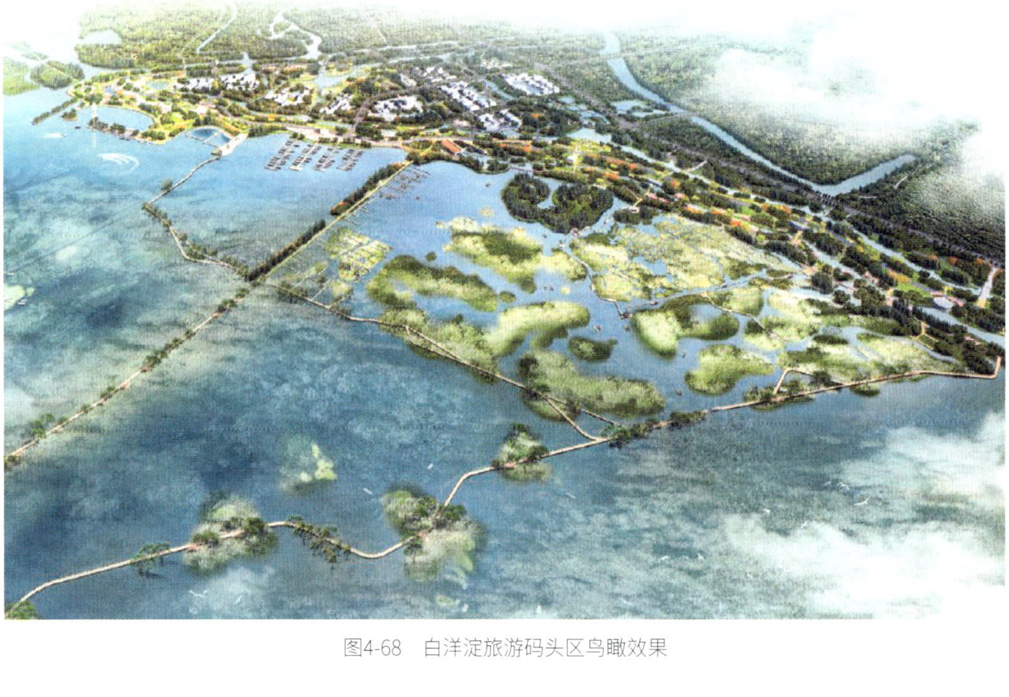

图4-68　白洋淀旅游码头区鸟瞰效果

4.3.4 运营效果

2021年5月，历时600多天的白洋淀码头提升改造工程完成，具备开放条件，形成了“一池三山”“九河入淀”的格局，如图4-69~图4-71所示。

4栋建筑的总建筑面积为10 550平方米。其中，生态科技展示馆是钢结构建筑，以中国传统建筑中的台基、架构、屋顶的三段式特征呈现出3个层次的展示空间，对应白洋淀的历史、现在与未来。3个游客服务中心均为木结构建筑，以水滴般的建筑形态点缀于微缩白洋淀的中部区域，仿佛三叶扁舟停靠在老堤旁。

在改造白洋淀码头的同时，淀内景点也进行了改造和整合，由以前的8个景点变为4个景点，分别是荷花大观园、白洋淀文化苑、欢乐岛、风情园。其中，荷花大观园门口新增了“水帘洞”，园内多处生态景观得到了升级，比以前更漂亮，人们的旅游体验也更好。变化最大的是文化苑雁翎队纪念馆，内部被彻底改造，利用声光电特效还原了当年“雁翎队打鬼子”的场景，既形象生动，又极具红色革命教育意义。欢乐岛整合了周边多个小景点，增加了新型娱乐设施。风情园主打异域风情，整体环境得到明显提档升级。

逐步向城市滨水生态绿地和公共开放空间转换的白洋淀码头是白洋淀生态环境治理与保护的最新成果，也是淀泊风光的最新组成部分。春风拂京畿，潮起白洋淀，一艘艘游船载着游人，从全新的白洋淀码头驶出，驶向“千年之城”。

图4-69　改造后白洋淀旅游码头区

图4-70　游客服务中心内部

图4-71　“一池三山”景观

4.4 公交枢纽分批投入运营

4.4.1 雄安新区公共交通体系介绍

“90/80”高目标奠定了雄安新区公共交通强有力优先发展的主基调，雄安新区绿色生态宜居新城区要求构筑绿色交通出行模式。《河北雄安新区综合交通专项规划》提出：到 2025 年，公共交通出行占据主导地位；到 2035 年，形成以“公共交通 + 自行车 + 步行”为主的出行模式，起步区绿色交通出行比例达到 90%，公共交通占机动化出行比例达 80%；到 21 世纪中叶，交通运输现代化水平走在全国前列，示范引领效应充分发挥，便捷、安全、绿色、智能的综合交通体系达国际领先水平，引领世界城市交通发展方向，科学设计绿色交通政策，全面保障公共交通，鼓励步行和自行车交通，有序减少私人小汽车出行，合理管控停车，提高绿色交通出行比例，实现起步区绿色交通出行比例占 90% 的目标，其中 50% 左右为步行与非机动车出行，40% 左右为多元公交出行，私人小汽车出行不超过 10%，即公共交通占机动化出行比例达 80%（图 4-72）。“90/80”的高目标即使在国际上也是不多见的，因此为有效保障该目标实现，必须有政策、规划、资金、设施配套、运营、管理等各个层面的保障措施协同实施。

交通出行是城市运转的重要保障，也是提升城市可持续发展吸引力的重要服务。雄安新区发布的《关于推进交通工作的指导意见》提出，建立优质多元、一体化服务的公共交通系统；要以乘客出行便捷为导向，打破不同交通方式、不同运营主体之间的壁垒，建立多元化服务、一体化组织、市场化运营、可持续发展的新型公共交通系统，不断推动公交服务创新提升。具体来说，雄安新区要提供多样化、可选择的公交服务，建立“政府 + 平台 + 市场”的公交管理模式，建立公平竞争、优胜劣汰的市场机制，探索可持续经营的财务模式。因此，雄安新区将逐步提升公共交通的服务水平，多元、创新、融合成为雄安新区公交系统的关键词。

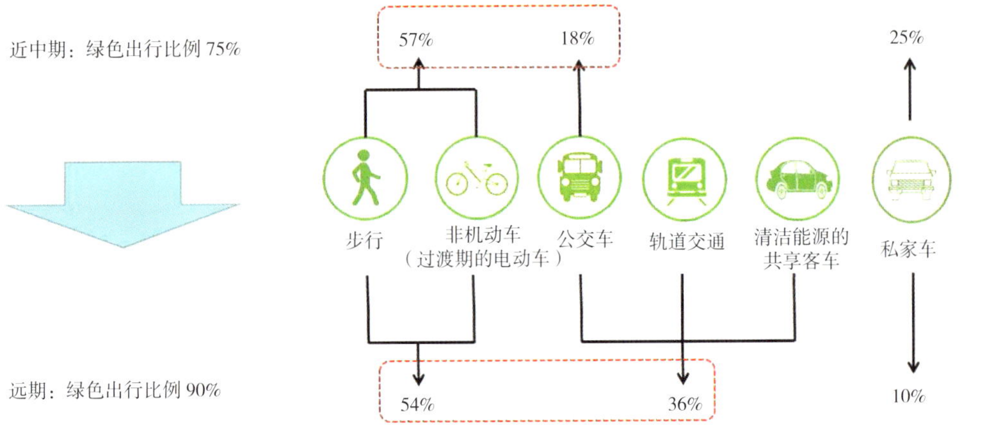

图4-72　出行比例发展目标示意

1）多元。对不同的出行需求提供不同的网络服务。长距离、追求速度的快捷出行可由大运量轨道交通以及公交快线网络提供服务；中短距离、追求高可达性的舒适出行可通过多层级的常规公交网络以及解决“最后一千米”交通问题的共享自行车满足需求；高品质、有个性化要求的特别出行可通过“互联网＋”等新技术带来的需求响应式公交以及共享汽车满足需求。

2）创新。公共交通需要不断开拓创新，重点包括以下几个方面。一是公交运营模式的创新，通过重新规划新的车辆组织模式、研发调度派单系统，探索多种需求响应式公交服务新模式。二是新技术的赋能，自动驾驶技术赋能运输载具、自动化及信息化赋能智慧调度系统、视频监控和人工智能赋能安全管理系统、快充技术赋能车辆充电、光伏技术及信息传输提升赋能智慧电子屏。三是配建设施创新提升，公交站（含首末站及中途站）更加强调多方式的便捷换乘、候车时的风雨无阻、配套服务的全面提升。

3）融合。多元公交带来多层级的公交网络，这些网络必须通过一体化的整合才能发挥公共交通系统的整体效能。首先，多元公交应满足狭义层面的要求，即以高效便捷的换乘体系优化多层网络的铆合节点，通过集约化的空间设计实现节点的立体布局，高效利用有限的土地资源；精细化的交通组织注重微观设计与组织，达到“无缝”换乘的目标，最大化地减少网络转换的损失；协调化的运营调度从服务上完成系统整合，形成“大公交”系统，发挥整体效益。其次，多元公交是一体公交的外延，即公交网络与土地利用的整合，公交廊道即为客流廊道，公交网络节点即为片区中心，通过联合开发提升枢纽功能，方便市民多目的出行的一次性达成。

4.4.6 雄安新区公交线网布局

雄安新区布局了发达的骨干道路系统，并设置了多层次公共交通走廊。以起步区组团布局为例，规划布局组团内公交专用道、组团间公交专用道两类公共交通走廊形成起步区公共交通运行的骨干通道。雄安新区在组团内客流走廊沿途敷设组团内公交专用道，串联主要社区公交换乘中心，形成网络化的廊道布局，实现 10 分钟生活圈全覆盖；在组团间干路沿途敷设组团间公交专用道，衔接外围组团公交枢纽，补充加密公交专用网络。

2021 年，作为雄安新区最先投入建设的片区，容东北部安置区下半年陆续建成交付，迎来首批回迁安置人口。2022 年，容东片区市场化开发地块、容西安置房地块、雄东 A 社区、雄安站综合交通枢纽片区部分地块、启动区（包括“三校一院”等项目用地）也将面临交付，建成区域不断扩展，需要公交及时提供保障服务。2023 年，容城组团基本建成，西片区市场化开发地块、雄东 B 社区、雄安站综合交通枢纽片区部分地块、启动区部分地块交付。2024—2025 年，启动区南部、雄东南部、第五组团、寨里组团、昝岗组团及其他区域陆续启动交付。

雄安新区目前已进入稳定开发期，重点片区建设框架全面拉开，多片区“拔节生长”，近 5 年城市格局将发生剧烈变化。公交线网也将根据城市建设时序，适度超前按需开通，如图 4-73 所示。

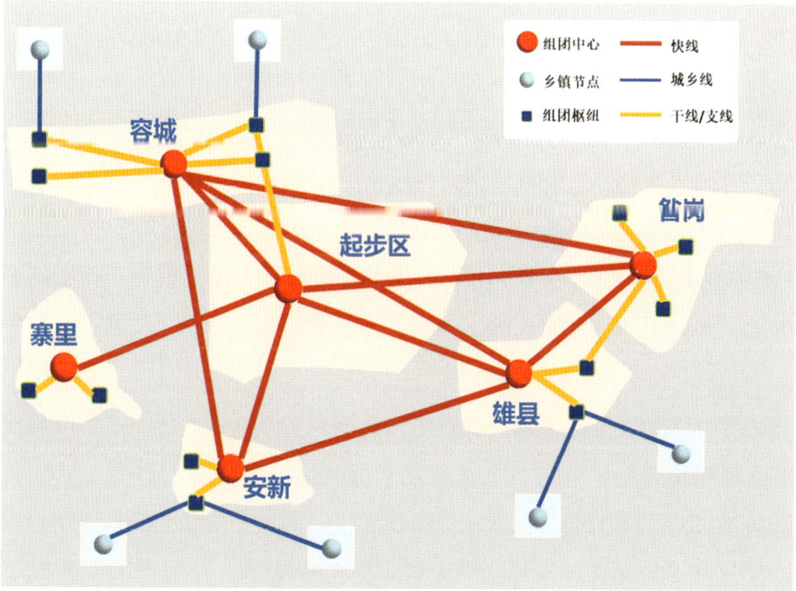

图4-73 公交线网布局示意

根据新区规划、城市形态和土地利用、城市道路网形态和密度、公交场站及专用道布局、公交客流时间空间分布特征等，雄安新区拟发展城市公交、城乡公交的常规公交线网，以及提供多元化的响应式公交服务。其中，城市公交部分规划公交快线、干线和支线 3 级公交运营网络，公交快线和公交干线站点 400 米覆盖率达 100%。公交线网也将根据城市建设时序适度冗余按需开通。雄安新区公交线网层级如图 4-74 所示。

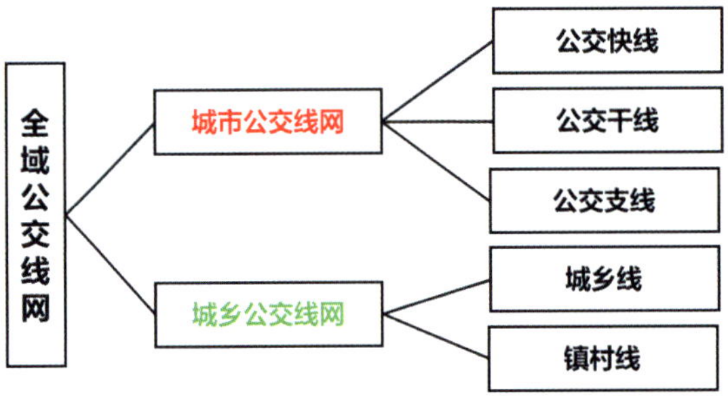

图4-74　公交线网层级

公交快线提供跨组团出行服务，联系不同组团的重要公交枢纽、主要客流集散点，站点设置以客流需求为导向（可非均匀布设），沿区域客流走廊敷设，通过大站快车、公交信号优先、局部节点处理等方式实现长距离、点到点、快速直达的公交服务。

公交干线作为骨干公共交通网络，依托公交专用道及信息化站台，保证运行效率和可靠性；同时尊重公交线网的历史性、习惯性与延续性，后续稳固优化、局部调整，不做较大改动；沿客流走廊敷设，串联组团中心，契合生活圈布局方案，为各组团提供高效、优质的公交出行服务。

公交支线以均衡网络密度、提高公交网络效率为基本目标，提升公交线网密度及线网比例，提高公交网络的运行效率；以干线系统为基础、5 分钟生活圈为基本单元，加密公交专用网络，灵活设置线路，使站点深入社区，实现直达每个地块的全覆盖公交服务；根据需求，灵活组织运营，既可为公交干线集散客流，也可在一定区域内独立运行。

城乡线路是城区连接下辖乡镇的线路，方便快捷地服务乘客往返于城区与乡镇之间；在线路走向上，兼顾沿线农村居民的出行需求，主要沿等级公路以及通行条件好的县乡道布设。

镇村线路深入农村腹地，重点解决农村公交的通达性问题。线路主要沿村庄以及农村居民聚集的区域布设。

雄安新区通过对不同圈层服务需求的精准定位，提供多层级公交系统组合服务，以多指标控制，实现多圈层覆盖。常规公交大约可覆盖高峰时段 70% 的公交客流，剩余 30% 的公交客流可由需求响应式公交、特色公交、共享汽车等提供服务，如图 4-75 所示 。

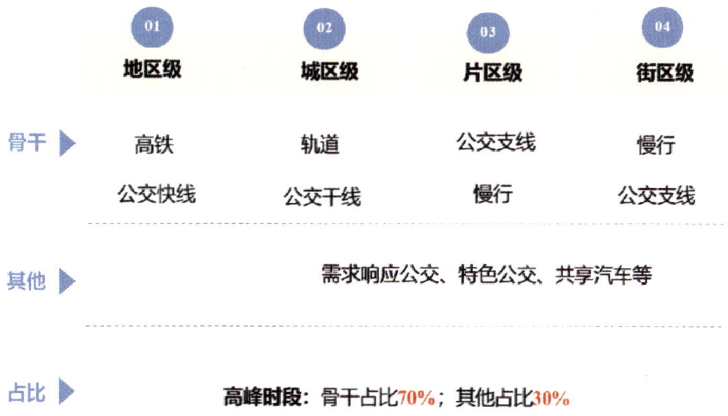

图4-75 雄安新区全域公交体系组合服务示意

4.4.7 已开通公交枢纽的基本情况

截至 2022 年 9 月底，雄安新区已累计开通公交场站 4 处，分别为容东片区 G 组团南文营公交站、容东片区 C 组团定安公交站、雄东片区 A 社区兴庆公交站、容西片区丹溪公交站。

1. 南文营公交站

南文营公交站（图 4-76）属于公交首末站，位于 G 组团西南角处（G1-03-03），占地面积为 4 318 平方米，地上 2 层，地下 1 层，总建筑面积为 3 767.74 平方米，地上面积为 1 295.97 平方米，地下面积为 2 471.77 平方米；有 20 个地上公交停车位，46 个地下小汽车停车位，于 2021 年 12 月开通，有效支撑容城组团 302、306 路公交的停驻车及充电需求。2023 年 1 月、2 月，南文营公交站的发车班次、客运量统计见表 4-18。

2. 定安公交站

定安公交站（图 4-77）为公交首末站，位于容东片区 C 组团安置房用地北边缘，规划占地面积约为 3 640 平方米，地上 3 层，总建筑面积为 1 732.04 平方米；有 16 个地上公交车停车位，18 个小型车停车位。该场站于 2022 年 6 月交付运营，有效支撑 303、310 路公交的停驻车及充电需求。2023 年 2 月，定安公交站的发车班次为 3 005 个，客运量达 1 821 人次。2023 年 1 月、2 月，该公交场站的发车班次、客运量统计见表 4-19。

图4-76　南文营公交站

表 4-18　南文营站发车班次、客运量统计表

时间	发车班次 / 次	客运量 / 人次
2023 年 1 月	3 907	7 220
2023 年 2 月	4 031	11 049

图4-77　定安公交站

表 4-19 定安站发车班次、客运量统计表

时间	发车班次 / 次	客运量 / 人次
2023 年 1 月	3 195	956
2023 年 2 月	3 005	1 821

3. 兴庆公交站

兴庆公交站（图 4-78 ）为公交首末站，规划用地面积为 8 080.5 平方米，总建筑面积为 1 996.71 平方米。该公交首末站设置公交停车位 37 个（包括 20 个定线公交停车位，15 个弹性可变停车位），可服务 2~3 条定线公交及部分弹性公交线路。该公交场站于 2022 年 6 月份交付运营；2023 年 1 月、2 月的发车班次、客运量统计见表 4-20。

图4-78 兴庆公交站

表 4-20 兴庆站发车班次、客运量统计表

时间	发车班次 / 次	客运量 / 人次
2023 年 1 月	1 224	1 593
2023 年 2 月	1 375	2 112

4. 丹溪公交站

丹溪公交站（图 4-79）规划用地面积为 16 433 平方米，总建筑面积为 22 227 平方米。该公交场站设停车位 360 个（包括 80 个定线公交停车位，40 个弹性可变停车位，240 个小汽车停车位）。该公交场站于 2022 年 9 月投入使用，有效支撑 302、303、306 路公交的正常运营；2023 年 1 月、2 月的发车班次、客运量统计见表 4-21。

图4-79　丹溪公交站

表 4-21　丹溪站发车班次、客运量统计表

时间	发车班次 / 次	客运量 / 人次
2023 年 1 月	6 733	7 316
2023 年 2 月	6 677	19 620

4.4.8　公交场站开通计划

除上述已开通的公交场站外，雄安新区拟于近 3 年开通多个公交场站，确保公交高效有序运营。

1. 容城组团

容城组团规划公交场站（图 4-80）23 处，其中容东片区 8 处、容城县城 8 处、容西片区 7 处。目前，根据公交投放需求，截至 2024 年底，预计有 6 处公交场站建成投用。

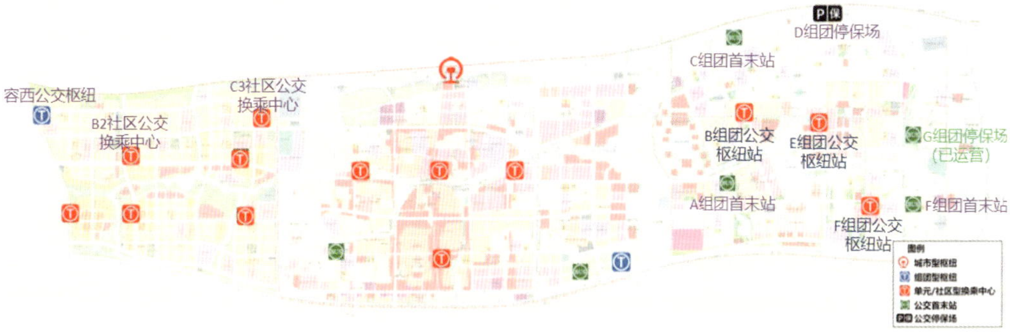

图4-80　容城组团规划公交场站位置

1）容东 A 组团首末站（图 4-81）。该公交场站的规划用地面积为 3 862 平方米，总建筑面积为 964.41 平方米，首末站设置公交停车位 20 个（包括 8 个定线公交停车位，11 个弹性可变车位），可服务 1~2 条定线公交及部分弹性公交线路。

2）容东 B、E、F 组团公交枢纽站。3 个公交枢纽站位于容东片区市场化开发 01、02 号地块内，规划总占地面积约为 2 000 平方米，与商业办公用地一体化设计，主要满足公交与地铁的换乘需求。F 组团公交枢纽（图 4-82）于 2022 年 9 月交付运营，B、E 组团公交枢纽于 2023 年 4 月投入运营。

图4-81　容东A组团首末站效果图

图4-82　容东F组团公交枢纽效果图

3）D 组团停保场（图 4-83）。该公交停保场的规划用地面积为 30 677.18 平方米，总建筑面积为 24 589.32 平方米（其中地下建筑面积为 11 655 平方米）。该公交停保场（兼首末站）共设置停车位 477 个（其中 174 个定线公交停车位，44 个弹性可变停车位，259 个地下小汽车停车位），满足容东片区公交车辆的保养和夜间停放的需求，以及 3~4 条定线公交及部分弹性公交线路的需求。该公交停保场于 2023 年 4 月交付运营。

4）容西片区 B2 社区公交换乘中心（图 4-84）。该换乘中心位于容西片区 B 单元东北角，总建筑面积为 1 666.88 平方米，地上 3 层，地下 1 层，为地下通用车库；设 19 个地上公交停车位，9 个公交充电车位、4 个公交洗车车位。场站内设置办公管理用房 14 间、公共服务用房 1 间、商业用房 1 间。

图4-83 容东D组团停保场效果图

图4-84 容西片区B2社区公交换乘中心效果图

5）容西片区 C3 社区公交换乘中心（图 4-85）。该换乘中心地上共 2 层，总建筑面积为 356 平方米；设 6 个地上公交车位，其中 2 个为公交到车位，4 个为公交发车位；设 9 间办公管理用房。

图4-85　容西片区C3社区公交换乘中心效果图

2. 起步区

起步区规划城市型公交枢纽 2 处（雄安城际站、预留小里站）作为城市功能核心服务节点；规划组团型公交枢纽 15 处（对外干路和城区路网衔接处）作为组团内外交通换乘节点；根据生活圈灵活布局单元、社区型公交换乘中心，与社区中心布局相耦合，承担组团内各社区之间的连通与集散功能。

城市型公交枢纽实现区域对外交通和城市公共交通之间的交通转换，保障城际绿色出行和城市绿色出行的无缝衔接，同时兼顾城市内不同公交（轨道）制式之间及公交（轨道）线路之间的转换。15 处组团公交枢纽每处面积为 2~4 公顷，承担公交车辆维修保障、夜间停放、发车调度等功能，其中主要对外联系道路附近的公交枢纽配套设置长途客运功能。枢纽的立体开发和智能运营调度提供便捷高效的外来小汽车和城市公共交通换乘服务，为雄安新区制定灵活的小汽车政策提供设施空间。各组团灵活布置单元、社区型公交换乘中心，并令其与社区中心集约共建，服务组团内公共交通换乘，兼顾社区物流配送，综合布局公交首末站、物流配送站、自行车停车场等设施，预留共享交通、需求响应式公交等场站空间，每处用地面积为 0.5 公顷左右。

启动区公交枢纽工程（一期）（图 4-86 ）属于组团型公交枢纽，位于启动区西侧、科学园区域以北、城市生态林带以南。项目规划用地面积为 2.44 公顷，初期方案建筑占地 0.9 公顷，退让南侧海岳大街红线 15 米，形成绿化隔离带，总建筑面积为 21 884.65 平方米，满足启动区公交车辆维修保障、夜间停放、发车调度等功能，2024 年投入使用。

图4-86 启动区公交枢纽工程(一期)效果图

4.4.9 雄安新区已实施的公交枢纽创新总结

雄安新区在已经实施及后续实施的公交枢纽规划中，借鉴了国内外先进的经验，同步结合新区的规划理念做了配套的设计优化，总结下来包括以下几个方面。

一是规划先行，分级布局，统筹实施。雄安新区在各片区规划了城市级、组团级、单元及社区级公交场站，不同类型的场站承担不同的功能，公交场站建设跟随城市建设时序同步进行。由于受市场化规律、行业特点及体制机制等因素的制约，国内其他城市规划公交场站时一般存在规划难、落实难、建设难等问题，制约城市公共交通的高品质发展。以济南市为例，《济南市城市公共交通规划（2013—2020年）》中规划的公交场站就难以落实。截至2021年底，规划的239处公交场站中仅落实37处，多数未得到落实。规划公交场站难以落实导致城市公交场站缺口较大，制约线网的优化组织。

规划公交场站落实转化难在全国具有普遍性。为从根本上破解土地资源紧张背景下公交场站用地落实难、实施难的难题，国内不同区域的城市均把公交场站配建作为落实公交场站建设责任主体的有力抓手。雄安新区在公交场站配建方面，提前解决了公交场站“由谁建、在哪建”的问题。

二是功能统筹，立体开发。公共交通场站设施是公共汽电车运营的重要基础支撑，是公共汽车线网调整优化的设施保障，并最终关系到公共交通系统的运行效率和服务水平。

传统场站以平面布局为主，存在占地多、用地分散、土地资源利用不集约、单个场站停车规模小、管理不集中等问题；而立体场站采用立体多层的布局方式，与传统平面布局公交场站相比，停放同样数量的公交车时占地规模小。立体式开发实现了土地资源的集约利用，车辆规模化停放实现了资源管理维护的高效化，方便车辆、线路的集中统一管理。立体开发方式由平面拓展蔓延逐渐转为向立体空间要容量、要发展，结合“机械停车 + 地下停车”实现最大化集约用地；在公交场站植入街角公园、社区服务中心等元素，延伸了公交的服务半径。

公交枢纽与城市中心体系完美融合，与城市功能中心多元复合。“点”的串联关键在于枢纽与城市核心区的融合。城市核心区因有强大的吸引力与辐射力，出行需求大，布局公交换乘枢纽可以汇集多种交通方式，便于实现客流高效转换，加强区域交通的可达性。核心区枢纽与城市功能布局的多元复合，可集商业、酒店、办公、社区服务、旅游集散、休闲公园等功能于一体，促进站点及周边土地价值的提升，减少公共交通出行与城市活动的割裂感，实现“到站即是目的地”。

三是以人为本，换乘衔接。公交站台与公交换乘大厅通过一体化设计，衔接公交、小汽车、非机动车等多种交通方式，实现便捷无缝的换乘，居民也可通过大厅内的电子信息牌、换乘指示牌等设施，调整候车时间，轻松到达想要乘坐的交通工具的站点。场站内采用人车分流方式，减少车辆对地面居民活动的影响，进一步提高乘车效率和安全性。雄安新区的公交场站更加强调多种出行方式的统筹衔接和换乘，如针对小汽车和慢行交通，在相应区域设置合理的流线，缩短旅客的停车换乘距离，创造全天候、无障碍的乘车环境。

四是生态优先，绿色低碳。在设计施工时，设计人员通过采用半围合式建筑设计手法，优化场地风环境，降低因冬季寒冷、夏季炎热带来的能源消耗，同时采用“下凹绿地、屋顶绿化、透水铺装”等海绵城市设计理念和措施，形成可收集、处理、存放、使用雨水的闭环体系，减少中水的使用量。

在建设充电桩时，场站通过采用节能变压器、节能灯具、节水器具、空气源热泵，达到节能降耗的目的，同时提升能耗监测系统设备设计标准，实现能源消耗从规划、实施、评估的全过程控制。一系列节能低碳技术的应用都映射出容西交通枢纽引导更多居民低碳绿色出行的理念。

五是属地特色，按需配建。结合公交运营需求，雄安新区作为正在拔节生长的新城，既有存量公交驾驶员资源是十分有限的，从而面临需要到周边城市、区县招聘符合条件的驾驶员的问题。公交驾驶员作为乘客安全运输的关键因素，其心理状态健康、生活条件稳定非常重要，而较低的工资收入再加上租房压力，会在一定程度上导致其情绪不稳定，也会导致雄安新区公交驾驶员岗位的吸引力大幅降低，多数符合条件的外地驾驶员更加倾向于选择工资收入更高的货车运输、工程机械驾驶等工作。在这样的背景下，为充分发挥公交场站立体开发的优势，场站区域配套建设驾驶员集体宿舍，一次性解决了企业因长期租房导致的成本开支问题，也方便了驾驶员队伍的管理，增强了驾驶员队伍的企业认同感和归属感，保障了雄安新区公共交通稳步发展。

六是美观大方，形象提升。传统公交场站存在“破旧落后、功能不全、形象欠佳、噪声太大”的问题，成为市民的“厌恶设施”，公交场站设置受到周边居民的抵制。努力打造形象优美整洁、管理规范有序、有城市特色的示范性、高品质公交场站成为越来越多城市的选择。

在公交场站的高品质建设方面，雄安新区的场站建筑外形美观大方，匹配雄安新区中国特色高点定位的形象标准，与周边街景统一风貌，打造连贯舒适的街道氛围。建筑功能布局合理，能有效改善员工的工作环境，应因地制宜地根据地形、场地空间和交通流向等情况，建成办公室、调度室、员工休息室、党群活动中心、就餐区等功能区域，为员工提供整洁、舒适的工作环境，提升员工的获得感、幸福感，同时有助于做好安全服务工作。

参考文献

[1] 河北雄安新区管理委员会 . 记录雄安 2018：Ⅰ村镇报告 [M]. 北京：新华出版社，2019.

[2] 方韧 . 荣区综合交通枢纽名古屋的面孔 [J]. 中国公路，2017（7）：68-72.

[3] 邱丽丽，顾保南 . 国外典型综合交通枢纽布局设计实例剖析 [J]. 城市轨道交通研究，2006（3）：55-59.

[4] 董玉香，刘明雪 . 基于轨道交通综合体的城市公共空间重构：以旧金山港湾枢纽为例 [J]. 华中建筑，2018，36（5）：90-94.

[5] 刘旭旸，邵楠 . 地下空间规划案例：巴黎拉德芳斯 [J]. 国土与自然资源研究，2016（2）：10-12.

[6] 吴晨，丁霓 . 伦敦铁路交通枢纽在城市复兴的旗舰作用 [J]. 北京规划建设，2017（4）：75-83.

[7] 李军会 . 从亚特兰大中枢看白云机场的建设与发展 [J]. 中国民用航空，2005（7）：47-49.

[8] 冯 - 格康 . 柏林中央火车站，柏林，德国 [J]. 世界建筑，2018（4）：48-55.

[9] 冯伟，吴炜光，李家斌，等 . 站城融合铁路枢纽交通组织策略研究：以杭州都市区为例 [J]. 交通工程，2022，22（5）：6-11，48.

[10] 潘虹 . 广州白云国际机场综合交通枢纽规划设计研究 [D]. 广州：华南理工大学，2013.

[11] 王岚，向曾皙，王帅 . 空铁联运模式下的综合交通枢纽规划设计：以广州白云机场 T3 站为例 [J]. 交通与港航，2021（6）：65-73.

[12] 中国铁道建筑有限公司 . 深圳福田站综合交通枢纽 [J]. 城乡建设，2019（20）：72-73.

[13] 邓洪波 . 虹桥综合交通枢纽地区产业结构与产业空间的演化研究 [D]. 芜湖：安徽师范大学，2018.

[14] 李子璇 . 作为虹桥综合交通枢纽组成部分的虹桥国际机场发展研究 [D]. 南京：南京大学，2020.

[15] 刘实秋，牛梦宇，廖华 . 重庆沙坪坝铁路综合交通枢纽智慧化设计与实践 [J]. 铁道运

输与经济，2022，44（4）：8-15，51.

[16] 金旭炜，胡剑 . 城市核心区铁路枢纽站城融合与城市更新：重庆沙坪坝站综合交通枢纽城市综合体设计策略 [J]. 世界建筑，2021（11）：42-47.

[17] 刘明皓，付远颂，关平，等 . 城市综合交通枢纽地下空间集约利用现状评价体系研究：以重庆市沙坪坝铁路综合交通枢纽区域为例 [J]. 重庆师范大学学报（自然科学版），2018，35（2）：135-143.